达尔文传

（俄罗斯）阿·德·涅克拉索夫◎著

李　健◎译

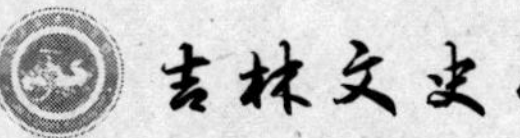

图书在版编目（CIP）数据

达尔文传/(俄罗斯)阿·德·涅克拉索夫著;李健译.—长春:吉林文史出版社,2016.12（2022.10重印）

ISBN 978-7-5472-3499-0

Ⅰ.①达… Ⅱ.①阿… ②李… Ⅲ.①达尔文(Darwin, Charles 1809–1882)—传记 Ⅳ.①K835.616.15

中国版本图书馆CIP数据核字（2016）第234888号

达尔文传

DA'ERWEN ZHUAN

出版人：张 强
著 者：(俄罗斯)阿·德·涅克拉索夫
译 者：李 健
责任编辑：王明智
版式设计：同人阁·文化传媒
封面设计：同人阁·文化传媒
出版发行：吉林文史出版社
电 话：0431-81629352
地 址：长春市福祉大路5788号
邮 编：130117
网 址：www.jlws.com.cn
印 刷：永清县晔盛亚胶印有限公司
开 本：720mm × 1000mm 1/16
印 张：17
字 数：180千
版 次：2016年12月第1版 2022年10月第2次印刷
书 号：ISBN 978-7-5472-3499-0
定 价：68.00元

目　录

作者自序

曾经有人问过达尔文这样一个问题："你为什么不写一部自传呢？"达尔文这样回答："我的人生经历就是学习—环球旅行—再学习的过程，这就是我的自传。"这个著名的回答也是本书的基本框架。

在作者写的这本传记中，首先叙述了达尔文乘"贝格尔"号旅行前的那一部分生活，这一部分的叙述，主要展现达尔文的一些性格特点是如何慢慢形成的。这些特点使他以后能最有效地利用环球旅行。

达尔文本人认为，乘"贝格尔"号环球旅行是他人生中最重要的经历。所以在传记中，作者详细地描述了他这一部分的经历。苏联读者是看了达尔文的《考察日记》才了解这次旅行的，《考察日记》是达尔文用通俗读物的形式写出来的，这本书多次被翻译过。在这本传记中，作者对这次旅行的描写并不是对《考察日记》进行简单的缩写或复述。在长期的旅行中，达尔文孤单地努力着，艰难地开展自己的研究，而他本人的意愿就是这些研究。所以，在旅行的过程中他有着深深的满足感。在《考察日记》中，描写这次旅行主要是从地理方面着手的。不过，作者认为，应从年代顺序方面来叙述这次旅行。达尔文开始只是一个猎人，一个甲虫和其他标本的收集者，以及大自然的爱好者，就他后来是如何成为一个世界闻名的学者和观察家的这一问题，本书进行了详细的叙述，其中这次旅行就起到了至关重要的作用。达尔文之所以能创立自己著名的理论，旅行中一些观察和印象的作用是巨大的。在这本传记里，我们从他乘"贝格尔"号旅行中的一些经历当中，选了一些事实作为写传记的材料，这些事实很具有代表性。

接着，传记写到了达尔文旅行结束后的这段时期，他的科学著作在这一时期中占主要地位。达尔文曾这样说过，科学著作是他一生中主要的乐趣和唯一的事业。本书作者为了能把达尔文主要著作的基本内容和特点表达出来，亲自研究了达尔文的主要著作。

达尔文的主要著作包括：《考察日记》和《“贝格尔”号航行地质学》；《“贝格尔”号动物学》——这本书是他通过对旅行材料的整理，并且在专家们对旅行材料研究的基础上增补了一些动物学和生态学的注释而写成的；还有关于蔓足目的专题巨著。这些著作的写成都得益于这次旅行，这些著作也是他最重要的科学成果。

说到他的著作，大家都会想到具有重大历史意义的《物种起源》。达尔文的进化论思想和自然选择理论在这本书里都有记述。本文作者力求用最好的形式表达出这些内容：达尔文研究进化论思想的成长过程和有关《物种起源》的重要事实与结论。要写好这本传记，就必须舍弃一些最好的东西，比如一些翔实的资料；在一些章节里，一些引文要进行压缩，而且经常要加一些新的资料，这些新的资料对写好这本传记有着巨大的作用。

19世纪的绝大多数学者，对生物界以及人类在生物界中的地位有不同的看法，这个时候，《物种起源》的出版就有着重要的意义。

《物种起源》一出版就引起强烈的反响，一方面，绝大多数的科学家对达尔文学说进行猛烈的攻击；另一方面，同意达尔文学说的一些人为了维护它，与那些反对者们进行了相应的斗争。达尔文本人和一些进步的博物学家都积极参加了这一斗争，这些博物学家对达尔文的著作大加赞赏，是达尔文学说的热烈拥护者。

我也参与了这场斗争，专门写了一本篇幅不大的通俗小册子，在《为捍卫达尔文主义而斗争》这本小册子中，还附上一些自己的旧作。在《达尔文传》中，我要比写那本小册子时变得更加支持达尔文了，因为在对达尔文的书信进行更为深刻的研究之后，我明白自己以前低估了达尔文在这场斗争中的领导组织作用。为了坚持自己的学说，达尔文积极奋斗，与反对者们做了一系列的斗争，这些斗争对维护达尔文主义起到了巨大的作用。

在这本传记中，我详细地描述了达尔文是如何密切关注这场斗争的；他对斗争作何反应；如何对待自己学说的新拥护者；当自己的拥护者做出一些错误的行为，造成了不好的影响时，他采取了哪些措施来竭力挽回自己学说的声誉；他的新作是怎样选题的；这些新作，特别是《人类的起源》具有怎样的性质和意义；他开始的想法是怎样随着认识而改变的，以及在达尔文还在世的时候，他的学说是怎样得到传播、取得胜利并最终获得公认的。

达尔文的祖父是伊拉斯穆斯·达尔文，我专门用了一章来论述他的祖父。达尔文晚年的时候，开始关注祖父的传记。克罗斯曾写过《伊拉斯穆斯·达尔文》这本传记，达尔文为这本书的英译本写了前言。在我写的这本传记里，我把关于他祖父的这一章放在了本书的倒数第二章。这样读者就可以同时看到祖孙二人的思想和著作，对他祖父进行简单的了解之后，你会发现，祖父的思想和著作在一定程度上影响了达尔文。

在编写这部《达尔文传》时，我用到的最主要的材料是《达尔文书信集》，很少利用现有的俄文和外文的《达尔文传》，当然，我还用了达尔文本人的著作以及篇幅较短的《达尔文自传》。这本书信集是达尔文自己的回忆，他还对此集作了注释和补充，后来由他的儿子弗朗西斯·达尔文整理出版。经过弗朗西斯·达尔文的整理，《达尔文生平及其书信集》三卷本得以出版；后来，弗朗西斯·达尔文又发现了一些未整理完的书信，便又增补了两卷《书信续集》。这五卷书详细记载了达尔文先生的生平，可视为达尔文一生的编年史。弗朗西斯写这几卷书时所用的评述语气，也为这几卷书信集增色不少。包括书信在内的《达尔文全集》终于出版了，喜爱达尔文的读者欢欣鼓舞，他们将从此书中看到达尔文那有血有肉的形象。这些书信集的价值是任何传记都代替不了的，不过，达尔文书信集的出版者——弗朗西斯·达尔文有时会不知不觉地损害达尔文在学术上的形象。科学院将要出版《达尔文生平及其书信集》一书，我相信，科学院的评述者一定分得清书信集里的好与坏。

其他资料我也用了，但意义不大。达尔文的女儿亨利埃塔出版过两卷关于达尔文的书，此书的着重点在家庭方面，所以，我用这本书只是为了研究他结婚、患病和逝世的情况。

我还用了另外两本书，一本是达尔文孙女诺拉·巴尔劳在1933年发表的《航行日记》，这本书是达尔文在“贝格尔”号上写的；另一本也是由诺拉·巴尔劳发表的，是1935年出版的《关于加拉帕戈斯群岛的动物学》，这本书是达尔文的一本有名的笔记。

阿·德·涅克拉索夫

第一章　童　年

我生来就是一个博物学家。

——查理·达尔文

施鲁斯伯里是一座英国古城，这里距西海岸约100千米，离伦敦大概220千米。塞文河蜿蜒曲折，这条河围住一个由小山形成的半岛，形成一个直径几千米的河湾。后来，早期的这座古城就在这个河湾里发展起来，随着城市的不断发展，街道逐渐往小山顶端扩展。施鲁斯伯里与周围的郊区被塞文河大桥连接在一起。在市里的西北方，有一座威尔士大桥。过了大桥沿着塞文河岸走，大概过500米就到了弗兰科尔区，这是施鲁斯伯里的近郊。在这儿可以看到塞文河岸上的一座悬岩，有一座三层红砖楼房在悬崖峭壁上。1800年，罗伯特·瓦尔宁·达尔文医生建成了这座楼房。后来震惊世界的查理·达尔文就是这个医生的第五个孩子。

1809年2月12日，达尔文就诞生在这座楼房里。

楼房所在地叫“山丘”，一些供观赏的植物和果树种在楼房旁边的花园里。一条穿过峭壁的小路（名叫“医生路”）旁边长着一棵栗树。小时候的达尔文非常喜欢这棵树，他和他的妹妹凯瑟琳经常在弯曲的树枝上玩耍。楼房旁边，有一个漂亮的暖花房。

罗伯特·瓦尔宁·达尔文医生身高1.88米，身体很胖，体重大概160千克。这位身材魁梧的医生，声望很高。他的成功不仅是因为他有高超的行医本领，也得益于他良好的医德。他21岁时获得了莱丁大学医学博士学位，但在此之前，他就开始在施鲁斯伯里给人看病了。行医半年来，他给四五十个人看过病。从他行医开始，他就不需要父亲的资助了，完全靠自己的收入为生。许多病人对他很信任，他们在治病时不仅向他说出自己的病情，还把自己的忧虑和不幸讲给他听。查理·达尔文对父亲很是依赖，他曾说过自己的父亲是“在当时的人中最聪明的”。他父亲具有敏锐的洞察力，查理后来常常回忆到关于父亲的几件趣事就能说明这一点。有一次，查理父亲发现，他接诊的一些妇女在看病时总是哭哭啼啼的。这让他既感到难受也很不舒服，所以，这位医生就劝她们不要哭了，想不到的是，她们哭得更厉害了。后来他就对她们说，你们哭吧，也许哭过会感到痛快，没想到这样一来她们反而不哭了。接下来，她们便开始讲述自己的病情，他也能正常进行诊断了。

医生后来与苏珊娜结了婚，苏珊娜的父亲是英国著名的维茨沃德美术瓷器厂的创办人，也是医生父亲的老朋友——乔赛亚·维茨沃德。查理8岁的时候，母亲就去世了，所以他对母亲的印象不是很深。查理共有五个兄弟姐妹——大哥伊拉斯穆斯和四个姐妹。在他们五个人中，他和他最小的妹妹凯瑟琳最亲近。

1817年，母亲去世了。在凯斯先生的学校里，查理开始了自己的学业。他的学习成绩不如小妹妹凯瑟琳。不过，他对搜集很感兴趣，在这些兄弟姐妹里，只有他收集矿物、贝壳、硬币和图章，等等。在收集的过程中，他对自然产生了浓厚的兴趣，一直想知道各种植物的名称。

童年时代的他有一个有趣的特点，那就是喜欢单独散步，他的小脑袋在散步时总是思考着什么。有一次，在施鲁斯伯里旧城堡旁的一条小道上，走着走着，他竟从七八英尺高的地方跌了下去，因为他一直想着一些问题，根本没有看路。他常常拿着钓鱼竿，坐在池塘边或河边。他喜欢钓鱼，甚至会接连几个小时坐在那里等鱼上钩。他还掏鸟窝，但每次他只从鸟窝里拿一个鸟蛋。有一件事，他现在想起来还感到内疚，因为他小时候曾经无缘无故地打了一条小狗。

1818年，查理进入巴特勒尔博士主办的一所学校，他在这个旧式学堂里学了7年。在这个寄宿学校上学时，他常常抽空跑回家去，因为那里有自己的爱好和兴趣。在家一直到最后一分钟才返回学校，为了不迟到，他只能飞快地向学校跑。

校长是巴特勒尔先生，他也是里奇菲尔德大教堂的神父。他会写希腊颂诗，在剑桥大学读书时他还因为这个得过两枚奖章。所以学校对作诗特别重视，对学生进行的是一种严格的古典教育。达尔文本来对作诗不感兴趣，但在同学的帮助下，他通过搜集大量的旧诗，并对其进行剪裁，竟慢慢地也可以轻松地作诗了。

学校里学的是古罗马人和古希腊人的著作，这些古文还要背诵。达尔文记东西很快，背诵对他来说很容易，但他忘得也快，没几天背过的东西就忘了。不过，贺拉斯的一些诗篇他却一直没有忘。除此之外，学校还扼要地讲授古代史和地理。

对巴特勒尔这所学校，达尔文十分反感。他在这所学校里连中等生都算不上，也许还是一名落后生。他自己曾说过，对那所学校没什么感觉。

但达尔文在那所学校的时候，校外兴趣却十分浓厚。一位家庭教师教过他欧几里得的几何学，他很高兴能够学习这门课，当他学会一些论证定理的方法时，更是兴高采烈。

但收集依然是他这一时期的主要兴趣。他收集矿石，虽然在这一过程中也收集旧的，但他的重点却是设法找到新矿石。他10岁时就看过这里的动物志，所以，他还收集各种不同的昆虫。之后，他还读了鸟类学方面的书籍，并开始观察鸟类，对它们的习性做各种标记。

他仍然像以前一样，十分喜欢散步。傍晚，他沿着海滨慢慢走着，若有所思地看着海边的飞禽。

查理的哥哥伊拉斯穆斯在查理快要毕业的时候对化学产生了兴趣，在一个棚子里，伊拉斯穆斯建了一个小实验室。查理认真地读了几本化学方面的书籍，他这样做是为了经常帮助哥哥做实验。从一些实验中，查理知道了化学的神奇和奥秘，开始对化学产生兴趣。不过可惜的是，巴特勒尔学校不让他学习化学，校长还曾当众说这是在浪费时间，“瓦斯”这个外号就是同学们因为这件事给他起的。

查理在毕业前那段时间又迷上了打猎。15岁那年，他曾去了伯明翰，探望住在那里的姑父格尔顿。姑父给了他一把猎枪，带着他一起去打猎。刚开始在姑父那儿学打猎的时候，他总是打不准，姑父有次打猎回来开玩笑地对他说："小鸟都在取笑你不会打猎。"查理笑了笑，没说什么，但这个玩笑刺激了他，他暗下决心，一定要练好枪法。过了一段时间，他姑父来他家做客，查理在花园里自信地为姑父表演了自己的枪法，他击中了随手抛起的手套。

他对文学也具有相当的兴趣，后来他回忆说，自己经常阅读莎士比亚的历史剧，还阅读刚出版的拜伦和华尔德·司各特的长诗，以及诗人汤姆逊的《四季》诗。他感到比较烦闷的时候，就骑马到城外欣赏大自然的风景，这个习惯他一直保持到了晚年。

最后再补充一下：童年的达尔文温和可亲、善于交际。他非常热爱自己的同学，他对这些朋友非常留恋。

第二章　爱丁堡

查理在巴特勒尔学校的表现令他父亲很不满意，有一次，父亲严厉地对儿子说："你在学校就知道玩这玩那，这样下去你还有什么出息？还会连累我们全家蒙受耻辱。"就这样，他父亲让他提前退学了。

1825年10月，父亲作出决定，让查理像哥哥伊拉斯穆斯那样，去苏格兰的爱丁堡大学学习，那时他哥哥已经在这里一年了。

他父亲的这一决定可能和查理的表现有关。这年夏天，查理对行医产生了兴趣。早些时候，查理便开始在施鲁斯伯里给一些病人——主要是妇女和儿童看病。他把每个病人的情况都记录下来，然后问父亲该怎么做，父亲告诉他怎样做检查，怎样下药。然后，由查理自己配制治病的药。查理有时会同时接诊十来个病人，父亲发觉查理有博得病人信任的能力。于是，他把儿子送进爱丁堡大学医学系，希望儿子将来可以成为一个高明的医生。

达尔文来到爱丁堡大学后，兄弟俩租了一处房子，里面有三个房间，一间做客厅，另外两个明亮的房间做卧室。查理的入学手续办完后，选修了这些科目：医学、化学、解剖学、临床课和外科学。他办了皇家医院实习证和大学图书证，以后没事的时候他和哥哥经常去图书馆看书。

上了几天课之后，这里的授课情况令他很失望，他感觉所有的课都很枯燥无味，特别是医学课，他经常批评这门课的授课者邓肯。在自传里他写过这样的话："冬季早晨8点钟开始的脑膜治疗课，至今想起来还让我感到有些可怕。"亚历山大·门罗讲授的是人体解剖学，巧的是他的父亲和祖父以前也在这个学校讲授这门课程，但他远没有自己的爷爷和父亲讲得好。对自己没有学好解剖学，达尔文感到非常遗憾，后来他颇为感慨地说："他讲授的人体解剖，同他本人一样，也是枯燥无味的，因此这一门课程使我感到厌恶。"如果这门课程学好的话，是会对达尔文有很大的好处的。不过，达尔文经常到医院门诊实习。还有一门外科，他也没有学好。后来他说，自己曾参加过两次危险的手术，但没等手术做完就跑掉了，因为这时还没有使用哥罗芳——一种麻醉剂，所以手术是痛苦的，那场面他实在不忍看下去。但是，他也有喜欢的课程，霍普的化学课他就很喜欢听。

达尔文在大学的第二年又选了产科学、物理实验和自然史这三门课。他前两门课学得怎么样，我们无从知晓；不过，我们已经知道他很早就对自然史这门课产生了兴趣。当时，罗伯特·詹姆逊教授在爱丁堡大学讲授自然史。这门专业课含两个部分，一部分是动物学，另一部分是地质学。詹姆逊的研究方向主要包括矿物学、海洋动物学和鸟类这三个方面。此外，詹姆逊教授还经常在一些学术杂志上发表论文。为了保存一些上等的搜集品，他在大学里建立了一个非常好的自然史博物馆，这个博物馆仅次于伦敦英国博物馆，当时被认为是第二个英国博物馆。詹姆逊对地质学的看法，和著名的岩石水成论者魏尔纳是一样的，这样的论点不仅过时了而且是极端的。

詹姆逊凭着自己对这门课程的兴趣和他对自己所领导的这个博物馆的兴趣，博得了当时人们的尊敬。但就算是詹姆逊这样的课程，达尔文也没什么兴趣去学。他曾说过，大学的许多课程都很枯燥无味，当然，除了地质方面的内容，詹姆逊讲授的其他自然史方面的内容，达尔文还是听的。这是因为，达尔文这样说过："这些课程对我所产生的唯一作用，就是保证我一生决不再读一本地质方面的书，决不研究这门科学。"不过，他后来并没有遵守这个保证，还是研究了这门学科。

他不喜欢这些课并不能说明他对自然科学失去了兴趣。只不过，他用另一种方式来表示自己对自然科学的兴趣。他常常去教学楼里的博物馆，里面有两位在那里工作的年轻博物学家，他和他们成了朋友。其中一位就是罗伯特·格兰特博士，他在1814年获得了爱丁堡医学博士学位，当时也才33岁，这个年龄正是从事科学活动的最佳时期。1815～1820年，他一直在欧洲的其他大学里研究医学和自然科学。在欧洲学习的那段时间，他四处寻师访友，最后跟随拉马克教授学习了无脊椎动物学。拉马克在1809年出版了自己的进化论著作《动物学哲学》，很快，格兰特从拉马克那里学会了很多东西。1820年，格兰特回到爱丁堡。之后，他通过实地考察几个沿海地区，写出了大量关于无脊椎动物学的论文。

达尔文经常和这位年轻的博物学家一起出去游览，他帮这个精力充沛的人收集动物，并且他自己也学着研究，学习如何解剖这些动物。他与格兰特博士一起对鱼做了解剖，全面研究了鱼的内部器官，包括心脏和心瓣。通过一段时间的相处，达尔文发现格兰特表面上看起来很冷淡，但实际上，他是一个热心的人。

有一次，两人一起游览时，格兰特高兴地和达尔文聊一些自然史上的事，达尔文好奇地倾听着他谈论进化论的观点。格兰特对这些观点很迷恋，但当时的达尔文对这些观点并没有留下什么印象。达尔文的祖父伊拉斯穆斯·达尔文写过《动物生物学》和其他一些著作，里面都有提到进化论观点，所以达尔文对此并不陌生。不过，这些纯理论的观点并没有令上大学时的他产生多大的兴趣，对生物界的考察和对动物机体的研究依然是他最大的兴趣。

在纽爱文尼生活着一些渔民，达尔文和他们一起用采捕机从河底捉牡蛎。除了牡蛎，还能捉到其他的动物。达尔文对这些动物进行了研究并做了笔记。其中，他描述了某些软体动物的产卵及幼虫情况，还附带提及了珊瑚虫和海鳃。

维利亚姆·马克·吉利弗雷是年轻的达尔文在爱丁堡结交的第二个青年科学家，他比达尔文大13岁。他的一些关于软体动物、鸟类的著作令他声名鹊起，其中，尤其是鸟类的著作，更是功不可没。之后，他还出版了一部论述苏格兰鸟类的巨著。他和达尔文在一起的时候，自然史中的各种问题是他们经常谈到的话题。此外，他还送给达尔文几个罕见的海贝。得知达尔文对搜集鸟类和观察鸟类很感兴趣时，他表示了对达尔文的支持。

这段时间，达尔文还认识了一个鸟类学家，他叫沃捷尔通，是个黑人，达尔文经常向他学习如何制作鸟类的标本。没事的时候，达尔文常常跑到这个黑人那里，他觉得沃捷尔通知识渊博，只要和这个黑人在一起，他就觉得高兴。

通过以上几点可以看出，达尔文对鸟类学具有浓厚的兴趣。

达尔文在爱丁堡大学的第二学年，参加了普利尼学生自然史学会的工作。在这里，他认识了一些热爱自然科学的同学，并和他们交上了朋友。1823年，在詹姆逊教授的倡议下，创立了该学会，格兰特任学会秘书。在爱丁堡大学的学院地下室里，学会会员们每星期二都要在这里集会，一起研究自然科学方面的事。虽然学会会员有不少，但是经常去开会的只有二十来人。1826年11月28日，达尔文被选为学会委员，没过几天，在评选五个学会理事会成员时，达尔文顺利入选。从此事可以看出，在当时同学的眼中，他是一个对自然史极为感兴趣的人，是一个自然史的忠实爱好者。我曾看过保存下来的学会记录，查理·达尔文担任学会委员的时候，在几个月中举行的19次会议里他只缺席了一次。他经常在会上发言，和持不同观点的人辩论。例如，他曾就自然分类问题和种类特征问题，在会上发过言。

1827年3月27日，在普利尼学会上，达尔文就自己的两项关于观察海生动物的发现做了报告。

首先，他认为苔藓动物的卵子原来是一个周围布满了许多颤动纤毛的幼虫。之所以这样认为，是因为他在苔藓动物卵上发现有纤毛。

其次，以前一种黑色的小球状体被当作藻类植物的发育阶段，实际上，他发现这只是一种卵胶囊或者是水蛭产卵的卵袋。这种水蛭靠捕食其他生物为生，经常停留在海底那些平坦的斜坡上。学会在听完达尔文的观点后，希望他把这些观点整理出来，最好能用实物说明他所论述的问题。

达尔文在下一次会议上，展示了一个带有卵袋、卵子和幼虫的水蛭标本，并用了四页半的篇幅来论述这些发现。

达尔文提出这些观点后，罗伯特·格兰特就开始对此进行实验研究。看来，格兰特很注重这些发现，他不仅进行了实体研究，还使用了一些图画和实验标本来加以说明。所以，在爱丁堡魏尔纳学会，他做了关于这些发现的报告，比达尔文的报告还要详细，并写了一篇专业论文刊登在1827年7月份的

《爱丁堡科学杂志》上。他在文中说，发现这些观点应该归功于我年轻的朋友——查理·达尔文先生。

普利尼学会主席团中有许多年轻人，达尔文与他们经常联系。

有时候，格兰特也会带着达尔文去参加魏尔纳学会的会议。在这些会议上，达尔文有幸听到了美国人奥吉本的发言。这位鸟类学家做了一个关于北美鸟类习性的报告。除此之外，达尔文也经常参加如“皇家医学会”和“爱丁堡皇家学会”等其他一些学会，虽然它们不全是自然科学类的学会，但年轻的达尔文显然很想涉猎一些别的学科。

1826年和1827年这两年的暑假，达尔文的日子过得很充实，也很快乐。在这期间，他旅行、打猎或访问他舅舅维茨沃德的庄园。有一次，沿着北威尔士，达尔文同两个朋友徒步游玩了一趟，一天要走好几十千米。这项运动对于这位未来的旅行家来说是很有意义的。还有一次，他同妹妹一起进行了一次沿着北威尔士的骑马旅行。

对达尔文来说，到舅舅乔赛亚·维茨沃德的梅尔庄园去旅行，是一件很令他神往的事情。因为他愈来愈喜欢打猎，而在庄园里就可以打猎。梅尔庄园在小湖岸边，一幢古式的房屋耸立在那儿，亲戚朋友们一般都会选择在这儿聚会。这里的青年们会组织游客一起游玩，一起演莎士比亚的《温莎的风流娘儿们》。当时的哲学家和历史学家詹姆斯·麦金托什（曾写过《英国革命史》）也经常来这里做客，并在此地举办一些有趣的座谈。这些记忆给达尔文留下了很深刻的印象，多年以后，他回想起来还是记忆犹新。那时候，一到夏天，柱廊便成了他们最喜欢的地方，一家人和来做客的人会坐在柱廊下面的台阶上，面对着花坛和小湖，看着映出繁多绿树的平静湖面，享受着从湖面吹过来的徐徐凉风。查理很喜欢舅舅，他对舅舅的坦率性格和清晰头脑钦佩不已。

两三年的暑假，达尔文都是在梅尔度过的。据说这里也是他初恋开始的地方，他初恋的意中人是他的表姐沙尔洛塔·维茨沃德，当时她年近三十，比达尔文大十来岁。虽然这种说法是传言，但也许是有一定的根据的。

达尔文后来娶了艾玛·维茨沃德，她在1826年11月和1827年5月两次到欧洲大陆，去那里向肖邦学钢琴。达尔文和表兄弟去巴黎看过她，并和她一块儿回家。这次也是达尔文唯一的一次欧洲之行。后来，艾玛谈到达尔文时说："在演奏时，他看起来像个疯子。"我们不得不承认，尽管达尔文喜欢音乐，但他缺乏音乐细胞。

年轻的艾玛举止大方，一点都不轻浮，是个快乐、活泼和机灵的姑娘。

在爱丁堡大学期间，达尔文的一些必修课并没有学好，不过，他童年时代培养出来的对自然科学的爱好，在这里却得到了进一步的发展。他考察了分布在海岸边的动物群，交了一些年轻的自然科学家朋友，参加了由大学生们组成的普利尼学会，学会了一些研究自然界的新方法，也和其他一些自然史学会做过交流。此外，在暑假的时候，他还打猎、游玩和旅行，这些都为他后来成为一个野外的博物学家打下了基础。

第三章　在剑桥的日子

父亲发现，在爱丁堡大学的两年，查理什么也没有学到，想让查理继承自己的事业看来是不可能的了，查理对医学根本不感兴趣。

查理的姐姐们也都对父亲说，弟弟不上课、不考试，他讨厌学医。父亲知道，现在的查理对体育运动入了迷，但让查理成为一个游手好闲的运动员，父亲是不愿看到的。罗伯特·达尔文找来儿子，很严肃地同他谈了心，问他将来想不想做一个牧师。查理对他父亲说，这件事他要想一下再作决定。他并不讨厌做一名乡村牧师，他也是一个虔诚的基督教徒，为了自己的未来，他甚至翻看了全部英国教堂的教义，就是想要确认一下，看自己能不能做一名牧师。通过研究一些神学书籍，他了解了英国的教义，觉得自己还是可以做一名牧师的。他找到父亲，将这一想法告诉了他。令他想不到的是，后来自己的理论受到了教徒们的猛烈攻击，成名后的他一想到自己曾想过做一名牧师，便会哭笑不得。

毕业于大学神学系是做一名牧师的基本条件，但在入学之前，他还得复习一下在巴特勒尔学校学到的古典语，这些是入神学院必备的基础知识，但他早就忘了。

1827年10月15日，达尔文被剑桥学院录取为低年级寄宿生，接受绍乌老师的教导。不过，后来他说，他是在第二年才进入剑桥的。

达尔文的父亲不知道的是，自然科学才是查理最感兴趣的。达尔文在爱丁堡时未能认真地学习医学，来到剑桥后也一样，还是没能够使自己认真地去学习神学。不过这时的达尔文随着年龄的增长开始懂事了，为了不想让父亲生气，他能够约束住自己。在剑桥，他长期不上神学课、语文课和数学课，没事的时候就研究甲虫。但一到快考试的时候，为了能够考好，他不得不临阵磨枪，加班加点地复习神学科目。考完试后，他便放下那些神学课本，将注意力又转移到他感兴趣的自然科学上。总之，他在剑桥学习只是应付，他的兴趣仍然在自然科学上。

值得一提的是，在剑桥的最后一年，达尔文在准备学士学位考试的时候，补习了数学和古典作品方面的知识。除此之外，为了应付考试，他还了解了玻利的《基督教教义证验论》《伦理学》和《自然神学》。他对玻利的《基督教教义证验论》理解得并不是很深，只是喜欢玻利的推理过程和那一长串的结论。1831年，达尔文通过了学士学位考试。

达尔文在剑桥时还加入了一个俱乐部，它是由一伙十分快乐的年轻人组建的，俱乐部成员每周都有一次聚餐。达尔文后来曾说过类似这样的话："在俱乐部时经常尽情玩乐，有时候还会喝许多酒，浪费了不少美好的青春时光。"

约翰·毛里斯·赫伯特就是达尔文在俱乐部时认识的，赫伯特毕业后去了威尔士，在那里当了一名法官。在他年老回忆到达尔文的时候，曾这样说："他是一位极其亲切、热情和宽宏大量的朋友，人们都用最亲热的态度对待他。他从内心里憎恨一切虚假的、卑鄙的、残酷的、庸俗的和不诚实的行为，赞同一切美好和公正的行为。"

性格开朗的达尔文在这里结交了不少朋友，和在爱丁堡一样。他有一个非常好的朋友叫维特莱。这位朋友是一位优秀的数学家。剑桥有这样一个惯例：做一份专门的花名册，花名册叫作"荣誉学位考试"名单，就是把数学考试的优等生列入花名册，第一名被称作"数学学位考试一等及格者"，维特莱就获得了这个荣誉称号。达尔文和维特莱两人经常形影不离，闲来无事的时候，两人就一起出去散步，而且是长时间散步。

在维特莱的影响下，达尔文对绘画、音乐等一些艺术有了一定的了解。维特莱还给达尔文介绍了自己的表兄赫伯特，赫伯特很喜欢音乐，他还劝达尔文加入音乐小组，但达尔文的乐感实在太差，入了小组也没唱什么歌。

在假期的时候，达尔文和赫伯特偶尔会一起去巴尔穆特度假。在这里，赫伯特在达尔文的吸引下，也开始收集甲虫，达尔文曾戏说这一举动是“为科学服务”。他们每天不是到巴尔穆特前面的山里去游玩，就是乘船去旅行。达尔文常常在巴尔穆特那坡度很缓的山上收集昆虫，当然，他更喜欢收集甲虫。他要赫伯特帮他的忙，便给了赫伯特一个装有酒精的瓶子，让他收集各种他认为罕见的甲虫。赫伯特这个大好人，极其认真地开始往瓶子里装甲虫。不过，他刚开始收集的甲虫，都是很平常的那种。但达尔文对昆虫学孜孜不倦的钻研精神，感染了赫伯特。后来，达尔文离开了这里，嘱咐他继续收集甲虫，后来他终于也收集到了罕见的甲虫。

不过，达尔文能够熟悉昆虫学，还多亏了他的堂兄威廉·福克斯·达尔文。因为两人都对自然科学非常爱好，所以查理在剑桥时同这位堂兄很亲近。后来，福克斯成为了一名乡村牧师，但他依然很喜欢自然科学，这也是后来他俩变得更加亲密的原因。

在昆虫学方面，达尔文一有什么最新发现，就会告诉福克斯。有一次，他和福克斯说，为了向伦敦牛津大学的第一个动物学教授霍普先生谈论昆虫，并且观察昆虫，他在教授那里整整等了两天。达尔文拿着自己和福克斯的昆虫搜集品给霍普看，被霍普赞扬了一番，霍普还拿出了自己的昆虫搜集品给达尔文看，这令达尔文非常着迷。最后，他从霍普那里得到了将近一百六十个昆虫新品种。想必霍普是对达尔文很感兴趣，十分慷慨地要把自己最稀有的昆虫标本送给他。

达尔文还和福克斯提过一位研究甲虫的大专家史蒂芬斯，达尔文说，他很欣赏史蒂芬斯的搜集品，还说他与史蒂芬斯经常在一起喝茶、聊天。达尔文这次到伦敦，结识了许多博物学家，长了许多见识。参观了其他许多“博物学家集聚”的地方，访问了皇家学院、林纳学会和动物园，参观了各种自然史机构。

他还告诉福克斯，他猎获了不少鸟，读了不少关于动物的书。为了甲虫问题，他曾和一位昆虫学家发生争吵，最后，他竟然威胁这位昆虫学家说，要把昆虫学家从楼梯上推下去。总之，他当时对收集甲虫的兴趣大得很。这一点，从达尔文所写的一封信中就可以看出来，他在信中说过这样一件事：“有一次我剥开了一块树皮，看到两只罕见的甲虫，于是我两手各捉了一只；就在这时我又瞧见了第三只新品种的甲虫，腹部带有大十字花纹，我不忍把它放走，于是我把右手里的那只用牙齿轻轻咬住，好腾出手来。可是狡猾的甲虫排出了一种极辛辣的液体，使我感到非常恶心，我不得不把这只甲虫吐了，这样一来，不仅捉到的两只跑了，第三只也没有捉到。”

不顺利的事，他也会告诉福克斯。在采集昆虫的路上，他曾病倒过；为了应付考试，他没有抓过一只昆虫。

因为经常收集昆虫，在实践中，达尔文想出了一些新的收集昆虫的方法：专门雇一个人跟着自己，见到老树后，让雇的人在上面刮苔藓。然后，将刮下来的苔藓装在一只口袋里。用上面的方法，一些罕见的新品种被达尔文找到了。史蒂芬斯写了一本有关于不列颠甲虫的书，当达尔文在里面看到“查理·达尔文捕获”这几个字时，便感到极为高兴。

剑桥大学除了必修课外，还开设像塞治威克教授讲授的地质课，这门课属于公共课，达尔文对这门课程很感兴趣。不过，他最终没去听塞治威克的课，可能是因为以前爱丁堡大学的地质课使达尔文极为失望，以至于他现在也不想去学。他听了汉斯罗的植物学课，在讲课的过程中，汉斯罗叙述清楚并出示美妙的图解，达尔文很喜欢听他的课。

早在进剑桥大学之前，达尔文就听许多人说过，年仅32岁的汉斯罗是一位知识渊博的博物学家。汉斯罗经常徒步旅行，有时还带着学生和同事们一块去。当然，如果旅行目的地特别远的话，他们有时候也会乘车，有时候也会坐船，这样的旅行令达尔文神往。不久之后，达尔文通过福克斯结识了汉斯罗。

每周，汉斯罗都会举办一次集会，来的主要是大学里一些年轻的学生和年长的职员。这些集会无拘无束，他们毫不避讳地讨论一些观点和学术界的新理论。后来的雷耶夫协会，就是在这些人的努力下建立起来的。

达尔文热爱自然史的那种特别真诚的心和他那活泼而又反应灵敏的大脑吸引着他周围的人。很快，汉斯罗就和达尔文熟悉了。在剑桥的最后几年里，达尔文和汉斯罗每天都要一起散步。和汉斯罗的这种友谊影响了达尔文的一生，正是因为汉斯罗，才有达尔文后来的环球旅行。

汉斯罗知识渊博，其中包括植物学、昆虫学、地质学、矿物学和化学等多方面。他很高兴别人向他请教问题，并且他性格温和、善良，待人特别亲切，不自私、不爱慕虚荣，这一切都在影响着达尔文。汉斯罗那儿经常举行一些有趣的聚会，这也对达尔文的成长起到了促进作用。在一起聚会的这些人中，有汉斯罗的一个叫作詹宁斯的亲戚。后来，达尔文同他经常联系。詹宁斯后来发表了一些作品，是关于几部自然史方面的著作和其他一些著作。

在这个时期，达尔文阅读了不少书，对他产生重大影响的有两本：一本是《自然哲学的初步研究》，由天文学家约翰·赫瑟尔所作，正是这本书让达尔文开始致力于自然科学的研究；另一本书是《美洲旅行记》，由亚历山大·洪堡德所作。

在这本游记中，亚历山大·洪堡德对他旅行时到过的各国的大自然风光和风土人情做了生动的描写，所以，这部游记的可读性远比一般游记要好。洪堡德是一个知识渊博的人，仁慈、爱好自由的他极富敏锐感。他善于对旅行中的一些新事物或新东西做一系列详细的艺术描写。

达尔文深深地沉浸于洪堡德这部艺术性的旅行记中，读了英文版的第一卷之后，他兴奋得无法形容。书里面对加那利群岛的自然风光，和如何攀登火山特纳里夫峰的描写，非常引人入胜，还有一些对不知名的动植物的描写，更是令达尔文喜不自胜。洪堡德对一些自己旅行过的地方大加赞赏，因为那里不仅有美丽的风景、漂亮的动植物，还没有农奴制。达尔文对这个正义的人很是钦佩。

看过这本旅行记后，达尔文一直想出去旅行，但一直未能如愿。不过，他一直未放弃这个决定，时刻等待着机会。

暑假的时候，达尔文还是在梅尔和维茨沃德度过的，有时也会去位于埃通的新住处打猎。

达尔文是在圣诞节前进入剑桥大学的，虽然他在1831年年初参加了剑桥大学的毕业考试，但还得在那里待两个学期。

在汉斯罗的影响下，达尔文决定研究地质学。为此，他做了一件很难的事，他绘制了一张施鲁斯伯里的地质图，图上各地被标上了不同的颜色、不同的地质……他还研究了英国的地质学，看了相关方面的书籍后，得出了一些很有趣的结论——人们只了解自己生活的那片土地。

这时，地质学家塞治威克要到北威尔士去旅行，汉斯罗请求他带达尔文一起去。

和汉斯罗一样，塞治威克也是一位优秀的旅行家。在英国和欧洲大陆，他同自己的朋友麦奇逊（以研究俄罗斯地质学方面的著作而出名）一起做了大量的研究工作，查明了各个时期的沉积物，做成了序列。两人这时正准备到不列颠群岛去，研究古生代的沉积物。

在旅行中，塞治威克经常让达尔文去采集岩石标本，他在地图上标出这些岩石标本的层理。慢慢地，达尔文就学会了分析全国的地质情况。

旅行结束后，达尔文穿过几座山，到了在巴尔穆特的几位剑桥朋友那里。在那里待了几天，又回到梅尔去打猎。在日记中，他这样写道："7月份，我极为贪婪地钻研着地质学。"

在剑桥的时候，达尔文过着双重生活：一方面他一心扑在自然科学和体育运动上；另一方面，为了应付，他参加了必修课的考试和学士学位的考试。同昆虫学家们的交往，和汉斯罗等人的相识，打猎、骑马旅行和读书，同塞治威克一起进行的地质考察，这一切把他锻炼成了一个博物学家。后来，他被自然科学家们称为"野外工作者"式的博物学家。

第四章　乘“贝格尔”号旅行前的准备

1831年8月，剑桥的天文学教授皮克寄给汉斯罗教授一封信，内容如下：

亲爱的汉斯罗：

为了测量火地岛的南岸，菲茨·罗伊舰长要去做一次旅行，返航时还会经过南海中的许多岛屿和印度群岛。用于旅行的这艘军舰，很适于进行科学研究工作。因此在这次航行中，我们决定提供一个难得的机会给一个博物学家。如果失去这次机会，对博物学家们来说，将是一个很大的遗憾。有关方面请我推荐一位合适的博物学家一同前去考察，他将受到各方面的照顾。舰长对博物学家的工作非常敬佩，愿意为他们提供热心的帮助。我听说有个叫列奥纳尔德·詹宁斯的博物学家，他能够去的话，将会发现自然史上的许多珍宝。不过现在还没有一位理想的博物学家人选。我写此信的目的，就是让你帮忙看看，有谁愿意去，或者你帮忙推荐一位，只要他愿意进行考察的话，这只船将会供他调用。我相信你推荐的人，是不会令我们失望的。这次游行对自然科学的发展是一个绝佳的机会，望你考虑一个人选推荐给我们。我们定在10月底起航。

亲爱的汉斯罗，如若找到人，写信答复我。

乔治·皮克

汉斯罗自己其实很想去，不过，他是个牧师，同时由于妻子的原因，他决定放弃这个机会。于是，汉斯罗想到了詹宁斯，便邀请自己这位酷爱自然史的亲戚前去。詹宁斯开始的时候不假思索地接受了这一聘请，但他也是一位管辖着两个教区的牧师，考虑到这一点，他也拒绝了。

汉斯罗想起了达尔文，这个年轻的朋友对自然界有着强烈的探索愿望。于是，他把达尔文推荐给了皮克，他给达尔文本人写了一封信，把这件事告诉了达尔文。

汉斯罗在信中写道：

我已经告诉菲茨·罗伊舰长，我认为您在我所认识的人中是最合适的人选。我这样说，是因为您具有充分的条件可以去收集、观察和注意自然史方面的一切值得注意的事，也许您还不是一位完美的博物学家，但这份工作您还是胜任的。菲茨·罗伊舰长这次不仅仅是要一位出色的博物学家与他同行，他更需要这个人品格高尚。不过，薪金方面的事我还不清楚，我想你不会太在意吧。这次航行可能会用两年的时间，您要是怕旅途寂寞，可以随便带一些书。对于一个热心、有志的人来说，这绝对是个千载难逢的机会，我想，你一定不会放弃这次机会。您要想了解详细情况，可以和皮克谈谈。我可以肯定地说，你正是他们想要的人，所以你不要存有谦虚、怀疑、害怕等念头，勇敢地去就行了。我恨不能站在你面前，拍着你的肩膀说："去吧！"最后，作为你忠实的朋友，祝你旅行愉快！

同塞治威克进行地质考察回来后，达尔文看到了汉斯罗和皮克的来信。因为汉斯罗的大力推荐，皮克也给达尔文写了一封信，内容就是要聘请达尔文随舰游行。两人信中的内容大同小异，不过，皮克在信中还补充了以下内容：

菲茨·罗伊舰长是一位勤于职守的军官，为人镇定，深受同僚的爱戴。在国外，他花了1500英镑从巴塔哥尼亚买回了三个土著人，为了教育他们，他亲自出钱。他还以年薪250英镑自费聘请了一位美术家和他同去。如果您去的话，他会尊重您的一切意见。有那个美术家和您做伴，您在旅途中也不会觉得太寂寞。

我和汉斯罗非常希望您能够去，我相信您会放下手头的一切事情，全力准备参加这次航行的。该舰定于10月底起航，所以请您尽快作出决定，并告诉博福尔特舰长——海军部的水路测量专家。

海军部将给您一个正式的委任，并为您提供各项设备，不过，他们不打算向您支付薪酬。但假如您需要薪金的话，他们一定会批准的。

读完这封信后，达尔文马上表示同意。但达尔文父亲坚决反对他的这个决定，他只好写信谢绝了这一聘请。在给汉斯罗的信中，他这样写道：

我昨天很晚的时候才回到家，皮克先生的来信我已经看过。就我个人而言，您如此盛情地提供给我这个机会，我当然会极其高兴地接受，我非常想去参加这次航行。但我父亲坚决反对，我怎能忍心不听他的话呢！

父亲对我说："作为一个未来的牧师，航行对你来说是不合适的。时间这样紧迫，你还没有航海的习惯。"除此之外，父亲还担心菲茨·罗伊舰长，怕我与他合不来。不过，最令他担心的还是准备的时间太短，他怕我无论在身体方面，还是在精神方面，都没有做好准备。他最后说，只要有一个头脑清醒的人主张你去，我就同意。如果不是父亲，我肯定会参加这次航行的。这确实是一个很好的机会，我对您为我做的一切表示感谢。不过，他们早些时候为什么指定一位博物学家呢？

达尔文又给皮克写了封回信，遗憾地表示自己不能接受这一邀请。于是，他就又到梅尔维茨沃德家去打猎了，回到了他以前熟悉的生活当中。没想到在维茨沃德家，事情却出现了转机，这里的亲戚都主张他接受这一聘请，还劝说他不要错过这么好的机会。在维茨沃德一家人的劝说下，他也开始心动了，便用非常恭敬的语气给父亲写了一封信。查理在信中请求父亲再考虑一下自己的决定，还说乔斯舅舅已经同意了这次航行。他还说，如果父亲还是坚决拒绝这次旅行的话，那他以后就永远不再提这个问题，坚决服从父亲的决定。在信末，他还附上了舅舅劝说父亲的意见。

查理把写给父亲的信寄了出去。第二天上午，他正在打猎的时候，舅舅让他和自己一起去施鲁斯伯里。达尔文心想，也许这个问题解决了。果不其然，父亲非常重视舅舅的意见，同意这次旅行。查理那时不知道自己该说什么才好，他对父亲最终能赞同他去航行很是感激。在剑桥时，达尔文老是乱花钱，他安慰父亲说，在“贝格尔”号上，我要想花掉赚到的钱，必须变得很机灵才行。父亲看着这个怀有科学志向的儿子，用略带讽刺的语气回答：“听说，现在你已经是一个很聪明的人了。”

达尔文赶紧给皮克又寄了一封信，说已经征得了父亲的同意，并表示自己随时愿意去航行。第二天，查理告别父亲，直奔剑桥。到达剑桥时，天已经黑了，他给汉斯罗寄去一张便函，内容是：“您猜我为什么突然来这里！父亲改变主意了，他同意我去。去航行的那个位置不知道有没有给别人。我一路坐车，来到这里很累，先休息一下，明天早晨安排个时间我们可以见个面……”

第二天，达尔文同汉斯罗见了面。汉斯罗对他说，我有一个叫伍德的朋友，和菲茨·罗伊非常要好。在菲茨·罗伊面前，伍德也推荐了达尔文。看来达尔文运气还不错，他们还没有邀请别人。

事情突然发生了变化，菲茨·罗伊写给伍德一封信，信中说他反对和达尔文一起去。达尔文听到这个消息，就像一下子掉进冰窟一样，汉斯罗也很气愤。

对这次旅行，达尔文已经不抱什么希望了。不过，他还是按原计划来到了伦敦，希望还能有那么一丝希望，他去拜访了菲茨·罗伊舰长。出乎意料的是，菲茨·罗伊非常热情。在写给伍德的信里，菲茨·罗伊曾说自己不希望和达尔文一起去航行，对此他是这样说的，他有一位朋友叫切斯·杰尔，他很想和切斯·杰尔一起去，但切斯·杰尔最后拒绝了他，就在达尔文来这里之前，也许连五分钟都不到。这个位置现在还是空着的，看来只能让达尔文去了。

后来，达尔文同菲茨·罗伊成了朋友。有一次，两人谈话时回忆到此事，菲茨·罗伊对达尔文说，我是拉法·杰尔的热心崇拜者，拉法·杰尔曾教导我说，有着像达尔文这样鼻子的人，是不会具备这次航海所必需的精力和决心的。所以，我因为你的鼻子差点就拒绝了你，不过，我当时虽然怀疑，但还是马上同意了。

菲茨·罗伊彬彬有礼，热情而又坦率，达尔文很喜欢这个人。菲茨·罗伊告诉达尔文说，如果你同意这次和他们一起航行，就得注意以下几个问题。我们一行人将会一起长期住在军舰上，要同舟共济，不能对这个不满，对那个不满；他带了一些书，没事的时候，达尔文可以看看；船舱里有各种工具和武器，这些达尔文都可以使用；伙食很简单，也没有酒，建议达尔文同他一起用餐；主要的问题是，军舰很小，住处很挤。之后，他又对达尔文说了一些在舰上的各种不方便之处，之所以提前对他说，是怕他以后抱怨。最后，菲茨·罗伊补充道："刚才我说的这些问题，你考虑一下，看看能不能克服。如果您觉得没问题的话，我们就算达成了协议；如果您不同意，那我们再找别人。"

随后，他们转移了话题，谈起了航行航线的问题，还有就是从这次旅行中，达尔文将能得到什么收获的问题。菲茨·罗伊说："一路上会遇到许多艰难险阻和考验，但你也会遇到许多有意义的事或动植物。总之，这次航行对你来说绝对值得。"

海军部决定，这次航海计划只是勘察南美洲和火地岛海岸。这令达尔文多少有些遗憾，达尔文所梦寐以求的是环球旅行。菲茨·罗伊个人也赞成环球旅行的计划，此事他已经向海军部提交了申请，但还没有得到答复。如果环球旅行能够批准，达尔文就着手安排旅行计划。

达尔文问菲茨·罗伊大概需要多少费用，他回答说，不需要很多钱，一年的伙食费30英镑，加上全部装备的费用，大概不会超过500英镑。菲茨·罗伊还向他担保说，假如他受不了海上的颠簸，随时都可以回来，因为一路上经常碰到回程的船舶。值得一提的是，达尔文在测量期间，有权在岸上进行搜集各类标本的活动，还有权留用一艘小船。

接下来，达尔文便开始忙着准备航海所需的物品。在汉斯罗的推荐下，达尔文去拜访了伦敦的几位旅行家，请教他们该带些什么。菲茨·罗伊却劝他只带必需的衣服和东西就行，能不带的东西尽量不带，达尔文表示同意，听从了他的劝告。但同时，菲茨·罗伊却劝他买一箱手枪，这项开支大概需要花60英镑，他说，如果没有手枪就不能到岸上去。这一笔开支令达尔文很是不解和无奈，但他还是花了50英镑买了一支极品背枪和一箱好手枪。此外，他还花了5英镑，买了望远镜和指南针。在购买火器上，菲茨·罗伊比达尔文出手大方多了，花了400英镑多。同时达尔文还委托姐姐苏珊娜，让她把他的一些用品寄来，包括旅行用的地质指南针、显微镜、几件衬衫、鞋子、一些西班牙书籍等。

出发前，达尔文去参观了“贝格尔”号。“贝格尔”号很小，这让他很是惊讶。它是一艘军舰，排水量只有235吨。达尔文不禁对这艘小军舰的安全性表示担忧，后来证明，这种担忧没有必要。在环球航行中，它不辱使命，多次经受住狂风暴雨的袭击。

菲茨·罗伊舰长才23岁，是位矮个子的年轻人，黑黑的皮肤，长得很漂亮。他给达尔文留下了非常好的初步印象。他人虽年轻，出海经历却很丰富，1826～1830年，他乘坐这艘“贝格尔”号完成了对火地岛沿岸的勘察工作。“贝格尔”号上的军官和水兵都愿意同他一起再次出航，这也充分说明了众人对他的信任。

菲茨·罗伊在这艘军舰上领导勘察工作，除了他之外，船上还有这些人：他的助手斯托克斯，2名尉官——季·韦克姆和布·谢利万，1名医生，10名军官，1名水手长，42名水兵和8名少年见习水手。斯托克斯坐在一张大桌子旁，主要协助菲茨·罗伊一起进行绘图工作，达尔文工作的地方也在这张桌子旁。此外，舰上还有1位美术家和1位绘图员埃尔德，1个专门看管仪表、天文钟和其他仪器的人，1名曾去过火地岛的传教士，还有3名火地岛人。上次航海时，菲茨·罗伊将这三个火地岛人带到了英国，他们这次要返回故乡。

达尔文准备行装的同时，还抽时间学如何确定地方的经度和纬度。有一次他上街买东西时，发现所有的店铺都停业了，一问才知道，原来是在举行国王加冕典礼仪式。英国有规定，每逢举行这种仪式时，店铺一律停业。达尔文随着众人，也观看了这种仪式。达尔文惊奇地发现，看到国王时，民众并没有兴奋和热情。他后来向姐姐苏珊娜说起过此事，他认为，这种加冕典礼如果在50年后举行的话，估计都没人看了。

“贝格尔”号原本打算10月底起航，但起航日期不断被推迟。原因是，经过第一次探险后，“贝格尔”号需要修理。这只军舰已经破烂不堪，需要重新改造：首先，抬高上层甲板，这样在风浪中它会变得安全可靠些；不仅如此，甲板抬高了，下面也腾出了更多的地方，可以住人和堆放食品。其次，加固船底，这样船会变得更坚固。

达尔文10月份来到“贝格尔”号的停放地——普利茅斯，修船已进入尾声，船员们正忙着修船舱、刷油漆等。

达尔文在等待出发的时候，经常同这些军官和海军准尉们一起吃饭，慢慢地彼此熟识了。天好的时候，在普利茅斯近郊外，他有时候会同斯托克斯散步，一起测量了太阳高度。在阴雨绵绵这种恶劣的天气下，达尔文就躲在家里读书。有时候，他同物理学家哈里森和鱼类学家汉密尔顿·斯密特在一起；也和菲茨·罗伊在一起消磨时间，同他和水兵们一起作一些磁性观测，或同他们一起用餐。

11月12日，“贝格尔”号上所有物品收拾停当，所有甲板也已经都被清扫干净，油漆粉刷完毕，终于快到航行的日子了。

11月23日，下午1点，“贝格尔”号扬帆起航，从停泊处向前行驶约一英里，换了个地方停泊，在这里又停了一些日子。

在这些日子里，达尔文开始收拾自己和斯托克斯在航行时同住的船舱，没事的时候在附近散步。由于航行时睡觉的地方不够，所以每天晚上都得搭起吊床，达尔文还学会了怎样一下子跳上吊床的本领。

终于一切准备就绪，只等起航。但“贝格尔”号还是没启动，这次是因为逆风一个劲儿地刮个不停。达尔文的情绪随着起航日期的一拖再拖而开始变得低落下来，恶劣的天气让他感到愁闷和沮丧，他不禁开始想家人，想到一去就是三年，感到有些失落。因为情绪不高，那段等待的时间让他甚至以为自己是不是病了。

12月10日，军舰终于起航出海了。行驶中的船摇摇晃晃的，这让达尔文感到十分不舒服。他很快还发现了自己的一个问题：晕船。

傍晚，海面突然刮起了大风暴。迫不得已，“贝格尔”号第二天早晨又返航回到了它的停泊处。达尔文受到风暴和晕船的折磨，感觉全身没有一丝力气，他努力在海岸上散了一会儿步，才觉得恢复了一些元气。

利用这次停泊的时间，达尔文制订了航海时的计划，并把这些计划写进了《航行日记》。这是个宏大的规划：考察和阅读自然史的“各个领域”，搜集搜集品，观察气象，学习数学、西班牙语、德语和少量的古典语，星期天读希腊语《圣经》，无聊的时候读点英语书。在剑桥时，他制订了一个比这还庞大的规划，但后来都没能实现。这次的规划到后来都实现了，只有学习数学和阅读希腊文《圣经》他没能做到。

逆风天天刮来刮去，也不知道什么时候可以开始第二次起航。

12月21日，“贝格尔”号第二次出海，经过德霍克岛时，军舰触礁了，在岛上停了半个小时后驶进了公海。达尔文因为晕船，一直睡到第二天早晨，醒来后有人告诉他，由于风向改变，“贝格尔”号又返航回到了普利茅斯停泊。

这几次被迫返航使查理心情抑郁，但另一方面，查理也空出了许多时间。这次返航回来后，他去请教了一些有经验的人，那些人告诉他：作为一个博物学家航行时需要带哪些书籍，哪些工具是收集自然史搜集品必需的。他把这一切准备妥当。所以说，这次返航也是幸运的，让他准备了不少以后航行中用得到的东西。

12月25日是圣诞节，水兵们为了庆祝，一起大喝了一场。第二天，几名优秀的水兵依然处于酒醉状态，还做出了粗野的举动，最后被罚戴八九个小时的重镣。所以尽管这天天气很好，“贝格尔”号还是未能出海。

12月27日，这一天微风拂面、阳光灿烂。上午11点，“贝格尔”号起锚，开始了第三次出海。这一次，它很幸运，没有因为天气的原因而返航。经历了几次延期，克服了种种障碍之后，这次航行开始了。

达尔文的环球航行开始了！

英国当时力求夺取南美洲的市场，促使英国的资本渗透到南美各个国家的经济中去。这次探险，英国打着科学的旗号，只不过是用来掩饰而已，只是对南美洲进行扩张的一张假面具。所以，“贝格尔”号的航行并不是一次纯科学性的旅行。不过，达尔文对此毫不知情。这次探险的任务是研究和详细勘察南美洲的东西两岸，即使这次旅行没有达尔文，也一样会得出一些科学成果。英国出于政治和经济的利益，进行了这次航行。但对达尔文来说，这次航行有着重大的作用，决定了他整个未来的事业。

第五章　乘“贝格尔”号旅行（1832年）

以每小时七八海里的速度，“贝格尔”号飞速前进了。第一个晚上没发生什么，很快过去了。从第二天开始，“贝格尔”号遇上了惊涛骇浪，达尔文开始了备受折磨的可怕一周。晕船使他很难忍受，也让他很失落，提不起兴致。对于这次旅行，他甚至开始感到有些后悔了。经过马德拉群岛时，他很想看一看这个群岛，但他连登上甲板的力气都没有。只有躺在吊床上的时候，他才感到稍微好受些。除了舰长室之外，他同斯托克斯合住的一个船舱算是条件最好的，尽管里面可用空间非常小，但是光线很充足。绘图桌旁边，有一个狭窄的过道，那就是他工作、穿衣和睡觉的地方。这张桌子的一端，是斯托克斯绘图的地方，而另一端那儿刚好一人宽的地方，就是达尔文工作的地方。绘图桌的上面，是他和斯托克斯的两张吊床。达尔文在晕船期间，要么躺在吊床上，阅读洪堡德和其他旅行家描写热带自然界的著作；要么躺在舰长室的沙发上，同菲茨·罗伊谈话。

“贝格尔”号舰驶向特纳里夫的圣克鲁斯镇，这个镇上有许多白色小屋，火山岩的映衬，令小屋显得更加清晰了。在浓云密布的天空中，达尔文看到了显露出来的白色山巅，不禁想起了洪堡德那引人入胜的描述，特别是他写过在攀登山峰时所见的瑰丽景色，于是，他决定登山。

眼见马上就可以实现自己的愿望了，一只小船突然从圣克鲁斯驶来，小船上有一位执政官，他登上“贝格尔”号后宣布，“贝格尔”号必须进行12天隔离，因为现在欧洲有霍乱，隔离期间，“贝格尔”号的人不准上岸。全船的人听完这个消息后开始变得死气沉沉，极为沮丧。但菲茨·罗伊舰长决不会无所事事地度过12天，这不符合他活跃的性格；他想了一下，立时有了主意，他下令扬帆向佛得角群岛驶去。达尔文第二天还对特纳里夫峰有些恋恋不舍，他站在船头看着山峰，在初升阳光的照耀下，被羽状云朵遮盖住的山峰看上去像个大圆锥体。离山峰越来越远了，他不禁有些黯然，不过，天气开始变晴，让他稍感快慰。更让他感到高兴的是，他今天没有晕船，他尽情欣赏着美丽的热带夜晚。后来他回忆到这件事：站在远去的“贝格尔”号上，看着特纳里夫峰上的曙光。他说：“航行的那些日子我永远不能忘记，特纳里夫峰上的曙光是他旅行途中第一件不能忘记的事物。”

在风平浪静的海面上，达尔文安稳地渡过了去美洲的剩余路程。那几天，达尔文安静地看了一些赖尔的书。他记得在自己快走的时候，汉斯罗对自己关怀有加，当时赖尔的《地质学原理》第一卷刚刚出版，汉斯罗曾建议他在旅行中带上。汉斯罗说：“这本书很有趣，您最好读一读这本书。你主要关注里面的事实就行了，里面不是很正确的理论不必在意。”

在《地质学原理》第一卷中，赖尔首先证明，气候不断地在发生缓慢的、但又是巨大的变化，是随着大陆和海洋的轮廓在变化的。其次，他指出古代沉积物同现代沉积物具有相同的性质，他是在弄清了河流、喷泉以及三角洲、湖泊和江湾的涨潮与退潮的破坏作用和建设作用之后，作出这一结论的；因此，他认为沉积物具有什么样的力量，是不需要了解的。第三，他证明维苏威和埃特纳这类火山锥体是无数次火山喷溢的结果，它们是由流出的熔岩层、喷出的火山灰和熔渣堆积而成的，这些是他考察过那些火山锥体后推理得出的结论；以前的一些老火山口也是通过这样形成的，过去和现在火山所起的作用都一样。第四，他认为并不是所有的化石都是在发生某些灾变时被毁灭的。最后，地面缓慢的长期的震动形成了一些山脉，即使是现在，在斯堪的纳维亚半岛，这一造山过程我们也可以观察到。

在旅行开始的时候，达尔文读了这本书。

“贝格尔”继续航行，天气变得越来越好，到处风和日丽，原来已经到了热带海域。达尔文准备捕捉浮游生物，便用破布制作了一个一米多深的小网。他们把这个小网拖在船后边，从船尾往后撒开，小网就能捕捉到各式各样的微生物。清理这些捕获物，他几乎用了全天的时间。韦克姆上尉极不高兴，因为他负责管理船的清洁和美观，这么一堆小动物放到甲板上给韦克姆搞卫生造成了不小的麻烦。所以上尉很愤怒，他对达尔文说："我要是舰长就好了，我会把你那堆使人讨厌的垃圾和你一起扔到海里去。把这些玩意儿看作宝贝，也只有你们博物学家才能做到，不仅这样，你们还会用心观察、分析和研究。"不过，除了斯托克斯和金克之外，达尔文在"贝格尔"号上的所有旅伴中，最喜欢的就是韦克姆了。韦克姆的这种抱怨并没有妨碍他和达尔文之间慢慢建立起来的密切关系。

1月16日，"贝格尔"号在佛得角群岛中最大的岛普拉亚港靠岸。该港的四周从海面上看一片荒凉，洪堡德描述过，这里的热带风光优美异常，达尔文为他的描写赞叹不已。但达尔文现在不禁有些担心起来，他怕看到这里的景色后会失望。但这里的一切都没有让他失望，新奇的昆虫围绕着新开的花朵飞舞，叫不出名的鸟儿在长有罗望子、芭蕉树和棕榈树的河谷上啼鸣。看到这些，他感到这是对自己的补偿，对自己所经受的一切艰难和不幸的慰劳。在日记中，他这样写道："对我来说，这一天就像一个瞎子重见光明一样，我是永远不会忘记的。我看到了大部分不知名的动植物，这些让我一直沉浸在喜悦之中。"

达尔文坐在熔岩底下，在这个陌生的环境里看着新生的珊瑚。强烈的阳光照射着海港，他想起了不久前读过赖尔的《地质学原理》第一卷，他想，能不能用里面的原理研究圣地亚哥岛的地质剖面图呢？用这个方法，他很容易就搞清了圣地亚哥岛的地质，这让他很高兴。他心想，以后用这个方法对自己所要访问的各国地质情况都加以分类整理，这样的话就能够收集到一部关于各国地质情况的书了。

在这个光秃秃的岛上，达尔文一连游览了三天。新颖的热带大自然，一堆堆晒焦的岩石，深深地吸引住了达尔文，以致他觉得这三天的时间过得很长，也给他留下了很多印象。通过这次游览，达尔文获得了极其丰富的收获。

在这里，"贝格尔"号停泊了三个星期。怀着巨大的兴趣，在这段停泊

期间，达尔文进行了自然史考察。达尔文不仅考察这里的地质，还研究一些鸟类，许多鸟色彩非常鲜艳；热带植物，即棕榈树、咖啡树、甘蔗、香蕉树、非常粗的波巴布树和大量的鲜花；昆虫，色彩也很鲜艳的海生动物，如海绵和珊瑚；除此之外，还有像海兔和章鱼等其他一些动物，沿着海岸，他常观察这些动物的习性并细心加以收集。坐在船舱里，他有时候会一连几天不停地研究这些生物。对这些岛上的居民，他也很感兴趣，特别是他对这里的黑人充满好感。

在考察方面，达尔文在旅行一开始就表现出了敏锐的观察力和认真仔细的特点：他注意到这里的金合欢树树梢都向一面弯曲，是由于这里经常刮信风；他用湿度表对这里空气的干燥程度作了测量，结果表明，这里的干燥程度比估计的要高；在“贝格尔”号桅杆顶端的风向旗上，布满了从遥远的非洲海岸刮来的灰尘，甚至连这些沉积在上面的灰尘，他也收集了起来。后来，爱伦堡教授对这些灰尘进行研究，在里面发现了原生生物的硅质甲壳。

在佛得角群岛的三个星期，达尔文既忙碌又快乐，在这里，他以博物学家的身份做了许多工作。

在大西洋之中，有一个不为人知的小岛——圣保罗岛，“贝格尔”号在这里再次登陆。达尔文他们从船舰上放下了两只小船，一只由达尔文和韦克姆驾驶，另一只由斯托克斯驾驶去调查岩礁，以便把岩礁画到地图上。达尔文是去研究地质和自然史的，而韦克姆跟去则纯粹是为了打鸟。达尔文在这里发现两种根本不怕人的鸟，就是管鼻鸌和燕鸥。在这些荒无人烟的岛屿上，达尔文认定会有一些寄生昆虫和靠吃鸟的羽毛为生的壁虱。在这个岛上，他做过这样的观察：在管鼻鸌的巢旁，都放着一条雄管鼻鸌衔来的小鱼，是给雌管鼻鸌吃的。如果把雌管鼻鸌从巢中吓跑，几只大蟹马上就会出现，把小鱼偷走，有的时候，甚至会把小鸟也从巢中偷走。

“贝格尔”号继续航行，越过了赤道。

在到巴西之前，“贝格尔”号停泊在了费尔南多迪诺罗尼亚小岛，这是一个火山岛，岛上有一些山，大约一千英尺高，这里是巴西人流放人犯的地方。岛上覆盖着一片密林，达尔文无法走进密林，只是从外面能看到林中的一些树木，有木兰、月桂树以及其他各种树木。这里所有的树木，不是果实累累就是百花争艳，这使达尔文感到很是惊讶。

那些岛屿上的热带植物，给达尔文留下了难忘的印象，这些在他给父亲的信中谈到过："热带地区植物的新奇形态最使人惊异。这里的椰子树是任何一种欧洲树都不能比的，极其轻巧；金合欢和罗望子有让人惊奇的蓝色叶子；香蕉树和芭蕉树同暖房中的完全一样；还有壮丽的柑橘树，无论是用丹青妙笔画还是用语言描绘，都无法将它的样子准确地表现出来。哪像现在温室里的植物和花卉，一看就知道是一种病态的绿色。本地的树木在姿态美上远远超过了葡萄牙月桂树，比葡萄牙月桂树的颜色还要深。在一些较富裕的居住区，周围一般都种有椰子树、番瓜树、浅绿色的香蕉树以及柑橘树。看着果实累累的树和四周的景物，你发现要用笔描写出这样的情景，几乎是不可能的，你最多也只能是报道一下。"

天气热得很厉害，达尔文晚上睡觉的时候躺在吊床上，觉得就像躺在火上一样。因此他放弃了吊床，转而躺在有点凉的硬桌子上，睡得特别香。

"贝格尔"号终于到了巴西，在巴西的巴伊亚市停了下来。这是座位于海湾之上的古城，狭长的白色房屋看起来很高大，显得很整齐。许多大船停泊在海湾，往岸上看，热带植物森林包围着古城。这里风景优美，特别是下雨的时候，空气很新鲜。漫游在热带特有的花木风光之间，达尔文不禁想到了洪堡德对自然风光的描写，才觉得他的描写毫不夸张，一直吸引着自己去了解这些事物。对于达尔文来说，洪堡德就是他在博物研究上未曾谋面的老师。

当然，在欣赏这些风景和自然史的客观事物之外，达尔文一点也没忘记自己来这里的任务，他的任务就是要成为一名博物学家。

在巴伊亚市，"贝格尔"号停留了将近二十天。在这期间，达尔文游览了热带森林，收集了蜥蜴、昆虫和植物。当地居民大部分是黑奴，狂欢节时，他和他们一起漫游了各条街道。一群快活的人们用大勺子互相泼水，以此取乐；或用一个蜡黄色的水球互相投掷。他还结识了一艘美国大军舰上的几位军官和几位当地商人，从美国军官那里，他听说了令人愤懑的美洲奴隶制度和黑奴悲惨的遭遇。他这才知道，贩卖奴隶的活动正在全球大规模地进行着。那些热衷于贩卖奴隶活动的人，为了保护这种活动，采取了各种野蛮的手段。对贩卖奴隶活动，达尔文感到非常愤怒。

也是因为此事，达尔文此时与菲茨·罗伊舰长发生了一次冲突。达尔文是辉格党人，而菲茨·罗伊则是个典型的托利党人。菲茨·罗伊对奴隶制度是支持和称赞的，他在和达尔文谈起这个话题时说，有一次，他拜访过一个大奴隶主，当着他的面，这个大奴隶主把自己的奴隶们集合起来，问他们是否愿意获得自由，是否满意自己现在的处境，奴隶们一致回答道："满意！"达尔文嘲笑他说，当着主人的面，那些奴隶敢说自己不满意吗！菲茨·罗伊有时候脾气也很暴躁，他勃然大怒地对达尔文说，既然你不相信我说的话，不相信那些奴隶是自愿的，那我们就不要在同一条舰上，你走吧！达尔文郁闷地走开了，他想，因为这次矛盾自己也许不得不离开这次航行。当着大众的面，菲茨·罗伊再次发泄了对达尔文的怒气，但军官们这时邀请达尔文同他们一起吃饭，看来他们的态度和达尔文是相同的。不过，只过了几个小时，菲茨·罗伊便明白过来，觉得是自己不对，于是他派了一名军官，向达尔文表示了歉意。菲茨·罗伊请达尔文不要介意，他仍会像以往一样待达尔文，并在舰长室与达尔文一起吃了饭。

这件事过后，达尔文在"贝格尔"号上的地位无形之中便得到了提升，一些年轻的海军预备员对他的称呼变成了"先生"，他们在他面前也有些拘谨起来。但达尔文并没有摆先生的谱，很快就同他们成为了朋友。不仅如此，现在他同军官们也走在了一起。他的性格很坦率，很讨人喜欢，再加上他有趣的交谈、和蔼的笑容，他在与人交往中显露出才华，他有着充沛的精力，对工作充满热情。这一切，在不知不觉中便赢得了人们的尊敬。人们这时对他的称呼也变为"可爱的老哲学家"，甚至有时干脆称他为"我们的捕蝇者"。谢利万此时也在船上，他后来成为了海军上将。许多年后，谢利万回忆起这次航行经历时还说："达尔文在'贝格尔'号上航行的五年当中，从来没有向任何人说过一句伤和气的话，从来没有责备过任何人，从来没有发过脾气，从来没有对任何人做这样那样的评判。在这一只舰上，我们一起相处了五年，一般情况下是不会吵架的。大家各有各的事，谁会去吵架呢；就算发生了争吵，我认为达尔文也会有办法化解矛盾的。"

舰上大家都很忙，没有生活中的那些礼貌，不相互等候，谁吃好饭谁就去工作。在这种氛围下，达尔文养成了有条不紊的工作习惯。在海上航行时，风平浪静的时候，达尔文就坐在桌子的一边用显微镜研究公海的动物，而斯托克斯则坐在另一边绘图。

达尔文在巴伊亚参观了大型美国军舰“三宝垅舰”，对这艘军舰上的海军预备员，达尔文作了可怕的评价。他说：“这些表面上是正人君子的年轻人，实际上就是一伙合法的骗子，沿岸的人们看到这些人会感到很害怕。”

“贝格尔”号在此期间还进行了演习，这次演习组织得非常准确而又迅速，最后，这只用来测量的小舰战胜了其他所有的船只，包括“三宝垅”号。取得这样的成绩表明这个舰上的人非常团结，在精力充沛的舰长的指挥下，大家齐心协力，竟然把军舰都战胜了。这是舰队司令也不得不承认的。作为“贝格尔”号上的一员，达尔文此时充满自豪，对这条舰有了深厚的感情。

离开巴伊亚，“贝格尔”号开往里约热内卢。路途中起风浪时，他就整理自己的搜集品；天气好的时候，达尔文就和海军们一起捕鲨鱼。夜晚，他观赏那南极的星光、灿烂的夜景以及麦哲伦海峡上的云彩、天空中的南十字星座和大南冕星座，看到这些美景，他总是忍不住要赞美大自然。在阿尔布罗斯群岛附近，“贝格尔”号进行了测量，达尔文也上了岸，考察这里的岩石，收集昆虫和植物。

4月1日是愚人节，“贝格尔”号上所有的人都在开玩笑。几乎船上所有的人都被骗了一次，达尔文也不例外。谢利万喊道：“达尔文，您以前不是一直说要看看逆戟鲸长得什么样子吗？你快来看，逆戟鲸就在那边的海面上，快点看啊！”达尔文听后一阵兴奋，马上跑过去想看一看，结果逆戟鲸没看到，却听到了值班人员发出的哈哈大笑声。

4月4日，“贝格尔”号停在里约热内卢港湾，在这里，达尔文第一次收到了英国的来信。

在里约热内卢，“贝格尔”号打算长期停留。因此，达尔文同美术家埃尔一起租了一座漂亮的房子，那地方叫博托福戈，在市郊，离市区有一小时的路程。

达尔文准备利用在此停留的机会，在巴西国内做一次旅行。为此，他加入了一个团体。

于是，达尔文便和这个团体一起开始了旅行。穿越巴西的热带森林，看到兰科植物开放出来的奇花异卉，西印度椰子树优美的树冠在高空中摇曳，棕榈树交叉着生长……这些都令达尔文感到极为惊讶。

达尔文旅行中还看到了一些黑人。他们经常被士兵打压，没办法，便开始逃亡。有时穿过沼泽地、浅海湾和无数湖泊，到荒无人迹的地区；有时会躲在险峻的花岗岩旁。沿途的客栈简陋到连面包这种吃的东西都没有。

他们访问过那些偏僻的地方庄园，知道庄园里很富有，有很多牲畜和粮食。达尔文在旅行回来的路上，在一个叫索谢戈的庄园中过了两天。利用这两天时间，他到附近的森林里采集昆虫标本。在森林的某些地方，含羞草有几英寸厚，像地毯一样覆盖着地面。从含羞草丛上走过时，由于含羞草敏感的小叶闭合下降和色彩变化，草丛上便会留下一行脚印。

两星期后，达尔文结束了这次旅行，回到了里约热内卢。因为“贝格尔”号现在还不打算起航，他便把一些行李运往博托福戈。在他和行李快要靠岸时，一个浪头打向了小船，他的书籍、仪器、枪壳和其他必需品全部被打落到海里，漂了起来。所幸的是，这些东西只是下面湿了，并没有丢。住进博托福戈，他赶紧把这些东西拿出来晒干。

他抽出几天的时间，整理了在巴西内地旅行时所采集的东西和补写的日记。

博托福戈位于科尔科瓦多山麓，科尔科瓦多山体呈陡峭的锥体形，白云经年缭绕在半山腰处，此山的海拔在680多米以上。达尔文在这里住了两个半月，研究了里约热内卢附近的自然景物。白天，达尔文去周围旅行或整理收集来的东西；晚上，他就读一些游记，给一些朋友写信。其中，他读过安松船长的游记，这位船长曾到南美洲探险。洪堡德的游记他又重新读了一遍，他发现洪堡德的见解与观察，和他自己对热带自然界的观察和印象有许多相同之处，这让他很高兴。如果一个人的所作所为不被人理解是很痛苦的，读洪堡德的书，他感觉就像自己碰到了知己一样。傍晚，达尔文倾听着昆虫的鸣叫声；观察萤火虫的飞舞。他会收集萤火虫的幼虫，对其进行实验。

达尔文出去游玩的时候，有时一个人去，有时同美术家埃尔一起去，有时他还同“贝格尔”号上的其他海员或同当地的几个居民一起出去。在几个当地的居民中，有一个巴西小孩是农场主的儿子，这个小孩跟踪追捕野兽很有一套，他能根据一点点的蛛丝马迹，发现并追到极其罕见的动物。这种观察力令达尔文很是惊讶，达尔文不禁感叹，这才是真正的猎人。还有一个是酷爱打猎的葡萄牙神父，他打死过一只美洲野猫，并把这只当地的猎物送给了达尔文。

达尔文认为这里的植物和鸟类应该被好好研究一下，不过，他对这附近的地质情况没有进行研究，他觉得没有多大意思。达尔文认为，这里的植物都非常美丽。当然，他在观察植物的同时，也没有忘记观察蜂鸟的飞翔，蜂鸟的习性和大蛾蝶的习性差不多。

但陆上无脊椎动物和淡水无脊椎动物的收集，才是达尔文最关心的。他收集了很多搜集品，都属于漂亮的陆生扁平软体多肠类。此外，他还经常对昆虫的习性进行观察，还进行了大量的研究。他对这里的一些热带大型蝶非常感兴趣，并注意到其中的一部分蝶类有自己的习性特点：这些蝶类可以在陆地上奔跑，发出很大的“噼啪”声，同时双翅张开成平面。

当然，达尔文也没忘记研究自己非常熟悉的一类动物，他对这里的甲虫也进行了研究，并收集了其中一些甲虫的标本，他还发现这里的甲虫和美国的甲虫不是同一个科目。收集昆虫的时候，达尔文不禁回忆起他在英国迷恋甲虫的那些日子。

达尔文旅行、收集和整理搜集品的这些活动，有时也会因为一些原因而中断。“贝格尔”号的校级军官们经常想要他回去看看。禁不住劝说，他回了军舰一次，受到热情的接待。他愉快地听到了海军乐队演奏的一些乐曲，还和舰员们一起参加了他们举行的竞走赛跑。这里就是达尔文的家，所以达尔文关注这里的一切。他知道，在停泊的这段时间，一些军官和水兵已经退役，与此同时，舰上也来了新的军官和水兵。

就在这个时候，“贝格尔”号上发生了一件事，令人极为痛心：当时寒热病正在流行，有三个人和其他船员一起乘快艇到马卡去打了一次田鹬，这三人回来后就染上了很严重的寒热病，很快就死去了。达尔文和他的伙伴们在热带航行时遇到了许多困难，这次是比较严重的一次，一下就失去了三个人的性命。

在此期间，达尔文还结识了几位曾经到过南美洲其他一些地方的商人。达尔文向他们打听关于南美洲其他一些地方的生活条件和自然条件的事。达尔文很想去参观这些地方，但最终还是没能成行，因为“贝格尔”号快要起航去别的地方了。

就在他们快要离开的时候，碰上了圣者胡安婚礼日前夕的庆祝活动，他们十分愉快地观看了这里人民的庆祝活动，居民们燃起篝火、放焰火、燃爆竹、鸣枪炮，非常热闹。

7月5日，在其他军舰鸣放的友好送别礼炮声中，“贝格尔”号终于离开了这个热带地区，离开了这个到处都没有开发的地方。“贝格尔”号转而向南方气候温和的地带行去，那里的海岸覆盖着一些草本植物，应该又是一个新的天地。

离开巴西后的航行很不平静，汹涌澎湃的大海用它的惊涛骇浪击打着这艘军舰，这使达尔文又遭受到刚出发时的那种痛苦。不过，令他欣慰的是，他终于看到了逆戟鲸，还观赏了被人们称为“开普小鸽子”的小海燕，以及口齿锋利的抹香鲸。

7月25日，“贝格尔”号到了一个小海湾，这地方叫约德拉普拉塔。这里的水很平静，但却又红又脏。

26日，“贝格尔”号来到蒙得维的亚海湾，军舰停泊后达尔文赶紧上岸去了解当地的情况。在城旁的一座小山顶上，达尔文看到了一望无际的绿色草原，一群群牛羊在草地上吃着草。在这辽阔的土地上，达尔文一边散步，一边观察，在这里，他第一次看到了美洲鸵鸟。达尔文还去了蒙得维的亚远郊，他是去那儿收集标本的。在那里，他收集到了一些自己喜爱的甲虫，猎获了一些美丽的蛇和蜥蜴，还打死了一只45千克重的水豚，它属于啮齿类动物。

一路上这么多的搜集品，他是怎么处理的呢？他及时地把这些东西包装好。其中重要的一部分搜集品寄给了剑桥的汉斯罗，还有一部分寄到了施鲁斯伯里家里。

在这里停了几天，“贝格尔”号便离开了，为了对海岸进行观察，军舰沿着海岸向南驶去。就在航行的时候，天气变了，原本晴朗的天空，很快变得阴云密布，狂风暴雨相继而来。

在这种天气下，无法进行测量，一连六七天都是这种天气。迫不得已，“贝格尔”号最后驶进一个比较安全的港湾——布兰卡海湾。在这里，菲茨·罗伊认识了一位捕海豹的船长——小帆船船主哈里森。对港口的情况，哈里森非常熟悉，在他的指引下，“贝格尔”号到了一个更安全的停泊处。有一只小帆船已经停泊在那里，那帆船是哈里森的。沿着通往居民区的海湾，“贝格尔”号艰难地沿着支流逆流而上。在这里，达尔文第一次见到了高楚人。因为天气恶劣的原因，菲茨·罗伊舰长和船员们的勘察工作开展得很艰难。为了工作，菲茨·罗伊还自费租了一些小帆船，以便坐上这些船进行勘察。

这里的郊区有一条长满了青草的沙丘，郊区的前面就是潘帕斯草原，达尔文有时会来郊区旅行，但他是带着枪的。这里的人经常捕猎，主要捕鹿、鸵鸟和刺鼠，这些都属于尖嘴大啮齿动物。高楚人捉鸵鸟是用绳索锤——系在一根长绳上的几个沉重的球。达尔文没有用这种方法，而是骑着马去打猎，高楚人听说他骑马打猎不禁捧腹大笑。果不其然，他的马最后像鸵鸟一样被绳索锤套住。虽然这次打猎没打到什么，但达尔文还是极为幸运的，因为他发现了骨化石。在一个叫彭塔阿尔塔的地方，达尔文找到了一些巨大动物的化石遗骸、颅骨以及许多贝壳。

彭塔阿尔塔在海湾周围，虽然这里风景不太美丽，但这个地方海面平静，天气晴和。第一次来这里时，达尔文是和菲茨·罗伊等人一起航行过来的。达尔文在这里发现了山岩，并在里面看到了贝壳化石和骨化石。达尔文正准备仔细研究，天公却不作美，不但刮起了暴风，还下起了暴雨。没办法，他们只得返航。但这里的化石已经深深地吸引了达尔文。第二天，他想办法又来到了这里。这一次，在含石灰质少的岩石中，他挖掘出了一个大型动物的头骨，这使他极为高兴。虽然他花了差不多三个小时才取出这个头骨，但他觉得很值得。这是一个与犀牛很相似的动物颅骨，现在属于古代有蹄类的箭齿兽头骨这一类。他把它弄到舰上，忙活完的时候，天早就已经黑了。次日，他又来到这里，又发现了几个化石。等他再想来的时候，又出现了连续多天的恶劣天气，他暂时只能先停了下来。一直到10月8日，天气才有所好转，达尔文匆匆吃过早饭，又去了那里。这次他挖出了一个颌骨，根据这个巨大的颌骨上的牙齿，他确定这就是居维叶所确定的树懒科中的大懒兽的颌骨化石。

停泊期间，他还抓住过一条蛇，根据以往的经验，他认为它是条毒蛇。这条蛇的尾端有一部分能发出响声，这一部分像响尾蛇的发响器一般坚硬地突出着。他还捡到过美洲鸵鸟蛋，鸵鸟蛋很重，起码是一只鸡蛋的十倍重。

在“贝格尔”号快要离开布兰卡港的时候，达尔文又去了一次彭塔阿尔塔，他想看看那里还有没有别的什么。达尔文后来自己又单独访问了这里，并挖掘出一些骨化石。

10月17日，“贝格尔”号离开了布兰卡港，驶向蒙得维的亚。

在大海的辉煌灿烂的阳光照耀下，“贝格尔”号急速向蒙得维的亚驶去，在强劲的顺风作用下，25日抵达了那里。在这几天的海上航行中，达尔文阅读了国内寄给他的大批信件和报纸，当然，他也不会忘了把化石以及其他的一些搜集品寄给汉斯罗。

“贝格尔”号很快来到了布宜诺斯艾利斯，这个大城市的街道相交成直角，每座房屋都有一个平顶凉台，规划得不错，但市内却很脏。在这里，达尔文参观了大教堂和博物馆。离市区30千米的地方，有一个英国人的领地，他去了那块被绿草地包围着的领地旅行。这里的草地，被一种叫“鼦”的啮齿动物挖得到处都是洞，弄得这里坑坑洼洼的，不过，鸱鸮会在这些洞里栖息。

高楚人的美丽服装和当地妇女的走路姿势令达尔文很欣赏，她们头发上别着一个大梳子，身上披着丝织披巾，走起路来不仅好看，还显大方。

达尔文在这里还参观了一个剧院，使他感到奇怪的是，他注意到剧院里的座位是按性别设的：男人们坐在正座，妇女则不能坐在正座，她们的座位是专门设置的楼座。

不久，“贝格尔”号离开了布宜诺斯艾利斯，又到了蒙得维的亚。在那里停泊的时候，达尔文做过几次骑马旅行和徒步游览。

11月28日，“贝格尔”号向火地岛开去，为了勘察工作，还带了几只小帆船。到了这里，那几名火地岛人就能回到故乡了。

到火地岛的这段行程，虽然大部分都风平浪静，但还是遇到了几次暴风和逆风，还有大雾，天气也越来越冷，这些都影响了航行速度。

12月15日，经过麦哲伦海峡的入口处，“贝格尔”号继续向南。海岸由此也开始变得不再单调和荒凉，在这里能看到悬岩峭壁上长满了灌木丛和树木，后面是屹立着的高大雪山。

12月17日，从东面绕过了东火地岛的顶端——圣迭戈角，“贝格尔”号停泊在好结果湾。也只有停泊在这里，才能躲避从山上突然刮来的暴风。看到“贝格尔”号，岛上的居民高声喧哗起来。

火地岛四周都是阴暗的森林，这里被称为野人的故乡，也就是在这里达尔文第一次清楚地看见了野人。

在“贝格尔”号驶进好结果湾时，一群火地岛人坐在一座悬崖顶上，发出了他们听不懂的叫喊声。这些野人身材都很高大，皮肤是赤铜色的，他们披着用羊驼皮做成的斗篷，驼毛向上。他们长发飞舞，头发又长又直，双手有时候会在自己的头部周围野蛮地转动。他们的脸上画有两条横带纹：一条是红色的，从双耳到嘴边；另一条是白色的，在眼睛的上边。他们看起来好像是另一个世界中的人。他们发不出清晰的声音，喉音很重，含糊不清，还带着咔嚓的响声。他们的表情既带着可怜、柔顺，又有恐惧、惊慌。这些野人给达尔文留下了非常深刻的印象。

其实，科克船长早在他的第二次环球旅行时就说过，与其他一些国家的部落相比，火地岛人的文明程度是最低的。但正如菲茨·罗伊已经做过试验（他上次航行时，从火地岛带走三个人，并教会了他们人类的文明，这次航行的时候又把他们带回来了），火地岛人也是能够接受文明的，而且表现得非常积极。

火地岛人之间互相联系是靠在海岸的高地上烧起烟火信号，火地岛因而得名。火地岛多山，这里有层峦叠嶂的群山，群山之间有一些很深的河谷，给人一种神秘的感觉，上面长满了大片森林，茂密的森林长满了那里的山崖。在海拔500米以内，山上全是森林；在海拔1000米以内，山上出现一条积雪带。阴暗的森林里到处是山毛榉，地上堆满了大量腐烂的小叶植物，很软，经不起人的重量，踏上去人就会下落，所以别指望穿过森林。达尔文觉得，火地岛在某种程度上很像热带森林，大量已经死去的植物和正在生长的植物混合在一起。登上附近的一个山顶，达尔文看着整个火地岛，被它那壮丽而又怪异的景象震撼了。

这里的空气给人的感觉也是阴沉的，气候更是恶劣，总是接连不断地刮风、下雨、降冰雹、飘雪花。“贝格尔”号本想绕过合恩角，因为这里经常出现风暴和烟雾，但暴风雨夹带着冰雹异常凶猛地袭过来，舰长只好下令停下来。这场暴风雨毁坏了“贝格尔”号上的一只小船，达尔文的搜集品遭到了严重的损失，因为舰上进了好多雨水，这使所有用来包装晒干的植物标本的纸张，几乎全部毁掉，大部分植物标本随水而去。

“贝格尔”为了避开暴风雨，被迫转向棚屋港。这里也是火地岛人的住处，但条件极为简陋。几根树枝插进泥土，上面随便覆盖几束干草和芦苇，就成了他们窝棚一样的住房。男人们的胸口用绳子系着几块小兽皮，刚刚可以遮盖住背部，这就是他们随风飘动的衣服。还有一部分火地岛人在小船上打鱼，那些人不管春夏秋冬，一概赤身裸体，就连女人也这样，所有的人都披头散发，行为举止毫无文明之态。

第六章 乘“贝格尔”号旅行（1833年）

为了继续前进，我把一切交给时代和命运，并在自己的航途中经受一切考验。

——查理·达尔文

连续几天的恶劣天气过后，“贝格尔”号又往西行，向合恩角驶去。

1833年1月11日，“贝格尔”号到达约克·明斯特尔山附近。就在即将靠岸的时候，大风暴又来了。“贝格尔”号又退回了海上，因为怕被岸边的激浪打沉。第二天，风暴不仅没停，反而更加猛烈了，13日还是这样。在考察日记中，达尔文这样写道：

下暴雨的时候，在“贝格尔”号上除了天空中无数飞溅的水珠，什么都看不见。大海露出了恐怖的一面：巨浪无情地翻腾着，卷起极高的浪花，浪头把舰艇冲击得精疲力竭。令人惊奇的是，海面上，有一只信天翁展开双翼，顺着风平稳地飞翔在海面上。中午时分，一个巨浪打到“贝格尔”号上。因为受到浪击，“贝格尔”号颤抖起来，有一小段时间甚至分不清谁是谁，全舰上的人都处于慌乱中；这只船不一会儿又恢复了正常，继续向目标前进。

如果那个巨浪之后，再来一个巨浪的话，那么我们就会葬身鱼腹，彻底被解决了……

最后，“贝格尔”号又绕过合恩角。因为天气的原因，菲茨·罗伊舰长不得不放弃这个尝试——绕着火地岛向美洲西岸驶行。

同马太传教士一起，那三个火地岛人被带回了故乡，他们分别是：琴米·白登，在达尔文害晕船病时，这个快乐而又敏感的男人总是怜悯达尔文；约克·明斯特尔，身材矮小，性情忧郁、暴躁，但他看起来却很健壮结实；菲吉·巴斯凯特，她是一个很朴素，看上去年轻，实际上却很沉着的女青年。

“贝格尔”号连遭风雨打击，这三个火地岛人说话了，他们的意见是：能不能先停泊在琴米·白登的出生地朋松布海峡，不一定非要在约克·明斯特尔山附近登陆。马太传教士为了自己的同胞们，也打算同他们一起留下。

为了到达朋松布海峡，菲茨·罗伊决定进行一次探险，他上次航行时发现了一条河——贝格尔河，他打算乘坐三只捕鲸船和一只舢板渡过这条河。贝格尔河周围，高达千米的群山连绵不绝，山峰陡峭，阴森森的密林覆盖着群山，一直到半山腰上。探险是以一些小港湾作为落脚点，沿着贝格尔河进行的。这次探险，参加的共有28人。

在伏里阿港口附近的土著人，大约一共有120名。那三个火地岛人和传教士决定住在这里。舰上的人一起动手，把他们的家具用品搬上岸，并为他们盖起了三座大棚屋。他们开始在此地住下来。

菲茨·罗伊把舰上的人分成两批，一批留守“贝格尔”号，另一批跟随自己和达尔文去考察贝格尔河西段。

在一个大海湾的岸边，天黑下来的时候，菲茨·罗伊和达尔文所在的那批人支起了帐篷。岸边到处都是松散的卵石，身体躺在上面，就像躺在软床上一样，松软舒适。睡觉的时候，达尔文在值班，他值上半夜，一直到凌晨一点钟才能休息。在这样的夜晚、这样的地方，他听着酣睡的水手们发出的鼾声和偶尔传来的夜禽鸣叫声，明显地意识到了生命的某种庄严。偶然传来的狗吠声，打破了黑夜的寂静，也把他从对生命的思考中拉了回来，他才想起这是野人居住的地方。

地形在探险队进入北边支流时开始变得更加壮观，高达两千米左右的群山，耸立在支流北岸。菲茨·罗伊为了纪念自己的这位旅伴，把其中的一座山叫“达尔文山”。达尔文兴致勃勃地看着这里优美的景色：溪流里的水，汹涌地流向下面狭窄的河道里，再穿过森林流向别处；一些碧绿色的美丽冰川，从山坡上一直通到水面；皑皑白雪覆盖着山峰。

达尔文正看得出神，突然听到菲茨·罗伊大叫道：“快去看住小船！”话音未落，达尔文便看到一大块冰正在由冰川上向河里砸落，瞬息之间，大冰块已砸进河里，激起了冲天的巨浪，卷走了那几只小船。达尔文和水手们立刻行动起来，狂奔向那几只小船，其中有一个水手被这滚滚的巨浪冲倒。滔天巨浪将小船高高抛起，所幸的是，浪头过后，小船还安然无恙。要是小船被卷走，情况就危险了，因为他们还要乘小船与“贝格尔”号会合，而且武器和食品也都留在这几只小船上。沿着南边的支流，探险队又返回到了伏里阿港。

那三个火地岛人和传教士虽然在这里住了下来，但他们所处的境况并不好。达尔文不禁怀疑起来，把火地岛人运到英国，还让他们接受了先进文明，但他们回到故乡之后，境况并没有什么大的改观。

早在1832年11月，汉斯罗寄给过达尔文一本书——赖尔的《地质学原理》第二卷，那时候达尔文还在蒙得维的亚。在火地岛期间，因为恶劣的天气，不能出去考察，达尔文不得不躺在船舱里的吊床上阅读这卷书。

对达尔文来说，阅读这卷书具有特殊的意义。

先来看看赖尔《地质学原理》第二卷的主要内容。从第一章起，本书就分析了物种问题，赖尔在各章里都不同程度地研究了这个问题。物种问题是后来达尔文研究的基本课题，所以，这本书对达尔文的影响是巨大的。

不光如此，本书的其他内容对达尔文也有影响。书中探究了物种间的杂交，物种变异性的程度，物种的遗传性是否受外部条件的影响，叙述了拉马克的进化论，并对它进行了批判，最后，阐述了他自己对新物种产生和旧物种消失的看法。

赖尔在他的书中客观地阐述了拉马克的学说，赖尔不仅承认拉马克的一些观点是正确的，而且为了说明这一论点，他还用一些家畜和栽培出来的植物做实验。但拉马克学说的许多观点都没有确凿的证据，这一点令赖尔很恼火，以至于赖尔对拉马克很是不屑。赖尔本人同意不同意拉马克关于物种起源的观点呢？在这本书中，赖尔提到拉马克的这样一些观点：“一些物种蜕变为另外一些物种。”“猩猩能变成人。”很显然，他当时没有接受这些观点。赖尔认为，物种起源是最难以解开的谜，这一问题是秘密中的秘密。赖尔曾正确地指出造成旧物种绝灭及消失的原因，但关于新物种是怎么出现的，他就进退两难了，一方面对拉马克的理论表示同意，但又不相信里面的关于物种起源的观点；另一方面，他认为物种起源是大自然界中最神秘的事，是不可捉摸的。

在本书中，通过分析物种的变异性，赖尔得出的结论：在一定范围内，在外部条件的影响下，物种会发生变化；这些变异性的范围包括各种物种，但各物种所发生变化的程度也不相同；动物变异具有极端的偶然性，最常见于家畜方面，还是因为人为的干预才出现的。他认为，不管外部条件发生什么变化，物种的变异都无法逾越某些界限。他还认为，即使借助于人的帮助，异种互相杂交，也无法产生出经久不变的种族，也不会产生出繁殖力强的后代。

在旅行途中，达尔文阅读了这本《地质学原理》第二卷。这卷书向他广泛展示出物种起源的理论问题。现代物种的形态与已绝种的物种形态之间的关系，变化的遗传性，生存的斗争，物种变异性的界限，相近物种彼此之间的关系，物种和变种之间差别的实质，家养形态和野生形态变化的大小等，这些问题，都由赖尔提了出来。但对书中的观点，达尔文是不是全部相信呢？应该不会，因为达尔文在收集各种各样的物种时，就对赖尔的观点不止一次地产生过怀疑。在收集时，达尔文发现，每一物种的变异都有一定的限度。这卷书对于达尔文及其思想的发展有着至关重要的作用，自此以后，达尔文的注意力和思考内容都用在了弄清物种起源的问题上。

2月26日，“贝格尔”号冒着大风向福克兰群岛驶去，到了路易港。菲茨·罗伊和达尔文惊异地发现，为了不让从布宜诺斯艾利斯来的其他国家的殖民者占领这些岛屿，英国已经抢先占领了它们。从前这些岛屿无人居住，但最近，法国人、西班牙人和英国人，都在觊觎这些岛屿。现在，英国的旗帜飘扬在岛屿的上空。岛上只住着二十几个人：1名英国人、20名西班牙人，1名西班牙女人和2名女黑人。

1月12–13日，飓风在这里刮了起来，一艘停泊在这里的法国捕鲸船葬身

大海。有几个法国人很幸运，抢救出捕鲸船里的储备食品，乘着舢船逃了出来。几名逃出来的法国军官被菲茨·罗伊舰长接收，到了“贝格尔”号上。

这个岛屿长期被硬草覆盖着，显得阴森森的。达尔文在这里走遍了全岛。岛上只有海岸上有一些动物，根本没有树。他在海岸上观察到一种叫白色海牛的动物，它们一次能产很多卵，大概六十万粒。虽然产卵很多，但能长大的海牛却不多。

停泊在福克兰群岛期间，达尔文收集的动物并不多，因为这里的动物本来就不多，他只好进行地质勘测，或寻找一些贝化石。

暴风雨把一艘英国纵帆船抛到岸上，一艘法国考察船为了避免遭到同样的命运，下了四个锚。“贝格尔”号上也损失了不少索具和船帆，暴风雨还把“贝格尔”号的一只小船刮了下来。

此时，“海豹捕猎者”也到了这里，这艘船只主要做贩卖奴隶、捕猎海豹、在海上劫掠其他船只的工作。1月13日，在火地岛海岸，从“贝格尔”号出来的一艘小船被暴风雨打碎，“海豹捕猎者”救了那艘小船上的全体船员，这次还把他们带来了。“海豹捕猎者”的船长叫洛乌，长得很像海盗，菲茨·罗伊从他那里买了一只纵帆船，是为了进行测量用的。4月4日，买来的这只纵帆船，被派往里奥内格罗，为了测量，那里还留有一些小船。

一天后，“贝格尔”号也驶向那里。

11月13日，“贝格尔”号到了那里后，并没有找到这些小船。这时迎面来了一艘商船，“贝格尔”号才打听到这些小船已经离开了这里，它们往南向圣约瑟湾去了。“贝格尔”号随即驶往圣约瑟湾，可惜的是，这些小船又离开了。最后，舰长放弃了寻找小船，转向北边的里约普拉塔驶去。最后，在马尔多纳多，“贝格尔”号停泊了下来。在这个地方停泊期间，达尔文搬到了市郊，在一个僻静的小城镇住了两个多月。

一望无际的潘帕斯草原上，到处覆盖着绿草地，无数群牛羊被放牧到这里。达尔文一般情况下都会在草原上游览，只有遇到“贝格尔”号上的同事来拜访他和恶劣的多雨天气，他才不去游览。有一次，海军预备员金克来拜访他，告诉他那些小船找到了，是上次买来的那只纵帆船,在里奥内格罗找到的。那些小船在遇到暴风雨后，就坏了，里面经常进水，他们的被子和衣服全部是湿的，这段时间一直没干过。就是在这种情况下，船员们仍坚持进行着繁重的测量工作。

在马尔多纳多居住的时候，达尔文叫来了一些小孩，并告诉他们，如果他们每天能带来一些有趣的生物，他就给他们几个小钱。用这个方法，他对四郊的飞禽走兽和爬行纲了解得特别清楚。

在这个地方，有一种在土中乱拱的小啮齿动物——吐科鼠，引起了达尔文的特别注意，这种鼠类具有鼹鼠的习性。吐科鼠和鼹鼠同属于一类动物，以食植物根部为主，它们和盲螈一样，眼睛发育得都不完全，还被外面的一层皮肤盖住了。虽然它们的眼睛瞎了，但这却对它们的日常生活影响并不大。

对这种鼠类的观察，不禁让达尔文想起了拉马克的一个论断：动物身上的部分器官如果长期不用，就会慢慢衰退直到毁灭。

达尔文还在这里观察到牛背黄鸟，这种鸟喜欢停歇在马和牛背上，因而得名。这种鸟下蛋下在别的鸟的巢里，和杜鹃一样。后来，达尔文在自己的日记中提到了另一种牛背鸟，这种鸟生活在北美洲，与前一种牛背黄鸟相比，它的体形较小而且颜色也不一样。这是件很有趣的事，在同一个洲的两个不同的地方，却发现两种极为相似的鸟。达尔文还指出，按身体构造来说，牛背黄鸟不同于真正的杜鹃，但它的适应力比杜鹃还强。

达尔文确认，美洲雌鸵鸟经常把蛋下到同类其他雌鸵鸟巢里，雌鸵鸟自己不孵卵。但下了蛋就得孵，雄鸵鸟只好扛起这个重任，不得不孵雌鸵鸟下在巢里的卵。

在南美洲，经常能发现大批的美洲白兀鹫，在拉普拉塔热带干草原里，有很多白兀鹫，当地人称之为巴西卡拉鹰。在这里，可以看到各种各样的大鸟，都是在欧洲看不到的。巴西卡拉鹰经常和齐孟哥鹰、以及巴西白兀鹫成群结队地在一起，聚集在村镇和屠宰场附近。达尔文注意到，大兀鹰出现在拉普拉塔附近，应该是不久前的事，因为它们本来分布在马尔多纳多以北；在合恩角至北美洲一带则分布着美洲兀鹰。某些巴西白兀鹫只在那一地区出现，稍微向南一点就看不到它们的踪影，倒是有一些别的鸟类出现。巴西卡拉鹰，以及齐孟哥鹰分布在大陆上，但在福克兰群岛上却都看不到这两种鸟，只能看到美洲兀鹰。达尔文对这些鸟类的区域性分布极感兴趣，为了解释这些现象，他对整个鸟类的总起源进行了研究。

当地居民都很愚昧无知，因而达尔文很是吃惊。在单调的草原上，当地居民都怕迷失方向，所以他们经常用罗盘来确定方向。当达尔文出现在他们面前，并且他们看到达尔文也能使用罗盘的时候，他们觉得很奇怪，好像在说，罗盘除了我们会用，还有别人会用吗？他们向达尔文提出各种问题：地球和太阳是运动的还是静止的；南边比这里冷，还是比这里热；他们分不清英国、伦敦和美国，不知道伦敦是属于英国的一个大城市；“贝格尔”号的人每天都洗脸，为什么要洗脸呢，他们对此感到大为困惑……

达尔文6月份收到许多家书，是姐姐和妹妹们写的，父亲也在她们写的信上留了附言。看了这些家信，达尔文激动得差点哭了。自己前来旅行是违背父亲愿望的，所以达尔文总觉得对不起父亲，对父亲留在信上的附言，看了又看。为了告诉家里，他这次旅行多么的有益，他把在旅行期间系统地记的日记寄到了家里。在给家人的回信中，主要说到这些事：博物学家这份工作的重要性，试图让父亲改变对这门学科的看法；旅行中所收到的某些成果，以及今后自己有什么计划；这次航行对自己来说非常有意义，不仅丰富了自己，也让自己为科学事业尽一份力。

也就是在这个时候，达尔文又搬回到“贝格尔”号上住。从马尔多纳多四郊，达尔文获得不少动植物标本，住进船上后，他开始整理这些东西，并对各个东西作了简要的说明。

在即将来临的夏季，菲茨·罗伊打算绕过合恩角到美洲西海岸工作，达尔文对此很是高兴。7月8日，“贝格尔”号终于起航，离开了马尔多纳多。出发前，达尔文把书信以及包装好的搜集品交付于邮船。

7月24日，沿着至里奥内格罗的航线，“贝格尔”号在闪电中向南驶去。

8月初，“贝格尔”号遇见了斯托克斯，他乘坐那只小纵帆船，一直进行着测量工作。在这里碰面令船上的人都很激动，达尔文和他彻夜未眠。达尔文听他讲述工作上遇到的困难，讲述这只船多次经受住了暴风雨的袭击，讲述路上碰到的一些奇怪的动植物，也说了他的感想。

南美洲东海岸的最南部就是里奥内格罗河口，在这里居住的都是白人，印第安人（阿拉乌康族人）经常侵犯里奥内格罗河口。达尔文在这里经常听到反抗印第安人侵略的故事，也看到了被印第安人破坏的几处牧场。

在距离里奥内格罗河口不远的地方，就是巴塔哥尼斯市。这里除了住着西班牙人，还住着印第安人。

达尔文发现这里有一些盐湖，从里面可以采取大量的优质纯盐，所以这里的人很富裕；他还考察了盐湖里的淤泥，观赏了湖上的火烈鸟。在里奥内格罗附近，达尔文从高楚人那里听说有一种新的鸵鸟，这种鸵鸟后来取名为达尔文鸵鸟，这种新鸵鸟全身的羽毛颜色都较深、个子较小、两条短腿上长着比较短的羽毛。

达尔文决定开始旅行，他原本打算从里奥内格罗向北到布兰卡港，最后却来到了布宜诺斯艾利斯。沿途是多刺灌木丛，到处覆盖着枯萎的黄草，让荒野看起来愈加凄凉。这里一般是没有树木生长的，唯一一棵树被印第安人看作是神坛。在这棵树上，印第安人挂满了祭品：面包、布、肉和香烟，还有一些发白的马骨头在树的周围，也是用来作为祭品的。在平原上，一头迷途的母牛被高楚人捉住，他们燃起火做了一顿晚餐。达尔文和他们一起用了晚饭，然后睡在篝火旁。

旅途中间，达尔文会碰见野生美洲驼或鹿，也经常碰到啮齿目刺鼠，这种鼠经常在草原上跳跃，速度极快。达尔文不断向前行进，原来的一路荒漠开始变成绿色的草原，原来已经快到科罗拉多河了。科罗拉多河蜿蜒流淌，两岸长满了柳树和芦苇。

经过一个沙丘地带时，达尔文在驿站休息了一下，又继续前进。

达尔文来到了他最喜欢的地方彭塔阿尔塔，这里离布兰卡港也不远。他已经与“贝格尔”号失去了联系，所以，他只能在这附近等着“贝格尔”号的到来。

8月24日，“贝格尔”号抵达布兰卡港。一星期后，它又驶向了拉普拉塔。不过，达尔文并没有上“贝格尔”号，他决定走旱路继续前进到布宜诺斯艾利斯去。

离开这里之前，在彭塔阿尔塔这个1.5平方千米的地方，他花了一些时间收集化石。他在这地方继续勘察，又挖出了不少化石，这使他的搜集品增多了不少。在这里，他挖掘出五种以上巨大的树懒科化石：大懒兽、磨齿兽、臀兽、巨树懒等。后来，古生物学家奥温整理了他的搜集品，奥温认为，这些像大象一样大的树懒科动物与现代的树懒科动物有很大的区别。它们的后肢可以站立起来，然后抱住树，把树击倒在地，再去吃树上的叶子；而现代的树懒科动物会爬树。一只披有骨质甲片的大犰狳遗骸，也在这里被达尔文发现了，这比现代南美洲的犰狳不知大了多少。

这些发现让达尔文感到惊异，也让他对此事很感兴趣。在南美洲，现在依然生存着树懒科和犰狳，然而，恰恰是在这个地方找到了树懒科和犰狳的化石。在这里，达尔文还挖掘出一些贝壳，一部分接近现代贝壳的样子，另一部分和现代贝壳一样。根据挖掘出的新鲜臀兽骸骨判断，这些遗骸是和许多贝壳一起，沉积到砾石里面去的，它们之间还有韧带连接着。所以，这些遗骸应该是属于晚期第三纪期的。

达尔文之所以感兴趣，是因为他已经意识到，这些化石与研究物种起源问题有关系。这也使达尔文对赖尔关于有机世界论断的正确性产生了怀疑，达尔文开始越来越赞同拉马克的观点了。

在达尔文从北到南和从南到北的往来旅途中，他的脑海中隐约显现出一个问题，无论他发现的是什么动物，它们相似的形态都是互相更替出现的。可能是他早期关于物种总起源的一些想法，不过，这时候还是分散地、零星地出现。

达尔文还注意到，各种动物都有不同的保护生命的办法：三绊犰狳身上披有甲片，这些甲片可以分成三条能使身体弯曲的绊带，一旦遇到危险，弯曲的绊带可以让他像刺猬一样蜷缩成一团，全身都被裹在皮甲里。还有一种犰狳，感觉到危险来临时，会迅速地钻进土里，顷刻间不见了踪影。他还碰见过蜥蜴，在接近海岸的沙滩上，蜥蜴栖息在那里，它身上各种颜色的斑点是一种极好的保护色，蜥蜴不想自已被打扰，它经常把身体贴在沙面上装死。假使装死被发现了的话，它就和小犰狳一样，迅速钻进沙里。

达尔文还指出，动物为了忍受一年中最困难的几个月，做出一种独特的适应方法——冬眠。

9月8日，在一名高楚向导的陪伴下，达尔文离开了布兰卡港。沿着荒凉的平原，来到了文塔那山脉。在一路平坦的平原上，很突兀地出现了这一群高一千米左右的山崖，这些僻静的山脉几乎从未被勘察过。

一路前行，到达了塔巴尔康山山麓下，这地方突然降下了一阵苹果般大小的冰雹。冰雹砸死了15只鸵鸟、20头鹿，许多小鸟、野鸭、鹞和雷鸟。

在萨拉多河彼岸，快接近布宜诺斯艾利斯时，达尔文看到了这里的草地，被茂盛的绿草覆盖着。他听这里的人说，家畜以它们的粪便为土地施肥，所以，这种好草总是生长在放牧家畜的地方。

在德尔蒙特这个优美的小城镇附近，可以看到河沟边沿上分布着大量的欧洲植物，不过，这些植物都是人为规划种植的。达尔文不禁想起赖尔在《地质学原理》第二卷中写的一句话："在扩展某些植物的地域性这方面，人类是最主要的活动者。"

9月12日，达尔文到了布宜诺斯艾利斯。

在这里还没停留几天，他就沿着巴拉那河，又开始到圣菲镇进行一次新的旅行。在被暴雨完全冲毁的泥泞道路上，他艰难地行走着。鼯是这里草原上主要的啮齿动物，小猫头鹰经常住在它的洞里，它们是形影不离的伴侣。鼯总是不厌其烦地把许多不同杂物拖到洞口，它这样做，是为了在单调的草原中辨认自己的穴洞。再往南，鼯只分布到里奥内格罗，因为这种啮齿目动物适合居住在黏土或沙土中挖掘出的洞穴里，需要丰富的植物。乌拉圭河是鼯分布的分界线，所以，虽然马尔多纳多四郊的土壤和植物与这里差不多，但在那里根本看不到鼯。鼯经常出没在乌拉圭河与巴拉那河之间的地带，但在乌拉圭河以东，就完全看不到了。这种情况也证实了这种观点（动物的种类是为一定的环境、一定的地点而产生的）是不正确的，就鼯的生长条件而言，乌拉圭河以东这片地方是最有利的。达尔文觉得发现这一情况很有意义。

达尔文渡过了几条小河，来到了巴拉那河的支流。他在去圣尼科拉斯的途中看到了壮观的巴拉那河，这条河的河水极为浑浊。在提尔西罗河一带，他找到了一些巨大的箭齿象牙齿化石，还有一些分散的骨骼。他听这里的船夫说，这些突出地面的骨骼早就被他们发现了，但他们不知道这是怎么回事，也不知道它们是怎么来的，就认为这些化石是一种大型野兽穴居在洞里。去圣菲的路上，沿途全是森林。他还看到一具印第安人的干尸吊在树上，还有一些遭到洗劫的房屋，看来最后这段路不怎么安全。

10月2日，达尔文来到圣菲。这里有很多长满了观赏树叶的商陆树，这里的气候比其他地方暖和，所以，树都比一般的地方高一些。他还发现了不少新鸟类，发现了仙人掌和其他植物的新品种。这里的天气很热，土壤吸收了很多热量，缕缕热气缓缓上升；蜘蛛结出的蛛网被这些正在上升的气流托起，因此，你能看到许多附着蜘蛛的蛛网在半空中随风摇曳。

因为这次旅行的环境很艰苦，达尔文患了头痛病。在当地，治疗头痛的方法竟然是这样的：在两边的太阳穴上各贴上一片橙树叶或一瓣豆瓣。在圣菲耽搁了两天，达尔文随后渡过巴拉那河，到达了东岸的圣菲巴雅达，他在此地停留了几天。研究了这里的地质情况后，他认为，这里以前是一个半淡水的海湾，南美洲东岸曾经有过一次剧烈的上升，所以动物的尸体被河水冲积到了这里。

在动物的遗骸中，他发现了箭齿象和柱齿象的牙齿，还有一个巨大的犰狳化石甲壳，他还发现了一颗马牙。后来，奥温认为，早在欧洲马运入美洲以前，这种马就是在美洲绝种的特种马。

达尔文在这次旅行中还曾听到过许多关于动物的故事。人们告诉他说，在1828～1830年的大旱时期，有大批动物死亡。在圣菲省的南部和布宜诺斯艾利斯省的北部，所有的河流都干涸了，所有的植物都旱死了。鹿聚集在院子里，在水井边找水喝；鹧鸪因为太渴，连飞的力气都没有了；最后，大概一共有100万头牛死于大旱期间。有一次，几千头牛因为太渴，一起冲向巴拉那河，那里早已没水，已经成了一片沼泽地，那几千头牛再也没有出来。流经圣佩德罗的河流的支流里积满了腐烂的兽尸，达尔文这才明白，在同一个地方，为什么一下子能挖掘出这么多动物化石或遗骨。

10月12日，达尔文又开始头痛，他决定即刻返回布宜诺斯艾利斯。他搭乘一只小单桅船，一路经过了树木众多的群岛，他看到了许多水豚，还有美洲豹这种猛兽，美洲豹以食水豚为生。在欧洲，人们经常谈论美洲豹。这种动物在这里并不少见，经常能看到它们在树林里出没。它们经常袭击人和畜，特别是樵夫。他听当地人说过这样一件事：有一只美洲豹，钻进了圣菲的一间教堂，咬死了牧师。为了开枪打死美洲豹，人们不得不从上面拆掉一个墙角；你也许会说，直接开门进去不就打死了吗，这样的话，估计你还没开枪就先死了。用爪子从树干上一块块把树皮揭下来，是美洲豹经常干的事，当地人认为，它们是为了磨利自己的爪子。达尔文经过考察，发现这里确实有美洲豹生活过的踪迹。

达尔文在这里还看到过剪嘴鸟，这种鸟与燕鸥相似。它的嘴呈窄条形，上半片嘴不长，但下半片嘴却出奇的长。剪嘴鸟用下半片嘴贴着水面飞来飞去，不一会儿，它的嘴所碰到的小鱼，便全部被它从水中灵活地叼了出来。

10月20日，他在达巴拉那河的河口上了岸，他怕赶不上“贝格尔”号。

在布宜诺斯艾利斯市等了两个星期，达尔文也没有等着“贝格尔”号，他索性不等了，正好开往蒙得维的亚的邮船要起航了，他便搭乘了这条邮船。

11月4日，在蒙得维的亚，他找到了“贝格尔”号。为了画完所有的海岸图（资料是由一些小纵帆船收集来的），舰长决定把起航日期拖延到12月初。达尔文心想，还有一个月的时间呢，便决定到当时叫本达·奥利德、现在叫乌拉圭的国家旅行一次。这次旅行，他用了两个星期。

去之前，达尔文就想好了去的地点，那地方在蒙得维的亚以西的科洛尼亚·德尔·萨克拉明托城。他打算从乌拉圭河上游出发，经过乌拉圭河的一条支流河，到达沿岸的小村落梅塞德斯。然后，从梅塞德斯返回蒙得维的亚。

达尔文刚出发就遇到了拉普拉塔河的汛期，他乘着小船，不得不多次渡过流入拉普拉塔河的河流。完全不习惯于游泳的马，竟然游过了一些足有500米宽的河流，这让他甚是惊奇。达尔文在前几次进行陆地旅行的时候，看到的都是极为平坦的平原；现在他看到的地方是丘陵，呈现出高低不平的状况。这里有许多小溪，有碧绿繁茂的草原，风景如画。出发后的第三天，达尔文到达科洛尼亚·德尔·萨克拉明托。乌拉圭为争取独立，同巴西发生了战争，在战争期间，该城受到严重的破坏，变成了一片废墟。此外，还有一些建筑物毁于大雷雨。在附近的畜牧场里，有一种样子像狮子狗的本地牛，被本地人称作

“尼阿塔”。达尔文指出，这种牛属于奇特的动物品种，由于上唇短，它们只能吃长得很高的草类，而吃不到长得很矮的草类，所以在大旱期间，它们很容易死掉。

沿着清澈的河水，达尔文向南迅速驶去，经过壮丽的乌拉圭河岸时，往北拐去。在畜牧场里，他遇见了热情有礼的高楚农民，但这些人的愚昧也让他吃惊。例如，你对他们说地球是圆的，这些人不相信。

达尔文在这里换乘了马匹，他骑马穿过一望无际的树丛，终于到了乌拉圭河的一条支流。站在山上向这条河望去，只见河流又宽又深，水流湍急，风景美丽如画。河流的拐弯处，一边是森林带，一边是碧绿的草原。

回到蒙得维的亚，达尔文在市区休整了几天。一个星期后，他听说“贝格尔”号快起航了，便搬到了舰上。

12月7日，“贝格尔”号带着“埃德文切尔”号（向洛乌买的那条纵桅帆船）往南朝巴塔哥尼亚方向驶去。

这次航行一帆风顺。不过，中间有一个小插曲。航行的途中，天空突然出现了一望无际的一群群白色的东西，这些白色的东西是蝴蝶，它们向“贝格尔”号飞袭而来，所幸的是，没造成什么损失。事后，水手们说是“下了一场蝴蝶雪”。

有一次，达尔文往海里撒了一张小网，捞上来许多海中的浮游活甲虫，其中一部分是陆栖甲虫，一部分是淡水甲虫。达尔文认为，也许有一条来自淡水湖的小河流进了海里。

12月20日，“贝格尔”号和“埃德文切尔”号到了希望港口。上岸后，达尔文发现这是一片荒漠，在这一片辽阔的平原里，长着棕袍色粗硬的草的地块寥寥无几，多刺的灌木丛覆盖在它的上面，到处有混杂着淡白色泥土的圆形砾石。荒漠的主要特征就是食物、植物和动物奇缺。西班牙人刚发现这里的时候，打算在这里定居下来；后来，因为印第安人的反抗和恶劣的自然条件，而不得不打消了这个念头。

在不知不觉中，达尔文在“贝格尔”号上的旅行生活又过去了一年。这一年，达尔文仍继续研究南美洲的地质情况，他对自己的研究工作十分耐心、孜孜不倦，在困难的环境中，他发扬了自己的坚韧精神。旅行不是件简单的事，要有令当地的陌生人信任的本领，要有作正确判断的卓越才能。青年时代的采集、收藏和打猎为他这次能安然地航行打下了基础，现在，他已锻炼成为一个善于思考、善于给自己提出问题，并且设法解决不同问题的博物学家了。经过了两年的历练，此时的达尔文已经成长为了一个博物学家和旅行家。

物种起源问题越来越多地出现在他的脑海里。

第七章　乘“贝格尔”号旅行（1834~1835年）

时间到了1834年，“贝格尔”号继续测量着沿途的海岸。

1月12日，“贝格尔”号停泊在一个宽广的海湾——圣胡利安港。他们兵分两路，一部分水兵留守在船上，另一部分随菲茨·罗伊和达尔文一起到这个地区的腹地去。这个地区特别荒凉，到处都没有淡水，他们口渴得要命，也感到特别疲惫，特别是菲茨·罗伊还随身带着工具和笨重的双筒枪。他们选择了一个较高的地方眺望，发现两个闪闪发光的湖，他们距离湖那里还有很远的距离。然而，这时众人都疲惫不堪，不敢到那里去。如果那两个湖不是淡水湖的话，还是喝不上水，还得走回来。达尔文自告奋勇地说，让我先单独去探探情况。达尔文认为，自己在这些长途徒步旅行中比菲茨·罗伊和水兵们有经验得多。达尔文和众人商定，如果发现那里有水的话，就会通知留下的人。

达尔文艰难地走到一个湖边，发现那是个盐湖，另一个也是盐湖，只好黯然回到了众人那里。菲茨·罗伊这时连路都走不动了，虽然已经休息了不短的时间，但他还是没有力气返回小船。达尔文让一个水兵留下来陪伴舰长，其余的人往小船走去。达尔文因为担心菲茨·罗伊舰长的安危，用最快的速度第一个到达小船，从里面取出淡水和食物，马上让人给菲茨·罗伊送去。其实，达尔文也很累，在缺水的情况下，他不但去了那两个湖边探情况，又快速地回到了小船上，体力消耗极大。达尔文当天感觉还不怎么累，第二天，他就病了，在床上躺了两天。

“埃德文切尔”号纵帆船还留在希望港修理，所以“贝格尔”号又往那里驶去，准备会合后一起前行。1月22日，在东福兰克岛进行了短期逗留后，这两艘船扬帆向麦哲伦海峡驶去。

他们的船经常停泊在格烈高利角，这里经常发生大涨潮和退潮。他们在这里遇见了印第安人种族的一个分支——巴塔哥尼亚人，巴塔哥尼亚人住在窝棚里，以马为交通工具，经常穿着羊驼皮大斗篷，身材特别高大、体形强壮，非常引人注目。他们的脸上涂抹着白红颜料，让他们看起来勇敢而又严肃。这里的妇女们也长得身材高大、体格匀称。这些人善良可亲，喜欢用羊驼皮和鸵鸟毛换取欧洲人的烟草，因为同欧洲人打交道，所以会讲一点英语和西班牙语。

1月底和2月初，一部分人乘坐小船去勘探麦哲伦海峡，另一部分人乘“贝格尔”号航行。麦哲伦海峡的两岸具有过渡的特性，在这里，你能看到巴塔哥尼亚的生物，也能看到火地岛的生物。在这些地方，达尔文又可以对许多有趣的关于生物地理分布的情况进行观察了。

“贝格尔”号停泊在饥饿港，连续下了三天的倾盆大雨，达尔文在雨停时登上海拔600米左右的塔尔恩山。山上到处都是茂密的树木，这些树木安静地生长着，外面的暴风骤雨丝毫影响不了这里的一切。深沟与河谷里堆满了大量的腐烂树干，脚一踏在这些树干上，就会陷到膝盖处。旅行者们经常想靠一下某些树干，但这些树干都是一碰就碎的枯木头，所以他们经常摔倒。越往山顶，树木越少，山顶光秃秃的，什么也没有。从山顶上看，凌乱的一些大小山脉分布在周围，四周的山峦被片片雪迹点缀着。

2月10日，“贝格尔”号打算去火地岛的东湖进行测量，不过，一件事的发生让他们不得不暂时停下了这个计划。从福克兰群岛，传来了一艘海豹捕猎船捎来的消息。高楚人在暴动中杀死了自己的首领西蒙和两名英国人，夺得了一半的野马和牛。其余的英国水兵逃走了，英国军舰“挑战者”号陷入到了混乱当中。后来，这件事慢慢平静了下来。

从麦哲伦海峡返回后，“贝格尔”号去了东火地岛的东岸，完成了这次测量。

在圣·塞巴斯蒂安港，达尔文看见了一幅壮丽的景象：无数条抹香鲸正在嬉戏，它们跳出水面后，再横身向水面拍去，发出巨大的拍水声，很像大炮发射时的声音。

在经过位于东火地岛东南端的圣地亚哥角时，“贝格尔”号陷入了一个非常大的漩涡，南来的浪把军舰冲击得东摇西荡，最后只好停在东火地岛东岸。

“贝格尔”号向火地岛南面的一些小岛驶去，在拉斯顿岛停泊下来。这里住着火地岛人，达尔文以前在这里就曾碰见过。这里有一些火地岛部落，但有的部落甚至连首领都没有，部落之间被一片荒无人烟的地带或中立地区所隔离。为了争夺那些少得可怜的生活资料（悬崖下和海岸上的贝壳、鱼类和海豹，以及他们的主要财产独木船），各个部落相互仇视。火地岛人认识文明的欧洲人已经250年了，但他们丝毫未变，还是老样子。

2月26日，“贝格尔”号进入了菲茨·罗伊以前驾小船旅行过的贝格尔河。这一次，他们顺利过了这条河。顶着西风，航行中的“贝格尔”号熟练地进行着迂回行驶。一些火地岛人守候在岸边，一起向船上的人喊着“雅密尔舒纳尔”，他们想用鱼和螃蟹，换船上的一些破布条。

3月初的一天，天气晴朗，达尔文和菲茨·罗伊参观了朋松布海峡北部壮丽的达尔文山，也参观了伏里阿海港，他们还碰到了老熟人琴米，他驾着一只挂着一面小旗的独木船，向他们驶来。他送给自已的英国朋友两张水獭皮，还送给舰长他亲手做的几个矛头和箭头，琴米看起来很温和，好像对住在这里没有一点怨言。“贝格尔”号离去的时候，他就站在沿岸的一个山岗子上，燃起一堆火，向我们送别。

3月10日，“贝格尔”号又到了福克兰群岛，在附近的巴尔克里湾停泊。在这里，顽强的达尔文仍然毫不动摇地继续进行着博物学家的工作。不管是夹杂着冰雹的暴风雨天气，还是极为寒冷的恶劣气候，都阻止不了达尔文对工作的热情。

3月16日，由两名高楚人做向导，达尔文绕着这个岛的部分区域进行了一次旅行。法国人以前曾把马匹运到这里来，这里还有野牛，这两样动物特别吸引达尔文的注意力。这里的高楚人狩猎野牛很有一套，他们灵敏地往野牛脖子上投套索，然后，用刀全力刺向野牛后腿的主腱上，刹那就把刀刺入脊髓的顶端。野牛被刺后，便不能再快速地向前奔跑，只能等着被杀死。他们杀死野牛后，把牛连皮一起烤来吃，连皮烤的话肉汁不会流失，达尔文也和高楚人一起吃了野牛肉。因为这个岛上的母野牛很容易对付，经常被杀死后吃掉，所以在活着的野牛中，公野牛的比例比较大，它们经常向人和马发起冲击。对付公野牛，高楚人也很有一套，达尔文观赏了他们用敏捷的动作将公野牛掀倒，一个人把一根套索抛到它的后腿上，另一个人把另一根套索抛到牛角上，他们的动作很快、很准确，顷刻间公牛就被掀倒在地。

达尔文指出，福克兰群岛上一群群的野马不断地退化，许多野马的个子在这里长不大，而且还害有跛脚病，所以小马经常死掉；相反，健壮结实的野牛却不断地繁殖增多。达尔文认为，这里的马之所以得跛脚病，是蹄子变长的缘故。小马的死亡，是由公马造成的，公马强迫母马抛弃小马。从这件事上，他看出有些生物比其他一些生物更能适应新的生存条件。他还注意到牛在这里分成了三种不同的毛色。

同高楚人一起的这次旅行，是在很困难的情况下进行的。开始旅行时，天气寒冷，还遇到几场夹杂着冰雹和雪的大雨；后来，天气暖和了一点，马却开始常常滑倒，达尔文的马就倒了不下十次。他们在回去的路上，不得不从水路而行。细小的浪花被风吹起，不断吹到他们的衣服上，他们回到家时，全身都湿透了，冻得直发抖。

4月7日，“贝格尔”号又向巴塔哥尼亚驶去。因为“贝格尔”号在长期的旅行中有些损坏，菲茨·罗伊舰长想修理一下，他也想趁此机会，乘小船考察一下圣克鲁斯河，这条河还没什么人去过。

4月13日，“贝格尔”号停泊在圣克鲁斯河河口。

4月18日，菲茨·罗伊舰长准备沿圣克鲁斯河上游对该河进行考察，他选了25名船员和他一起乘坐3只捕鲸船动身了。捕鲸船出发的时候，正好涨潮，借着这个机会，捕鲸船逆流而上。这条河中心的深度约5米，河面宽约三四百米。潮退之后，无论用桨，还是张帆，都不能逆流而行了。于是，他们把3只船首尾相连，系在一起；把人分成两批，到河边拉着船走。军官和船员们都一样，吃一样的食物，宿营在同一个帐篷里。他们的行进速度很慢，每天只能走16～20千米的样子。河谷里，到处是光秃秃的沙漠，长着一些稀疏的灌木和毫无生气的植物。这里的动物主要是羊驼，有时候还能碰到大群的羊驼。沿途碰见许多羊驼骨，这是美洲狮捕猎到羊驼后，吃完肉留下的痕迹。灌木丛中有许多小鼠，它们长着一对大耳朵和一身软毛，经常受到小狐狸的追逐。

4月26日，随着他们的不断前行，地质情况也在发生变化。以前是稀疏的小玄武岩砾石，现在是更坚硬、更厚的玄武岩石块。

他们就到了石隘口地区，这地方有几个罕见的喷泉。河岸边陡峭的悬崖上有一些巨大的猛禽，这些是兀鹰，它们的翅膀足有2.5米长。

29日，到了科迪拉山脉，一群雪峰从地平线上跃入他们的眼帘。

5月5日，他们开始返回，因为是顺流而下，只用了3天时间就到了。

5月12日，“贝格尔”号结束了对南美洲东岸旷日持久的测量工作，经麦哲伦海峡向西岸驶去。

6月8日，“贝格尔”号到了马格达雷纳河，经过这条河，来到塔尔纳角。这里的环境极为恶劣，有强风、坚硬的岩石、滑溜的冰块、刺骨的水、覆盖着地面的积雪……不过，不从环境角度来考虑的话，这里的景色确实很壮丽，一条条通向海边的冰川，山麓下有一片片阴森的树林。

6月10日，沿着狭窄的海峡，“贝格尔”号迂回行驶，从东符里岛和西符里岛之间进入太平洋。这里的海岸形状，看着就让人害怕，你不禁担心会不会遇到翻船等意外情况。

6月28日，“贝格尔”号停泊在圣卡尔洛斯港，港口在奇洛埃岛上。奇洛埃是一个大岛，山峦起伏，四周覆盖着密林，常绿树木和热带植物可以在这里生长。海上的风一年四季吹向这里，也带来了大量的雨水，这地方潮湿多雨。岛上的居民具有印第安人的血统，但又不全是，大部分都由混血人种组成。他们和睦、勤劳，使用最原始的工具，开垦土地和磨碎粮食。他们住在清除掉树林的海岸上，主要吃鱼、马铃薯和猪肉。

7月14日，“贝格尔”号向智利的主要海港瓦尔帕来索驶去，7月23日，

“贝格尔”号到达该港后停泊在那里。

瓦尔帕来索气候宜人，达尔文极为高兴。城市坐落在一排大山丘的山麓旁，由一条长街组成，看起来很漂亮。远处的科迪拉山脉山峦起伏，这里还有呈圆锥形的阿康卡瓜火山。还有一件事令达尔文极为高兴，在这里，他遇见了老同学和老朋友理察德·科尔菲德。在老朋友的邀请下，达尔文住进了他家里。

艰难困苦的海上奔波之后，终于能够休息一下了。达尔文享受美好的、暖和的阳光，呼吸着清新干燥的空气，品尝着有味的新鲜煎牛肉。达尔文心情也变得轻松而又愉快，然而，他在不知不觉中想起了家乡，想起了朋友和剑桥那自由自在的生活。在剑桥，达尔文与同学们的关系是多么的友好、多么的真诚啊！但在“贝格尔”号上，达尔文与菲茨·罗伊在政治上存在分歧，这使他们的关系有时候不怎么融洽。

达尔文还想起了汉斯罗，像以前一样，达尔文期待他对自己的工作给予有益的建议和批评，期待得到他的帮助。汉斯罗的住所成了达尔文的搜集品聚居地，因为达尔文收集的一切，全都寄给他了。所以，达尔文热切地盼望着汉斯罗的信件，希望知道那些寄给他的搜集品怎么样了，希望他能对自己的搜集品提些意见。但达尔文有时一年，甚至更长的时间都收不到他的来信，因为“贝格尔”号经常在航行中，很难知道什么时候会停泊在哪里。

达尔文在这里终于收到了汉斯罗的回信，汉斯罗在信中对他的工作和搜集品给予了很高的评价，还对他的一些发现进行了评论。

在瓦尔帕来索，达尔文经常出去游览，有时远，有时近。但这里除了有一些散发着浓郁芳香的花朵外，其他的植物很少，动物也不多。这可能和这里不刮海风，经常刮南风有关。

8月14日，为了考察安第斯山脉的地质结构，达尔文又一次出发旅行。在西海岸，他注意到这里的贝壳，它里面的泥原来是海里的淤泥，里面充满着微小的海洋生物残余物，因此他确定这里的海岸曾上升过。

达尔文翻过了基里克山，就住在钟山的山麓之下。这里有一条基尔奥塔河，许多常绿植物长在河水旁的沟壑上。从山顶往下俯瞰，基尔奥塔河谷坐落在一群光秃秃的高山之中，谷里风景如画，有橙子树和橄榄树果园。

科迪拉山脉与智利海岸之间的区域，被几条与主脉相平行的小山脉分割开来。这些分割出来的区域就是一些窄狭而又平坦的盆地，再加上一些河流从这里流过，形成了一些河谷地带，这些盆地与河谷慢慢成为智利的重要城市。达尔文认为，这些区域原来都是海。许多急流由智利境内流入大海，这也是智利平原的土壤特别肥沃的原因。这里有小麦和玉米，还有成片的果园，果园里有桃树、无花果和葡萄……

8月16日，在向导的带领下，达尔文登上了海拔约1820米的钟山。钟山南山坡上长着一片竹林，还有一些奇特的棕榈树。这种棕榈树树身极粗，当地人经常取出这些棕榈树的树汁，当成糖浆食用。

达尔文晚上在这里宿营。空气洁净、天气明朗。他可以看见停泊在瓦尔帕来索湾的船只，船上的桅杆从这里看像一条细线。

达尔文第二天早上到达了山顶，从山巅向东远眺，便可看到安第斯山脉那平直的山脊；从山顶向西远眺，便可看到智利就像呈现在地图上那样清楚。他在这里待了整整一天。

8月18日，达尔文从山上下来，穿过美丽的河谷，继续往前走。达尔文第二天晚上到了哈胡耶尔铜矿场，本来他是来这里考察矿山的地质结构的，但突然间下起了暴风雪，他不得不返回。

8月26日， 达尔文到了智利首都圣地亚哥，并在这里休整了几天。

达尔文又上路了，他决定绕弯继续往南走，来到了马伊普河。河上架着一座吊桥，河流波涛汹涌，从这种桥上走过去相当冒险，因为吊桥连两个人的重量都经不起，一走上去就摇摇晃晃的。但当他到达卡查普尔这条小河时，连这种落后的吊桥也没有了。在卡查普阿尔河的河谷里，有几处能治病的考凯纳斯温泉，这几处温泉在当地极负盛名。

这里夏季几乎是滴雨不下，但夏季温泉里的水要比冬季更多、更热。达尔文推测，夏季的时候，山上融化的积雪首先渗入高温区，然后，与这里的地下水源混合后流到考凯纳斯地区的地面上，成为泉水。

在塔关湖附近，有许多浮岛，他在这里着手勘察金矿。这里的工人非常的累，他们必须从130米深的地下，把5普特重的矿石背到地面上来。他们工作繁重，却只能吃一些煮熟的豆子和面包，伙食很差。矿石搬到地面后，把它磨成细粉加水，随着矿泥沉在矿池里慢慢硬化，各种盐就在表面上晶化。过个一两年，黄金就能淘出来了。这是个复杂的过程，还得重复好几次才能淘出不多的黄金。

达尔文本来以为矿工们的工资就已经很低了，但这里农奴的生活比矿工们更苦。

达尔文回到瓦尔帕来索后就完全病倒了，他在科尔菲德家养病一直到10月底。

达尔文患病之后，“贝格尔”号上发生了一件事。

1833年，菲茨·罗伊舰长为了加快海岸的测量工作，在加里松花3650英镑租了两只纵帆船；过了一段时间，同样的原因，他又花了差不多1300英镑买下了一只洛乌船。他以为海军部会同意这两项开支，并补偿他这笔钱。海军部寄信说，他们不赞成租船，也不愿支付他租船、买船所付出的金钱，还要他尽快解雇所租的船只。达尔文认为，这是两党之争的结果：菲茨·罗伊属于托利党，海军大臣属于辉格党。

对海军部的这一决定，菲茨·罗伊感到极不高兴，再加上长期的旅行令他疲劳过度，他的情绪非常颓丧，以至于他想到了向海军部辞职。

很明显，如果辞职被批准了，韦克姆就会晋升为舰长。但韦克姆并没有想自己升不升官的事，他劝说菲茨·罗伊收回辞职的决定。最后，舰长被说服了，大家都很高兴。舰长撤回了自己的辞职书。

这件事发生以后，达尔文感到焦急不安。一方面，如果菲茨·罗伊真的辞职的话，“贝格尔”号就要被迫抄近道由大西洋返回，达尔文在“贝格尔”号上博物学家的工作也不得不终止；另一方面，也和他思念家乡有关；再加上航海旅行愈来愈艰苦，使他疲惫不堪。

达尔文通过对收集来的材料进行研究，对南美洲的地质考察情况已经了然于胸。他也向自己提出了新的要求：竭力做到尽可能多地收集搜集品，不仅记录看到的现象，而且还要解释产生这些现象的原因。他向菲茨·罗伊舰长借了一些关于南美和环球旅行的书，并给自己拟订了未来工作、旅行的路线和参观一些新地区的计划。他不能半途而废，不能放弃快要完成的计划。

11月24日，“贝格尔”号上的全体船员又忙碌起来，有几个人在谢利万的指挥下，乘着舢板和高速艇去奇洛埃岛的东部，开始了测量工作。达尔文去了该岛北端的查卡奥，在那里，其他船员将与他会合。留在“贝格尔”号上的一部分船员去考察岛的西部，任务完成后，与第一队人马在南部会合。

查卡奥原来是岛上的主要港口，位于海峡里的急流与危险的岩礁中间，来到这里的船只经常失事。最后，无奈的人们就把港口移到了圣卡尔洛斯。在查卡奥，达尔文遇到了第一队人马。达尔文和他们碰面后，一起往南推进。小岛上有一些平坦的地方，是被河谷切割开来的，现在，这些地方被一片不能通行的森林覆盖起来。在这片大陆上，有3座活火山正在喷出一团团巨大的浓烟。每座火山，高度都有2000米左右。

11月30日，这队人马来到曾是奇洛埃岛的古都——卡斯特罗，现在这里已经变成了一个特别荒凉的地方。

达尔文特别注意到这里有一种枝干1米多高的植物，名字叫庞克。庞克有四五个直径超过2米的齿状圆叶子，叶子的周长起码有11米。

12月6日，这队人马到达岛的南部——圣佩得罗，“贝格尔”号上的另一队人马已经先到了。

达尔文和菲茨·罗伊都想爬上岛顶去看看，但这里到处都是腐烂的树干，根本无处借力，脚一踩就陷了下去，他们只好放弃了这个念头。

12月10日，两队人马会合后，“贝格尔”号继续向南驶去。13日，到达乔诺斯群岛，在这里遇到了罕见的风暴。“贝格尔”号又调转船头，向北驶去。

12月20日，在靠近特烈斯蒙特斯角以北的地方，“贝格尔”号发现了一处海港。海港附近，有一座正圆锥体的山丘，海拔大概500米。这个小山尽管不怎么高，但却极为险峻，达尔文坚持着爬到了山顶。达尔文在《考察日记》中这样描写了登山后的感觉：

能够爬上一座山的山顶，特别是在这荒凉的地方，更会让人觉得快乐。在爬山时，我不安地期待看到某种新东西。虽然我的期待经常落空，但我总是重新期待，这种期待总是会出现的。从山顶眺望，我们能看见宏伟壮观的景色，一种胜利和骄傲的心情油然而生，涌上心头。在这些人迹罕至的地方，你也许会这样想，我是第一个站在这座山顶上的人，这样的话，你还会有一种荣誉感。

在这荒野的海岸上，他发现有人住过的痕迹：在悬崖凹处，有一堆草铺，草铺上有人睡过的样子，还有篝火余烬，岩石上有斧痕。他感到极为惊奇，难道这里有人住吗？转念一想，也许这是遇难水兵留下的痕迹。

没过几天，“贝格尔”号发现另外一边的海港，便停泊下来。这里的海岸上出现一个衣不蔽体的人，他看到有船来到，感到大为兴奋。这人是美国人，他是来这里捕鲸的，但捕鲸小船被岸边的暗礁撞得粉碎。他也不能沿着海岸走过去，这很危险，他的一个同伴就是这么死的。其余的两个以海豹和软体动物来充饥，他们用燧石取火，还有两把斧子和几把刀，住在芦草舍里一直坚持了15个月。带上这个美国人，“贝格尔”号又出发了。

12月30日，在特烈斯蒙特斯半岛最北端附近的小港里，“贝格尔”号停泊了下来。

1835年1月初，围着这个深水的小海湾，达尔文同菲茨·罗伊乘小船绕行了一周。途中遇到无数的海豹，还有以食死尸为生的火鸡兀鹰，火鸡兀鹰窥伺着海豹。湍急的流水从花岗岩的高山上飞泻入海。海燕、海鸥和鸬鹚在水面上来回逡巡着，伺机捕捉鱼类。有一对美丽的黑颈天鹅也在那里游来游去，几只海獭也凑热闹似的在水里慢慢游弋。

在乔诺斯群岛，“贝格尔”号停泊了一个星期。这里的植物娇艳秀丽，一直生长到海岸边。这里还有4座火山，尤以科尔科瓦多火山引人注目。

在乔诺斯群岛上，哺乳动物很少。达尔文在这里找出两种水栖动物：一种是啮齿动物鼩鼱，它有一身珍贵的漂亮毛皮，一个又大又长的尾巴。后来，引进到前苏联后被驯养成功。另一种是小海獭，它不仅吃鱼类，而且也捕食大量漂浮的小螃蟹。在这里，还曾看到各个地方都有的一种小鼠，这引起了达尔文的深思。

与奇洛埃岛上的树木相比，乔诺斯群岛上的树木更像火地岛上的树木。这里和火地岛一样，都有山毛榉树。更值得注意的是，火地岛上的苔藓植物、地衣植物和上型蕨类植物的种类繁多，数量很大。但这些植被在西海岸群岛都能找到。

在这一地区，凶猛的大海燕在海面上盘旋。其中一种称为别拉德的海燕，它一受到惊吓，就钻进水里，在水下游过一段时间后，又从水中飞到空中，直线飞行了一会儿，就一头栽下来，重又潜到水里去……它腿的长度、嘴和鼻孔的形状，都证明它是海燕。但它脚爪上没有后趾、翅膀短，还有潜水习性，从这些来看，它更接近于与它相似的海雀。

1月18日，“贝格尔”号到了奇洛埃岛，再次停泊在圣卡尔洛斯海湾。

19日夜，通过望远镜，达尔文观看了奥索尔诺火山爆发的情景，一直到凌晨，火山才停止了喷发。

后来才知道，那天晚上，不止奥索尔诺一座火山爆发：奥索尔诺向北800千米处，智利的阿康卡瓜火山，阿康卡瓜火山以北4300千米的科谢圭钠火山，也在同一天夜里相继喷发起来。爆发的同时产生了强烈的地震，在1600千米的范围内都有明显的震感。

达尔文和金克被菲茨·罗伊派往卡斯特罗，他们从那里横过奇洛埃岛到西岸的库卡奥小教堂去。在沼泽地区，路是用圆木铺成的，本来就很滑，再加上下雨，就更滑了。不过，这里的马匹好像已经习惯了这里的路，它们灵巧地像狗一样，从一根圆木跳到另一根圆木。高大而茂密的森林和芦苇围在路的两边。

1月23日，达尔文和金克到达美丽的小城市卡斯特罗。达尔文给当地人彼得罗先生带来一封介绍信，彼得罗非常友好，接待了达尔文。为护送达尔文及其旅伴沿着海岸往南走，还为他们雇了强壮的马匹。当地一名警卫队长自告奋勇，要亲自护送他们到库卡奥。他们沿着弯弯曲曲的小路前进，往西横穿过一个岛。时而又经过精耕细作的田地（谷物和马铃薯在这些田地上长势很好），时而穿过蔚为壮观的森林。这里的道路非常落后，警卫队长就命令印第安人，用当地的一种小船把达尔文及其旅伴送到库卡奥湖。

库卡奥零星住着三四十户人家，都是看起来特别可怜的印第安人。沿着宽阔的海岸，达尔文和金克从这里往北走，汹涌澎湃的海浪拍打着海岸。他们找印第安人为他们做向导，想到圣卡尔洛斯去，但这里的印第安人死活不同意带他们去。

1月28日，他们才到圣卡尔洛斯。

2月4日，离开奇洛埃岛，“贝格尔”号向北航行。一路上大雾弥漫，直到8日方才到达智利的瓦尔迪维亚，这里离海岸约有16千米，分布在沿河一带的低地。这个城市的周围，都是茂密的苹果树林。

休整了几天，带上一个向导，达尔文又出去旅行了。美洲海岸上，有着茂密的处女林，这里森林的颜色比奇洛埃岛上的鲜绿。可能是因为智利的常绿树木比奇洛埃岛上的常绿树木少的缘故吧！

2月20日，达尔文正在海边的森林里躺着休息，突然发生了强烈的地震，并且持续了两分钟。地震时，达尔文在外面，他努力让自己站稳，但地面的剧烈摇晃让达尔文觉得头昏。居民们惊慌地涌到外面。城里的房子是木头的，摇动得特别厉害。

2月22日，“贝格尔”号离开瓦尔迪维亚，沿着海岸往北继续前行，沿途进行测量。

3月4日，“贝格尔”号停泊在智利的康塞普西翁市港湾，附近有一个基里基纳岛，达尔文就在那里登陆了。他一到这里，就听到人们到处在谈论2月20日大地震造成的可怕性毁灭。在塔尔卡瓦诺海湾和康塞普西翁市，房屋全都倒塌，地震后的巨大海浪连塔尔卡瓦诺的废墟也卷走了。达尔文亲自去了地震中心地，见识到了地震灾难性的破坏力，还有因为地震而引发的海啸也具有强大的破坏力。有许多表面附有海生生物的岩石碎片，由于地震，被抛到海岸上，他亲自进行了测量。他认为，地面的许多大裂缝和移位都是大地摇晃的结果。

3月7日，“贝格尔”号起航了，向瓦尔帕莱索驶去，11日抵达那里。稍作歇息后，达尔文为了实现自己越过科迪拉山脉的夙愿，带着一名向导和一名赶着几匹骡子的人，又旅行了。他从这里的波尔季利奥山口进入，3月18日，艰难地到达了肥沃的马伊普河河谷。

在科迪拉山脉，一些河谷的两侧，有一片片粗糙成层的阶地，是由砾石和沙土组成的。达尔文认为，南美洲东岸的地质史主要归结为这些海岸逐渐上升，这里的地质现象和南美洲东岸的地质现象一样。不同的是，在科迪拉山脉山口附近，上述阶地的下端是平斜下降的。他认为，在海水浸没智利的时候，这些阶地被沉积了下来。

3月19日，达尔文正在攀登暗红色的层状悬岩时，看到了一群群的牛。在科迪拉山脉较高的牧场，冬季将临的时候，牧人都会把牛群赶往下游。天黑的时候，达尔文随便找了户人家，借宿在那里。他借宿的地方，位于圣彼得罗德诺拉斯科山山麓旁边。在这座山的山顶上，达尔文发现了几处矿场。在智利北部的山区，经常能发现一些矿场。

越往上攀登，植物越少，禽兽和昆虫更是见不到了，反而出现了一些漂亮的高山花。达尔文指出，安第斯山脉具有其他山脉不具有的特征：

第一，河谷两边平坦的阶地有时变为狭长的平原；第二，斑岩山丘完全裸露着，颜色鲜亮，极其险峻，主要是红色和紫色；第三，岩脉是巨大的，而且像墙壁一样接连不断；第四，一些地层明显地分离开来，形成两个结果：在它们呈较倾斜状态的地方，就构成一些沿着主脉边缘的巨大的高山；但是，在这些地层直立状的地方，却形成了奇特、美丽的中央高峰；第五，岩石片美丽、颜色鲜明，它构成了光滑的圆锥形石堆，从高山基部开始算起，最高能达到六百多米的高度。

3月20日夜晚，达尔文艰难地走到也叫作锅形谷地的耶索谷。这里的石膏层厚度极为惊人，有一千多米。

第二天，他到了山脉的山麓下，这条山脉是沿着科迪拉山脉的两个平行主山脉中的一个，成为分别流到太平洋和大西洋里去的河水的分水岭。从这里开始，道路变得越来越难走。

冷风吹着达尔文的考察队，越接近山顶风越大，他们已经进入了常年积雪地带。

达尔文注意到骡子的蹄子好像出血了，蹄子踩在雪地上，会留下血迹斑斑的踪迹。达尔文认为，这种现象可能是由从周围吹过来的红色斑岩灰尘造成的。他后来用纸擦了一下雪，纸面上也出现了这种砖红色的痕迹，他把残迹从纸上刮下来。最后发现，是微小的水草微粒体。这种水草时常出现在北极地带，把那里的雪染成红色。

夜晚来临，在两条主山脉中间的一个山地里，他们宿营了。这里找不到任何用来烧火的东西，水不到沸点就开了。

第二天，穿过中间的谷地，考察队开始攀登第二个主脉——波尔季利奥山脉的山口。这是一次历时很久、极其艰难的攀登，山脉海拔四千多米。险峻的圆锥形红色花岗岩山丘在左右两边耸立着。下面辽阔的土地上常年覆盖着积雪，有些地方的积雪因为一直不能融化，变成了雪塔或雪柱。

抬头向上望去，会感到一阵疼痛，冰花像小针头一样，随风纷纷扬扬地降落在达尔文和他的同伴们身上。他们只得从半山腰下来一些，在一个巨大的岩块旁边，找到一个舒适的避寒处夜宿，实在没办法再往上攀登了。

3月23日，他们沿科迪拉山脉东坡的路下山。不过，下山的路比上山攀登的路还要陡。一片闪闪发光的云海在他们脚下，一整天他们都置身于其中，因为云海的缘故，他们在半山腰上也看不到潘帕斯平原。在海拔2000米处，他们找了个地方宿营了，这里有一片灌木林可以作为燃料，还有一片草原，可以喂喂骡子。

东面一些河谷和智利那一面河谷的气候和土壤属性是相同的，但两地的植物完全不同。这样的差异在动物方面也有实例：太平洋海岸一带有5种老鼠，大西洋海岸一带有13种老鼠，但两地却没有一种是相同的。其实，在鸟类和昆虫方面也有这样的例子。

这里的生物有刺鼠、鼯、犰狳科的3个种，鸵鸟、雷鸟的几个种，与较远的巴塔哥马亚的生物非常像，不仅动物，植物也一样，巴塔哥尼亚的多刺的灌木、干枯的草和小植物，还有爬行缓慢的黑色甲虫在这里都能发现。

3月24日，云海突然散去。在高山上，达尔文欣赏到一望无际的潘帕斯平原。

从科迪拉山下来后，达尔文穿过一个低洼的沼泽地，沿着干燥的平原，往北朝门多萨走去。

在门多萨附近，达尔文看到南方的天空里有一片奇怪的、略呈红棕色的乌云，达尔文还以为那是哪里起火升起的浓烟呢！他过一阵子才知道，那是一大群蝗虫在飞翔，蝗虫占据了从离地面6米处到500米处的全部空间。蝗虫发出的声音，就像战场上的战车从地面上飞驰时发出的声音。当蝗虫落到地面后，地面上再也看不到一点绿色，因为蝗虫比地里的草还要多，地面就变成了淡红色。

3月29日，达尔文从门多萨的北面出发，经斯帕利亚塔山口，返回智利。途中的有些地方是不毛的荒漠或长满了低矮的仙人掌，太阳灼热，扬起阵阵微细的尘雾，而且还没有水喝，达尔文在这种条件下步行了七十多千米。

斯帕利亚塔山脉的地质结构和太平洋海岸的第三纪地层相似，如果是这样的话，石化树木的遗迹应该出现在这里。果然，在近2000米高的光秃秃的山坡上，出现了几根雪白的柱子，柱子的大小和一些树木差不多。它们的外形给达尔文留下了强烈的印象，这些就是南美杉科石化的树木。

在这几次旅行中，达尔文一直对动植物的研究比较上心，对地质工作和对地质的思考也同样没有放松。

在峡谷之上，天然石拱门横跨在英卡桥上。经过这里，达尔文继续到中央主脉去旅行。这里有一条上坡路，通到山口的顶端，这条迂回曲折的路非常陡峭和险峻。天空阴沉沉的，山顶上刮着寒风。达尔文终于看到了科迪拉山山峰，山峦起伏的高山风景优美。山下长满了常青树，还有巨大的仙人掌，像枝形烛台一样。

在这24天的旅行中，他两次越过科迪拉山脉。4月10日，达尔文终于回到圣地亚哥，稍微休息了一下，又回到瓦尔帕来索。

在给汉斯罗的信中，关于地质论断的结论，达尔文进行了特别详细的叙述。通过对南美洲东西两岸的地质情况和科迪拉山脉的地质情况进行考察，达尔文得到了大量翔实的材料，通过对这些材料的整理和融会贯通，他做出了初步的结论。达尔文在信中还写到他所遇见的石化了的树木，并叙说了关于地面隆起和沉陷的结论。汉斯罗收到达尔文这样的来信感到很惊奇，这个以前曾经有些幼稚的学生和朋友现在已经成长为一个学者了。

1835年11月16日，在剑桥哲学学会上，汉斯罗宣读了达尔文在航行中的这些研究成果。因为这些观点很受欢迎，汉斯罗就把这些内容印刷成小册子，分发给需要的人。

受赖尔的影响，达尔文渐渐也成了一个地质学家和学者，在考察中，他能得出自己严谨的结论。

4月7日，已经取得了一些成就的达尔文并没有满足，他决定再去旅行。这次旅行的地点选在智利的北部地区，旅行路线他也制订好了：沿海城市科舍博—瓦斯科—科皮亚波。“贝格尔”号也会去科皮亚波这一站，等达尔文到那里的时候，正好能赶上“贝格尔”号。他们这次全都骑马，行李用骡子驮运。

他们穿过钟山山麓的基尔奥塔河谷，此地产黄金，当地人以淘金为生。然后，旅行者们沿着智利中部地区的海岸旅行。愈往前行，土地变得愈贫瘠，这里的植被都是与丝兰属相似的高大植物。

5月4日，达尔文从海岸转向内陆的伊利亚佩尔，这个肥沃的河谷里有很多矿场。在洛斯奥尔诺斯区的主要山上，山体因采矿被钻满了窟窿。

这里的矿工们很辛苦，每天从72米深的矿井里将超过90千克的矿物背上去，要背12次，也就是说，一天要背出1080千克的矿石。在背这12次矿石的间歇时间里，也不能闲着，要去敲碎矿石和搜集矿石。达尔文看到，他们全身的肌肉绷得紧紧的，身体向前弯曲，双腿也弯曲着，用自己的双臂倚靠在梯级上；他们的嘴角向后咧着，呼吸急促，脸上挂着大颗的汗珠，并且不断地滴到胸口。达尔文知道他们是自愿的，但是，看到他们从矿井里爬出来的样子，他就感到极不舒服。

5月14日，达尔文来到了科金博，这是座寂静的城市，人口大约7000

左右。

达尔文对沿途地区都进行了地质调查，这里阶梯形的砾石阶地令他最为感兴趣。这些阶地和智利的、圣克鲁斯河河谷的都一样，都证明了同一个结论，阶地是由海水冲刷而成；这同时也证明了另一个问题，陆地在逐渐上升。

5月21日，他参观了阿劳科矿区，然后又动身到肥沃的科金博河谷，那里遍布着葡萄园和果树园。

6月2日，他从内陆又转向海岸，往北到瓦斯科。这里的土地看不到一点绿荫，都是荒漠。在最干燥的地方，有一群群陆生螺轮蜗牛集结在一起，它们在等待到春天，看会不会有什么小植物长出叶子来，这样它们就不会一直饿着了。

6月4日，沿着荒凉的平原，达尔文继续赶路，这里只有大群的羊驼在吃着草。在平原上，越往前走草越少，不毛之地愈来愈多，马匹连吃草都很困难。人们说，这里已经13个月没下雨了。

6月12日，达尔文到了旅行地的最后一站——科皮亚波河谷。科皮亚波是一个很大的城市，这里的居民每家都有一处果园，城市与矿场紧密地联系在一起，所以，这里的人经常谈论矿场和矿石。

达尔文估计"贝格尔"号还得一个星期左右才能到达这里。趁着这个空当，达尔文又决定去旅行。

达尔文雇了一名向导，还带了8匹骡子和足够的饲料。沿途有一个被称为"无人谷"的地方，听说那里有好几个世纪都没下过雨了。这里的河谷也是由海水冲刷而成的，这和达尔文出发前所说的一样。在这个无水的沙漠里，达尔文看到了七八间房屋废墟，这些坚固的房子是用黏土建造的，看起来像古印第安人住的。

达尔文在登山的途中，看到了古秘鲁人开凿的灌溉系统和人工水道，但是都被遗弃了。后来，他在秘鲁遇到一位名叫吉尔的土木工程师，吉尔对这个地区特别了解，他向达尔文解开了这个谜团。在频繁的地震中，许多建筑物遭到破坏，河流被堵塞，致使河水经常改道。这些灌溉渠在河水改道后毫无用处，只能被遗弃，有的甚至遭到毁坏。

6月28日，在登山的途中，达尔文碰见了几头羊驼，还看到一种很接近羊驼的山地动物骆马的足迹。他发现这里有一种小狐狸，它们能捕捉这里为数甚多的老鼠。达尔文通过观察这些老鼠得知，它们能在地球上一些最干燥的地方生活。晚上的时候，达尔文就和向导露宿在山麓下的大高地上，尽管达尔文穿着防寒衣服，还是抵不住从山顶上刮来的阵阵寒风，更何况，他们露宿的地方旁边还有一些大雪堆。所以，他的全身都冻僵了，整晚都没睡着。

6月29日，达尔文返回科皮亚波河谷，7月1日到达那里。

3天后，“贝格尔”号也到了。奇怪的是，他并没有看到菲茨·罗伊舰长，舰上暂时由韦克姆指挥。

原来，在瓦尔帕来索时，“贝格尔”号听说英国军舰“挑战者”号在阿劳科附近遇难。“挑战者”号的萨姆尔舰长是菲茨·罗伊的挚友，萨姆尔和全体舰员都在印第安人那里受苦受难。菲茨·罗伊要伪装成领港员去搭救他们。

7月12日，经过一段时间的航行后，“贝格尔”号停泊在秘鲁的伊基克港。伊基克位于一块很大的沙土平原之上，在海拔500米左右的海岸大石壁脚下。这里的地表上覆盖着一层很厚的东西，普通食盐和成层的盐土。在这一地方，这些东西大概是地表逐渐上升到海面时沉积下来的。这个地方就像干净的雪地上被脚踩过的样子。

这里不经常下雨，食物和淡水都要用船从北面40海里的居民点处运来，所以水的价钱特别昂贵。达尔文想去伊基克唯一的富源——硝石矿场一趟，费了很大的劲，他才雇到一名向导和几头骡子。在位于海拔1000米的高处，达尔文参观了硝石场。返回伊基克时“贝格尔”号正准备起锚前往利马。

7月19日，“贝格尔”号停泊在卡亚——秘鲁首都利马附近的一个沿海港口。这里浓雾弥漫，天空乌云密布。因为雾气大，穿的衣服经常湿漉漉的。沿岸有许多小死水塘，人们认为正是这些水塘让疟疾得以传播，他们说，水塘里有一种有害气体，是来自沼泽中的“瘴气”。

秘鲁这时很混乱，处于无政府状态下，4名将军为了最高权力正在相互争夺。为了安全起见，到远一点的地方去旅行都不行，即便是近处的利马，达尔文也只去了一次。在这里，他还打过一次猎，不过，他的目的不是打猎，还是为了旅行。打猎的时候，他看到古秘鲁人村庄的废墟、灌溉渠和古墓，这些都证明这里居住过古代民族，在欧洲人到来之前，他们就已经有很高的文化水平了。

第八章　穿越太平洋、印度洋和大西洋

“贝格尔”号从卡廖出发，目的地是加拉帕戈斯群岛。这是一些位于赤道上的岛群，距离美洲西部有些距离。岛上有很多的火山口，它们形状不一、各式各样，所以这是一些纯粹的火山岛屿。不过别看这些岛屿在赤道上，但由于南极的气流可以到达这里，所以岛上并不像赤道其他地方那么热。

加拉帕戈斯群岛的第一个岛是查塔姆岛，达尔文就在这个岛登陆了。这里根本看不到人的踪迹，只看到地面上布满了黑色的熔岩，火辣的太阳将它们烤得滚烫。岛上没什么大的树木，都是些灌木丛、洋槐树和仙人掌之类的植物。这里有很多的悬崖峭壁、倒塌的火山顶和一些熄灭了的火山口，所以地形有些奇怪。这些使达尔文联想到像斯塔福德郡那些铸铁厂，舰长菲茨·罗伊满含讽刺地说，这个地方更适合各种魔鬼居住。走在路上，达尔文看见两只大乌龟，它们体型巨大，每只至少有90千克。可是周围都是黑色的熔岩和一些无叶的灌木丛再加上那些硕大的仙人掌，使达尔文觉得这两只乌龟就好像会爬行的矿物。

9月23日，“贝格尔”号再次起航，驶往查理岛，那里是厄瓜多尔流放有色种族的地方。这些流放犯居住在一个有几百人的殖民区里，虽然地势很高，将近300米，但那里有茂盛的植物和黑色土壤。当地居民只种甘薯和香蕉，更多时候他们靠猎捕野猪、山羊和乌龟为生。达尔文在《航行日记》中写道：“将来，我要在比较中弄清楚，这个群岛上的生物属于哪个中心或是哪个生物范围。”所以他尽可能地收集岛上特有的动物和植物，以便将来进行比较。

10月28日，“贝格尔”号抵达加拉帕戈斯群岛中最大的岛屿——阿尔贝马尔岛。第二天，“贝格尔”号从西南端绕过该岛后，驶过这个岛和纳尔博罗岛之间的海面到晚上时，便停靠在阿尔贝马尔岛的邦克湾。

30日的早晨，达尔文想去散散步。上岸后，一个很大的椭圆形火山口引起了他的注意。那个火山口底部有一个蓝色的浅湖。岛上到处都是灰尘，天气也热得让人窒息，所以达尔文看到浅湖就加快了脚步走过去，贪婪地喝着湖水，可是那水真的很咸。很多灰黑色的大蜥蜴趴在沿岸的悬崖峭壁上，它们的体型看上去有好几米那么长。而在丘岗上，他又发现了另一种蜥蜴，它们身体呈棕褐色，长得很难看，总是跑来跑去。

他看见的第一种蜥蜴，脚上长着鸭子一样的蹼，蜥蜴的尾巴把蹼的边儿压成了扁的。这种蜥蜴擅长游泳，常能游到离岸数百米远的地方。达尔文解剖了这种蜥蜴，发现它们的胃里几乎全是海中的藻类。这种海里的蜥蜴非常普遍，几乎所有岛上都能看到。而后来看到的陆地上的那种蜥蜴，脚趾是分开的，没有蹼，尾巴是圆的。这种蜥蜴在南面和北面的很多岛上是碰不到的，只有在阿尔贝马尔岛、詹姆斯岛、巴林顿岛和英第法替给勃尔岛上才能看到。它们也吃植物，像仙人掌、各种树叶，特别是洋槐树叶（它们能沿着洋槐树干爬到很高的地方）和一种酸的果子。

达尔文的日记还提到詹姆斯岛的情况，他曾和旅伴——“贝格尔”号的医生拜·伊诺访问过这个岛，并在捉乌龟的人那里和渔夫那里过了夜，还吃了乌龟。从他丰富的搜集品判断，他可能到过这个群岛上的所有岛屿或者说几乎所有岛屿。

当地的居民跟达尔文说，乌龟的大小不是他们区别各个岛屿乌龟的标准，那些乌龟还有一些其他的特征。在对加拉帕戈斯群岛上生长的动植物作了分析比较后，达尔文得出了一个很有趣的结论：这个岛上的鸟类、爬虫类、昆虫和其他一些种类的生物，都是当地的“土著居民”，在其他地方看不到这些生物。不同的岛屿之间乌龟的不同特征对其他各类动物都适用，与此同时，尽管560海里的广阔海洋将它们与大陆隔开，但是它们的特征，又使它们和生长在美洲的动物有着明显的种属关系。当然，更切实可信的资料是在回英国后由专家们对搜集品进行整理分析之后提出的。但是，毋庸置疑，他在当时当地就已经看清这些事实了。例如，在当地，他找到了1只特殊的白兀鹫，这种鸟在美洲大陆上十分典型，另外还有1只凤头鸡，3只非常厉害的鹟和1只斑鸠。这些动物都和美洲大陆上的动物有着相似之处，但终归还是有差别。他还发现了一种与美洲的燕子很接近但又有点儿特殊的燕子，另外还有几只美洲所特有的反舌鸫。有几只羽毛艳丽的鸡很有意思，它们属于不同的种类，嘴的形状也各有不同：有的宽得像蜡嘴雀的嘴；中等宽度的像海雀的嘴；有的尖细得像知更鸟的嘴；有的和舍契德雀一类鸟的嘴很相似；有的很像旋木雀的嘴。

所有这些观察对于达尔文发展进化论的观点，都具有非凡的意义。当时的博物学家们持有的观点是，某种“理性因素”提前根据动物和植物要生存的或者将要生存其中的环境创造了它们。如果按照这种观点推断，这些热带岛屿远离大陆，土壤性质相同，生活在其中的动物群和植物群，应该都是一样的，哪怕这些岛屿之间有很远的距离（如佛得角群岛和加拉帕戈斯群岛），也理应相同。但是令达尔文吃惊的是，真实的情况恰恰相反，生活在加拉帕戈斯群岛上的动物群与植物群和佛得角群岛上的并不接近，反而与热带美洲上的形态接近。而佛得角群岛上的动物群和植物群更接近大陆即非洲的。同时，虽然岛屿上的动植物和靠近大陆的动植物有相似之处，但它们还是不同的，岛屿上的动植物有自己一定的特征，使它们和大陆上的区别开来。这就使人们推断出它们产生的根源是相同的，接着人们又得出了物种可变、物种进化的观点。

“生活在加拉帕戈斯群岛上的基本生物为什么又要按照美洲生物的类型创造呢？”——达尔文给自己提出了这样的问题。

1835年，诺拉·巴尔劳将达尔文关于加拉帕戈斯群岛上的反舌鸟的手稿发表了出来，其中写道：

秦卡鸟，这种鸟的外形同智利的秦卡鸟极为接近。它们活泼、好动又很机警，跑得也很快。为了方便啄食居民们挂出来的龟肉干（晒干的龟肉），它们常选择房屋的附近当栖息地。它们的巢是露天的，据说筑得很简单，这种鸟很容易上当，它们的叫声相当好听，其他鸟有的特征它们都有。不过以我看来，它们的叫声或者说是歌声和智利的秦卡鸟还是有区别的。整个岛上这种鸟非常多，房屋和耕地把它们吸引到了地上较高又潮湿的地方。

我从四个大岛上各弄来几只这种鸟，查塔姆岛和阿尔贝马尔岛上弄来的几只看不出有什么不一样，但是另外两个岛上的则有所不同。只有这种鸟每个岛上都有：很难区别它们的习性。

我想起了这样一个事实，根据乌龟躯体的形状、甲壳的轮廓和体形的大小，西班牙人能够推断出各个乌龟是来自哪个岛的。我把看到的岛屿一个接一个地排列起来，分析发现这些岛屿上的动物很有限，只有几类。栖居在这些岛屿上的鸟类在结构上大同小异，它们在自然界聚集的地方也相同。看到这些情况，联想到以前的事情，我很自然地得出这样的结论：它们是同一物种，只不过后来发生了变异。对于这一点，我只能举出一个事实加以论证，那就是人们经常断言，生活在福克兰群岛东岛和西岛的狼形狐存在差别。如果说这种观点能够作为我的佐证的话，这个群岛上的动物就非常值得加以研究，因为这类事实会成为驳倒物种不变观点的证据。

达尔文最早明确关于进化论的观点，就是在这篇文章中。

1835年10月20日，“贝格尔”号离开加拉帕戈斯群岛，开始了长达1200千米的转移，他们要向西航行。幸运的是顺风顺水，天气也很晴朗，所以这次转移并没有什么难度。“贝格尔”号从低群岛穿过，一些地势低的珊瑚岛在这里形成了一些环形，环形内有一些刚刚露出海面的浅水海湾，所以这里也可以叫危险群岛。

11月15日，“贝格尔”号停在了马塔凡湾，也就是说达尔文一行人到了旅行史上有名的塔希提岛。访问过这个岛屿的旅行家们，都很喜欢山脚旁的这个低地，达尔文一样也对此十分赞赏。这个低地有一个静水海湾可以用来停泊船只，而构成静水海湾的那些珊瑚礁同时又能挡住海浪。在这里长得非常好看的热带植物随处可见，像香蕉树、橙子树、椰子树和面包树。那些被开辟出来的空地上则种着参薯、西洋甘薯、甘蔗和菠萝。面包树是塔希提岛独有的热带风景，它们长着漂亮的大叶子，叶子上还有很深的切口。达尔文《日记》中这样写道：“当这些树干粗壮、枝繁叶茂（和英国的栎树有些相似），同时又挂满了营养丰富的累累硕果的树木，大片大片地出现在面前时，谁能不为之惊叹……看着这些美妙的树林，再想到未来它们会带来丰厚的利益，除了赞叹还能说什么。”

岛上的居民留给达尔文的印象也很好。

第二天，将近200个当地人划着小船赶来，把“贝格尔”号围了起来，并且要登上甲板做买卖。早饭后，达尔文到近处的山上去游览，这座山很陡峭，高达600～800米，所以能够清楚地看到邻近的一个被暗礁包围起来的爱米奥岛。

从山上下来，一位当地人正在等待迎接达尔文。这位当地人用香蕉、菠萝、嫩椰子汁来招待达尔文，在如火的阳光下游玩之后，达尔文真的非常饥渴，这种椰子汁真的十分解渴。达尔文同他约定，第二天他要到这个岛最高的地方去，让塔希提人带着他沿提阿乌拉河谷往上走。在各种各样生长茂盛的植物之间，有一条深深的狭谷，狭谷之间是一条河床，达尔文走的道路就顺着河床向前延伸，一路上风景如画，非常赏心悦目。几位向导随身带着一个挂在铁环上面的小渔网，把它放到河水深处，“小渔网就像觅食的水獭，毫不放松地窥视着各个角落和穴洞中的鱼，以便能抓到它们”。后来，他们走到了上游，河流分成几条小支流，像瀑布一样降落下来。这时，塔希提人和达尔文便开始向上爬，他们能凭借的仅是几乎陡直的斜坡上那些稍微突出的部分。他们脚下那些深不可测的山谷，被各种茂盛的植物挡住了，要不是这样的话，恐怕达尔文未必会有勇气向上攀登。

天黑之后，他们就在河岸上宿营，挂满熟香蕉的香蕉树林给他们提供了住房的材料。塔希提人找来一些竹竿、树皮和香蕉叶，很快便造好了一个小屋子，那些枯萎的树叶可以当作被褥。塔希提人用一根木棍的一端在另一根木棍上的孔里钻了几圈，火很快就生成了。他们燃起篝火，烧热了一些石头，然后把牛肉块、鱼肉块、香蕉和欧竽头用叶子包起来，放在这些石头上面，再用土盖好。过了25分钟，丰盛的晚饭就全部烤好了。第二天凌晨，下起了一阵暴雨，但是这几个人因为躲在用芭蕉叶盖的屋顶下，所以没有被淋透。他们沿着陡峭的山坡原路返回。

20日的中午回到了马塔凡。

第二天，“贝格尔”号就起锚驶往新西兰了。太平洋一望无际，“贝格尔”号航行了很长时间。

12月19日，达尔文和旅伴们极目远望，已经看见了新西兰。第二天，“贝格尔”号停靠在北岛的群岛湾。众多的海湾把这个有着柔美外形、山峦起伏的国家切成了一块儿一块儿的。它的近处由蕨类植物占据着统治地位，远处一片片的树林郁郁葱葱。岸上有供传教士及其仆从和工人停留的茅舍。那些粉刷得洁白的小屋子里住的是英国人，而小窝棚里住的是本地人。

达尔文预定第二天对周围地区进行游览，但这次游览可不轻松。因为这里到处都是茂密的蕨类植物和灌木，河流交错再加上很深的海湾，将道路都截断了。这里到处都是过去构筑的工事、台阶和挖的深沟，这种状况在丘陵地带更加严重。在达尔文所处的时期，新工事都被构筑在平坦的地方，主要是两道形状曲折的栅栏，然后再在栅栏外堆起一些土围墙。早在科克舰长航行时期，新西兰人就表现得非常英勇。到了达尔文所处的时期，他们这种英勇精神仍然保存着，而且加进了残忍、粗暴和狡猾。

12月22日晚上，达尔文和菲茨·罗伊有机会在科罗拉季卡这个大村庄内进行了一次闲游。当时有很多犯人被流放到新西兰，那些传教士们对本国同胞的所作所为非常不满，这种不满远远超过了他们对当地人作为的不满。甚至传教士们常常会向当地的领袖请求保护，以免被其他国家的人和英国人欺负。

12月23日，在英国领事布贝和一位新西兰领袖的陪同下，达尔文乘着一条小船，沿着一道小湾，做了一次短途旅行。这次他要去一个叫作惠马特的小地方，那里距离群岛湾有15海里。达尔文深入新西兰各村庄旅行时，都是由这位新西兰的领袖带领的。这里居民们的主要食物是欧洲人运来的马铃薯、蕨类植物根和海滨的软体动物。见面时相互碰鼻子和握手是当地人表示欢迎的礼节。他们的茅屋很脏，就像是露天的牛棚，在这种茅屋里有一堵墙隔开了用来睡觉和保存财物的房间。

这里属于火山土壤，土地肥沃。从前这里长着很多的树木，后来为了开垦把树木都烧光了，在那之后在地面上长起来的蕨类植物都非常茂密。树林里，那些高大的贝壳杉松让达尔文很欣赏。这种松树有着可以延伸10米长的根部，树干能长到7.6米那么高，并且不会有树枝伸出来，上下粗细差不多，光滑得像一根圆柱。新西兰的树林里，很少有鸟飞过，并且根本找不到能通行的路。很多英国人和法国人运进来的欧洲植物长得很好，它们非常霸道，已经开始排挤当地的植物。

12月25日，达尔文就在纳希亚村度过了圣诞节。

第二天，达尔文坐上一只小船，和谢利万、布希贝一起，沿卡瓦河逆流而上，欣赏美丽的风景。后来这三位旅客还寻访了几个村子，并观看了一个当地酋长女儿的葬礼，查看了一些石灰岩（这些石灰岩看上去像是一座古城堡的废墟，但后来被用作了坟地）之后，就于当天回到了舰船上。

12月30日，“贝格尔”号离开了群岛湾，驶往澳大利亚的悉尼。

1836年1月12日，“贝格尔”号抵达澳大利亚，停泊在悉尼海港。晚上，达尔文在这个城市里散步，他感到很高兴。在过去的几十年中，一座崭新的城市真的已经在这里兴起了。在市内，你可以看到许多宽阔的正规街道，还有许多两三层楼那么高的石屋和商店。

和到任何一个地方一样，达尔文在这里也组织了一次深入到内地去的旅行。他雇了一名向导和两匹马，要去巴瑟斯特的村镇，那里从前是一个大畜牧区的中心，距离城区大约有120海里。

达尔文走在一条非常漂亮的石子路上，他走得很快。这条路是靠强迫那些放逐到澳大利亚的苦役犯的劳动而修筑起来的。石子路周围没有什么特别的风景，只有一片稀疏的树林（这些树的树叶垂直地朝着太阳生长，所以没有荫凉）和一片并不怎么茂盛的绿草地。傍晚时分，达尔文遇到了大约20个澳大利亚当地人，他们看起来都很善良，并给达尔文表演了精湛的投掷镖枪的技艺。澳大利亚人比火地人的文化水平要高一些，并且也更聪明一些。虽然他们不种地、没有居所、也不牧羊，过的完全是一种漂泊不定的生活。酒类的输入、欧洲人带来的各种疾病（其中有些病对他们的危害特别大，比如麻疹），被当地人当作主要食物的野生动物遭到捕杀，这些都使得殖民地的土著人数量锐减。后来，达尔文在《考察日记》中这样写道：“只要欧洲人到了，死亡的阴影就立即摧残着当地的居民。”

1月17日，达尔文渡过尼比翁河，很快就来到了蓝山山脚。蓝山是比海滨低地要高的砂岩高地。站在蓝山上往下看，映入眼帘的是一片广阔的森林，风景很好看。那些有着笔直挺立崖壁的山谷尤其漂亮，他们深达四百多米，突然出现在树木的一边，并且谷底长满了茂密的树木。

离开高地后，达尔文穿过芒特·维克托里亚通道，来到了边区的一个养羊场。这里有一片树林，但是树木稀少，不过绿草很茂密。在这里他想捕捉袋鼠，但捉不到，不过抓了一只小家鼠。他看到了一些白鹦鹉和其他种类的鸟。有一点他很满意，就是看到了一会儿在水面上玩耍，一会儿又潜入水中的鸭嘴兽。

达尔文在一个水塘的岸边躺了下来，但脑袋却没有停止思考，他思索着澳大利亚的动物和世界上其他地方的动物那种不同而又奇怪的特性。达尔文的《航行日记》后来由他的孙女出版，当时他是这么记载的：

一个人如果没有宗教信仰，可能会感叹：“这里肯定工作着两种不同的创造者，但是要工作的对象是同一个，在每一场合下，他们的目标完全达到了。”

在澳大利亚，哺乳动物的动物群和世界上其他地方的动物群有很多的区别，除了这些，他还发现了一个例外情况：在自己的脚下，他看到一个圆锥形的深坑。这种坑是典型的蚁狮陷阱。他观察了蚁狮幼虫是怎样捕捉苍蝇和蚂蚁的：当昆虫沿着陷阱的坑壁吃力地向外爬时，蚁狮幼虫就从陷阱的深处射出一股股沙子，流动的沙粒就会把那些昆虫带到自己面前，蚁狮幼虫就能毫不费力地享受美食了。不过这种陷坑可能是当地特有的蚁狮用的，比欧洲一般的陷坑要小一半。达尔文有了深入思考：“对于现在这种状况，不信教的人会怎样说呢？是不是可以这样认为，在此工作的两个创造者，他们同时发明了这种虽然简单但很美观，同时又非常精巧的装置？答案是不可能的。毋庸置疑，只有一只手在创造世界。或许地质学家会推测说，因为是在不同的时期被创造的，这些时期都隔了很长的时间，并且创造者工作的时候偶尔会将其中断。”

这段记载很精彩，同时表明：对于物种起源的问题，达尔文不断地进行着深入的思考。他所了解到的许多事实，动摇了他心中《圣经》上关于上帝创造了世界的说法。他感觉到，自己可能是一个不信教的人了，并且他觉得人们口中的“创造者”有很多滑稽可笑的地方。

1月20日，达尔文继续向前走。天气非常闷热，有风从沙漠里吹来，到处尘土飞扬。这一天他到了旅行的目的地——巴瑟斯特。当时正值干旱，河流里面一滴水都没有，草地变成了棕褐色，那些幼小的果树和葡萄树抵挡不住干旱，都死去了。他回去时，沿途没有什么特别的风景。

1月30日，“贝格尔”号起航，驶向塔斯马尼亚，2月5日时到达目的地。塔斯马尼亚的土著居民曾经拼命地反抗英国人，但后来还是被征服了，并且他们被赶到一个孤岛上生活，很快就全部死在那里了。

他们在塔斯马尼亚停留了10天，达尔文经常出去，不过他主要是去研究当地的地质状况。在自己的笔记中他提到，这里有一座不是很高的山（大约1000米左右），叫惠灵顿山，满山的茂密秀丽的植物，他曾登上过这座山，要从满山的植物中间找条路，是极其困难的。除了高大的桉树外，更让达尔文感到惊讶的是，这里生长的这些茂盛的蕨类植物就像树一样。

3月6日，“贝格尔”号来到了乔治王湾，它位于澳大利亚的最西南角。“贝格尔”号在这里只停了8天。达尔文觉得，这是他旅行期间度过的最无聊的几天。因为这里植物的种类非常单一，而且不多，在这里没有任何观察的意义，这就使得达尔文提不起去附近游玩的兴趣。当地人会举行一种非比寻常的“柯罗别利”舞会，虽然有些粗鲁，但还是使人感到有种当地民族风俗的趣味。

在《考察日记》中，结束澳大利亚的一章时达尔文写道：“澳大利亚，再见了！你虽然还是个小孩子，但正在茁壮地成长。我坚信，总有一天你将会成为南半球的伟大女皇，你的温柔和眷恋已经使你很伟大、很雄心勃勃了，但是你还要加强自己的尊严。离开你的海岸，我不会有任何的惋惜和感伤。”

和其他的环礁一样，许多以环形围绕着礁湖的低矮岛屿构成了它们，环形上有一个足够大的缺口，船可以由此进入内湾。这里的风景，色彩鲜明，非常奇特：礁湖内的水像绿宝石一样的绿，一道雪白色的拍岸激浪环绕着绿水，与波涛汹涌的黑色海洋相互映衬。而一个个小岛上那些整齐的椰子树，则以蓝天为背景。

第二天早晨，“贝格尔”号暂停前进，达尔文从一个岛登岸。一排宽大的珊瑚构成了这个岛海岸外沿的一边。椰子树是这里的主要植物，决定了当地居民们生活的好坏，因为椰子和椰油经常被他们出口到新加坡和毛里求斯岛。有的时候，海浪会带来一些种子或是植物，它们便在这里生长起来。在这里，达尔文进行了仔细的收集，包括大量的蜘蛛和很多昆虫（据他自己计算，收集了13种昆虫），1只蜥蜴、1只沙锥，还有1只麻鹬。各种各样的寄居虾爬来爬去，到处都是，管鼻鹱、热带鸟和燕鸥这些海鸟却在树上落着。

4月3日，达尔文和菲茨·罗伊访问了位于一个岛屿一角的马来亚人的村子。在那里，他们观看了一种望月时举行的半偶像崇拜的仪式，在死人墓上跳的“木勺舞”。

4月6日，他同菲茨·罗伊访问了一个紧靠礁湖入口处的岛屿，还观看了居民们是如何坐着两只小船捕捉海龟的。看到迎风的岸边将凶猛的海浪碰得粉碎，达尔文非常惊讶。在他的日记中，这位年轻的博物学家曾用表情丰富的语言，记述了他当时激动的情绪。现在我们不妨来看一看：

……对于看到这些礁湖岛的外侧海岸的景象时，我总是要感叹它的伟大，我也说不清是什么原因。到底有多少淳朴之处，隐藏在这好似壁垒的岸边、在这茂密的灌木丛和高大的椰树边缘、在那到处都散布着碎块，巨大结实的死珊瑚岩上，最后还有那从四面八方袭来的波涛汹涌的巨浪中。大洋以一个战无不胜、强大无比的敌人的姿态，把自己的波浪抛送到宽阔的珊瑚礁之外，可是，我们看到，要去抵御它还是有方法的，甚至可以用这种方法进攻它，尽管起初看来这种方法好像是软弱无力，起不了什么作用。大洋并没有就此放过珊瑚岩，这些巨大的碎块原来散布在珊瑚礁上面，现在却堆积在这条生长着高大椰子树的海岸上，这足可以证明大洋波流的威力。海洋从来不会安静下来。有一种同一方向的风，永远吹拂在广阔的海平面上。它微弱却从不停歇，这种信风能引起的巨大海浪，掀起了一种十分汹涌强大的波涛，所产生的力量无异于温带地区刮起的一阵大风暴，而且这种波涛会永无休止地咆哮着。看到它们，你会坚定地相信：假如由班岩、花岗岩或者石英岩这些最坚硬的岩石，构成一个岛，那这种难以抵抗的力量也早晚会把它征服、毁灭。可是斗争中的胜利者竟是这些低矮而微小的珊瑚小岛，它们并没被摧毁，依然站在那里。因为在战斗中，出现了另外一种力量帮助它们对抗强大的波涛。浪涛汹涌、泡沫飞溅的波浪，不断地将有机体中的碳酸钙原子分离出来，这种原子又逐渐地形成了一种对称结构。飓风，把它们撕裂成千万块碎片好了！如果和无数个建筑师长年累月、不分昼夜地劳动所积累起来的劳动总和相比，这又有什么意义呢？我们看到，一个水螅虫，它仅有柔软而又有黏液的身体，但是依靠着生命规律的作用，却能战胜巨大的大洋波涛的机械力量。而这种力量，人的技能不能战胜，自然界任何无生命的创造力也不能将其制服。

第二天，达尔文访问了西岛。这里有比其他岛屿更加茂盛的植物，陆地干燥，一种吃食椰子的陆地椰蟹随处可见。根据一位当地居民的讲述，达尔文记录了蟹是如何吃食椰子的。当地有两种蓝绿色的鱼以吃珊瑚为生，他还观察了它们咬破珊瑚的情况，同时观察了许多生活在珊瑚礁中的软体动物。

4月12日的笔记被保留在他的《航行日记》中，就在这一天他们离开了礁湖。在这一天的笔记中，包含了他关于珊瑚礁和环形珊瑚岛起源的著名理论的初稿。他写道：

对于自己已经访问了这些岛屿，我感到很高兴，这些自然界形成的生物，无疑是最稀有的。当我们的肉眼刚看到它们时并不会马上感到惊讶，但是经过一定的思考之后，我们的理智就会使我们为这样的奇迹而惊讶。

当旅行家们向我们讲述某些古迹的结构有多么神奇，体积有多么庞大时，我们会感到惊奇。但是如果同这里的由各种最小的动物堆积形成的物质相比，那些古迹中即使是最大的古迹，也会显得微不足道。这些面积广大的岛屿上的每一个原子组成部分，从最小的微粒（先不问是从哪里来的）到巨大的岩石碎块，都曾遭受过有机物力量的作用。在离海岸一海里远的地方，菲茨·罗伊舰长用了一根约2200米长的绳索测量海的深度，但没有测到底。因此，这个岛应当被看成是一座险峻高山的巅峰。我们根本无从知道珊瑚虫工作的结果延伸到了何种深度或厚度。

另外一种观点认为，由于火山力量的作用，经过一段时间，岛的基底逐渐下沉，制造岩礁的水螅虫是在这个过程中不断加高自己的建筑物的。如果认同这种观点的话，就可以认为，珊瑚石灰石的厚度一定很大。

在太平洋里，我们看到过一些被珊瑚礁包围的岛屿（比如我先前在这本日记中提到的塔希提岛和埃伊梅奥岛），可是这些珊瑚礁被那些大大小小的海峡和静水区隔开，距离海岸很遥远。在这种条件下，珊瑚岩要增长可能受到阻碍的原因是多种多样的。所以，如果我们设想：经过很长时间之后，这样的岛屿要像南美大陆那样，不过与南美大陆方向相反（南美洲呈逐年上升的趋势），下沉若干英尺的话，那么在珊瑚礁的底部将会继续有珊瑚从周围向上生长起来。海水将来会淹没中间的陆地。与此同时珊瑚将完成它那好像围墙一样的建筑。由此推断，那时将会诞生一个环形的珊瑚岛。按这个观点来看，环形珊瑚岛可以被当成一座纪念碑，上面标记着海洋淹没陆地的地方。

4月29日早晨，“贝格尔”号从毛里求斯岛（即法兰西岛）的北端绕了过去。岛沿岸的平原上种着一些碧绿的甘蔗田，甘蔗田后面有些稀疏的小房子。几座尖顶的高山耸立在岛的中心，山顶白云缭绕，山上绿树葱茏。

第二天，达尔文访问了一个城市。这个城市是一个文化中心，法兰西特色鲜明，达尔文对它的印象很好。他对那些歌剧院、大书店等都很感兴趣。在路易港这个城市的大街上，你可以看到被流放来的印度人。

5月2日，达尔文来到城外，立即登上750米高的拇指山。

5月3日，达尔文同斯托克斯一起，来到劳合大尉富丽堂皇的别墅，并在那里住了两天。他们骑着大尉的象走了一段路。达尔文说，他很惊讶，象在走路时不会有一点声音。

从南边绕过马达加斯加后，“贝格尔”号在纳塔尔附近驶抵非洲海岸，航行在非洲海岸附近的非常辽阔的地带。

5月31日，“贝格尔”号停在了四蒙士湾。

第二天，达尔文到了卡普什塔德特，这里距离四蒙士湾20海里。在离卡普什塔德特7海里的地方，他看到了许多幼小的苏格兰云杉林和低矮的橡树林。这些“有一阵阵秋天英国树林的气味散发出来”的云杉林和橡树林，对于怀念祖国的达尔文来说特别诱人。在卡普什塔德特有一条各族人杂居的大路，在这条路上的一个很大的旅馆兼饭店里，达尔文好不容易才找到了一个房间。

6月2日，像往常一样，达尔文登上了附近的一座山，从山顶可以俯瞰这座城市和城市里两旁栽着树木的笔直街道。不久前，这座城市还是由荷兰人管辖的，现在却越来越英国化了。除了英国人和荷兰人以外，城里还有很多法国人、戴着圆锥帽或红头巾的马来西亚人、黑人和“遭受虐待的”果天托特人。这里的四轮车很引人注目，平常我们看到的都是两只犍牛前后一列套着的四轮车，可这里一前一后、4个一列、6个一列和8个一列的都有。紧靠城外有一座桌子山，高达2000米，是一道很独特的风景 。

6月4日，达尔文深入到内地，做了一次路途更长的旅行。他租了两匹马，找到一个年轻的果天托特人兼任侍从、马夫和向导。通过这次旅行，达尔文对非洲南部的植物、土壤、地质构造和某些动物化石群的标本都有了一定的了解。接下来的一周，达尔文都是在卡普什塔德特度过的。在这里，他认识了一些英国人，并且还认识了约翰·赫瑟尔，能认识这个天文学家让达尔文很高兴。在他还是少年时，约翰·赫瑟尔的著作就让他印象深刻。

6月17日，达尔文回到了四蒙士湾。

第二天，“贝格尔”号又开始了它的航行，驶向大海。在《航行日记》中，达尔文写道：“开始时刮大风暴，后来就没有一丝风，我们总是遇到这种不愉快的事。”

6月29日的日记，达尔文是这样记的：“第六次‘贝格尔’号穿过了摩羯座回归线，这也是最后一次了。固定刮信风的地方，我们到的时候却只遇到了微弱的北风，这让我们感到惊讶，也很不高兴。”

7月8日，“贝格尔”号驶达“如一座巨大的黑色城堡般耸立着”的圣赫勒拿岛。达尔文落脚的城市距拿破仑墓不远。但是不要误会，他会选择这里，“并不是因为对这位伟大统帅感兴趣，也不是因为对他很敬仰”，主要是因为“这个地方是岛的中心，方便去任何地方游览”。他住宿的地方有约600米高，气温很低而且经常会有暴风雨。他在这里给自己的朋友汉斯罗教授写信说，他住的小屋子在白云之间，并且与拿破仑墓近在咫尺。接着他说：“看到这里的风雨，就知道什么样的才是真正的暴风骤雨。如果拿破仑的灵魂还在游荡的话，对于他那徘徊游荡着的灵魂来说，这样的夜晚很适合。”在悉尼时，达尔文也曾写信给他说，对于研究自然史的资料，去英属殖民地那些更文明的地方的旅行，能够得到的非常有限，而如果不这样做，就没有兴趣去新的地方游览了。在从圣赫勒拿岛发出的这封信中，流露出了他对祖国的深切怀念。他们在海上航行已经有五年了，所有的人都已经非常疲惫，并且期盼着能回到英国，然而这一天还没有来临。达尔文请汉斯罗帮他做一件事，就是在塞治威克的帮助下让他加入地质学会。

但是，不要以为我们这位博物学家从此就削弱了他游览收集的活动。他们在圣赫勒拿岛停留了四天，每天他从早到晚都在岛上游览，观察这个岛的地质构造。一个头发花白的混血种人为他当向导，这个人从前是奴隶，在圣赫勒拿岛转归英国的过程中获得解放。达尔文注意到，这个岛上百分之九十以上的植物都是从英国运来的。但是这里很少有鸟和昆虫，英国人只运来了一些鹧鸪和野鸡。他们关于保护野鸟的法令，使达尔文很愤怒，因为那些法令破坏了当地人的利益。这里的悬崖峭壁上有一种草，将其燃烧后得到的草灰中能提取出苏打。可是这种副业是不被允许的，理由是：要留着那些草给鹧鸪筑巢！

16世纪初有些山羊和野猪被运到这个岛上来，它们的繁殖能力很强，这里原有的森林很快被彻底毁灭了。这种事情也发生在了陆地上的软体动物身上，在土壤中，达尔文发现了八种陆生软体动物的空壳。这些软体动物已经找不到活的了，随着森林的毁灭它们也一起灭绝了。

“贝格尔”号又要起程了，所以达尔文不得不在7月14日回到船上，他很想到圣赫勒拿岛的各个山上和悬崖峭壁处去游历一番，所以达尔文很不高兴。

7月19日，“贝格尔”号到达亚森松岛。这个岛被高低不平的黑色熔岩覆盖着，地面上最高大的是一座“绿色”山丘，这座山丘被一个个鲜红的圆锥形山丘围绕着。

第二天早晨，达尔文当然首先要登上这个海拔800米的山丘。在这些荒漠山丘当中，长青草的地方很少，那些长青草的地方就放牧有绵羊、山羊、牛和马。达尔文发现，在这里，体型比一般老鼠小的家鼠有很多。为了消灭各种老鼠，曾有一些猫被运来。但是猫繁殖得太快了，后来反而成了一种真正的祸患。

在亚森松岛，达尔文收到了一封家信，是从施鲁斯伯里寄来的，看到这封信他很高兴。在信中，他的妹妹凯瑟琳说，在施鲁斯伯里，地质学家塞治威克曾去见父亲。他对父亲说，在科学界，达尔文将占有重要的位置。但事实上，在此之前达尔文和塞治威克并没通过信，所以起初他可能不明白，塞治威克是怎么知道他在做什么和他旅行期间的工作状况的。但是在前文中我们已经谈到了剑桥哲学学会和伦敦地质学会开会的事情。在那些会上，达尔文给汉斯罗的信曾几次被摘要宣读。另外，达尔文的收集工作非常了不起，他的那些南美古生物化石也使古生物学家们对他非常地注意。无论如何，受到像塞治威克这样一个大地质学家的赞扬，达尔文是不可能不感到愉快的。毫无疑问，达尔文的性格中也曾有过一种虚荣心，尽管这种虚荣心到后来被他清醒的头脑克制住了。由于这种清醒的头脑，他很少关心公众的看法，而只在乎他尊重的那些人的意见。但是这时的达尔文还很年轻，读了这封信之后，他大受鼓舞，“欢快地登上了亚森松岛的各座山”，用他的小锤子“敲打着火山的岩壁，那声音就好像是胜利的响声”。在地质方面，他在这里发现了大量“火山弹”并且知道了这种“火山弹”的多孔构造是如何形成的。

现在只要经过佛得角群岛就可以直接驶往英国了。然而，当舰长菲茨·罗伊下令又向巴西驶去时，可想而知，军官们和达尔文会是多么失望！原来，“贝格尔”号的材料中记载的经度确定有些地方矛盾。菲茨·罗伊认为，应该把这些矛盾解开之后，再回英国。

8月1日，“贝格尔”号又来到了巴伊亚。过去，达尔文怎么也没想到，还会有机会再来到这里。在刚开始旅行时，这个美丽的城市和它的近郊，曾使达尔文十分赞赏。但是现在它完全失去了新奇的魅力，再加上那些美丽的红树林已经被砍光了，过去是它们增加了风景的鲜艳之色。在给姐姐苏珊娜的信中，他写道：“最近四年来，我那宝贵的热情消减了很多。现在走过巴西树林时，我已经十分冷静了。这并不是因为它不再美丽，而是我已经不再进行探寻，从比较中作研究了。现在，我倒是在用英国的七叶树和匀称的红树林加以对比。”尽管如此，热带风景的那些特点依然存在，所以在巴伊亚停留的四天中，作为旅行家，达尔文长途游玩时，不去表达这些热带风景给他的印象和感受，是做不到的：

我在头脑里来回搜索着，想要找一个形容词，来把我的感受传达给那些没有来到过热带的人，但和我的愉快心情相比，这些词显得那么苍白无力。这个国家就是一个巨大的、野生的、没有人为痕迹的、色彩斑斓的温室花房。大自然为自己创造了这个花房，但人类却占有了它……任何一个热爱大自然的人都有一个梦想，就是有这个可能，想去另一个行星看看风景，这该是多么伟大的愿望啊！但现实是，对于我们这些欧洲人来说，只要从他们的家乡跨出几个经度，就可以欣赏到另一个世界的美景。

8月6日，“贝格尔”号向海上进发，直接驶向佛得角群岛，可不幸的是船又遇到了逆风，前进受到阻碍。

8月12日，达尔文他们的船驶进了伯南布哥湾，这个城市位于南纬8° 处，是巴西海岸上的一座大城市，它建在一个平坦又有沼泽的地方。当时正值雨季，雨水成灾，把这座城市的周围都淹没了，所以达尔文没办法进行长途旅行了。在这里，他的研究只限于形成海湾的礁脉，并指出了一些小的软体虫等有生命的海洋机体活动的意义。

8月19日，“贝格尔”号终于结束了对巴西的访问。在结束的这一刻，达

尔文对奴隶制度作出了淋漓尽致的评论：

谢天谢地，我再也不想去一个有奴隶制度的国家了。就算到今天，只要让我听到远处传来的尖叫声，就会勾起我经过伯南布哥附近的一所房屋时的痛苦感受：当时房屋里传来的那一阵阵凄惨的呻吟声，不由得使我猜想，一定是某个可怜的奴隶在遭受严刑拷打。可是我知道，就像个小孩子一样，我是完全无能为力的，我的抗议起不了任何作用……

“贝格尔”号在返回英国的路途中颠簸得很厉害，使得达尔文因晕船而感到非常难受。这时他只能安慰自己，这是最后一次航行，马上就要到英国了。

8月31日，“贝格尔”号驶到了普拉亚港，并在这里停泊了四天。这里刚下了几场雨，小草萌发出了新芽，波巴布树绿叶葱茏。

9月4日晚上，“大家都很兴奋，说：‘圣地亚哥山，再见！’”这句话在旅行开始时，达尔文曾以赞叹的口吻说过。

9月20日，“贝格尔”号驶抵亚速尔群岛，开始了为期六天的停靠。晚上，全体“贝格尔”号成员上岸，访问了一个坐落在捷尔谢伊尔岛上，名叫安格拉的小城市，这个城市有一万名居民。

21日，一名向导带领着达尔文到这个岛的中心做了一次旅行。那里有一座被人们说成是活火山的山。在达尔文看来，那里的风景、植物、昆虫和鸟类与威尔士山上的一个地方很相似。达尔文来到了一个叫作火山口的地方，火山口的裂缝中喷出热气来，并对周围的岩石和熔岩产生了一定的影响。如果地下的力量发作起来，就会爆发地震。让达尔文惊讶的是，这个岛上的葡萄牙居民整洁、漂亮并且很迷人。

22日，达尔文游览了普拉亚市。因为地震，这个曾经的大城市被毁灭了，后来变成了一个微不足道的小地方。

24日，“贝格尔”号停泊在圣米卡埃尔的西岸。这个岛屿人烟稠密，居民们把水果，主要是橙子输出英国。从这里，“贝格尔”号要起航直接回英国了。

1836年10月2日，“贝格尔”号在法尔茅斯抛了锚。当达尔文看到英国海岸时，感到惊讶，因为他承认，看到它并没有使他感到温暖，同时也很惭愧，英国的海岸还比不上一个微不足道的葡萄牙村庄。那天夜里，尽管可怕的暴风雨肆虐，他还是乘着邮政马车急切地赶往施鲁斯伯里。他长达五年的大规模旅行告一段落了。

第九章　返回英国的最初两年

长时间的晕船几乎要了达尔文半条命，再加上在邮车上日夜颠簸，达尔文上路的第一天自然是疲惫至极。但是，当离故乡的城市越来越近时，英国的田野、菜园和森林使他精神倍增。

10月4日，夜里很晚的时候，达尔文回到了施鲁斯伯里。为了不在晚上惊动亲人，他就先找了一家旅店住下了。第二天，到了快吃早饭的时间，他来到了芒特。他看到父亲和姐妹跟他离开时的样子相比，没什么变化，他们都很健康。只有父亲，在过去的五年里，变得有些衰老了。父亲现在为他的儿子感到骄傲，满意地打量着儿子高高的个子，高兴地对女儿们喊道："看看，他的头型完全变了！"姐妹们可不这么看，在她们眼里他仍然是那个可爱善良的兄弟，和从前一样看她们的眼光满含深情。但是，其实父亲说得很对。五年的旅行生活使达尔文发生了很大的变化。现在他成熟了许多，已经习惯于精神饱满地进行劳动和观察，并知道如何运用自己的体力和思考能力，可以按照自己的意志做事，并且对于自己提出的地质方面的科学问题能够予以解决了。

旅行中的纪律和孜孜不倦的精神马上就体现了出来。旅行过程中，他每到一个新地方就会在第二天登上山顶，去观察这个新地方，并着手搜集材料。这种行为形成了一种惯性，现在，回到施鲁斯伯里也是这样，第二天他就开始攀登自己的"山顶"，从那里他可以清楚地观察自己将要活动的地方。他收集的那些东西，要按照专家的要求进行分类、加工；在"贝格尔"号上的旅行要作报告；那些在他头脑中形成的一系列的像火山岛的地质、南美洲的地质、珊瑚礁的理论要写成地质著作；还要解决加拉帕戈斯群岛上的生物分布的“物种”问题；在旅途中，连同详细的材料一起分批寄回施鲁斯伯里的《旅行日记》要准备出版。在达尔文眼里，他忠诚的、始终不渝的朋友汉斯罗，就好像是这样的“山顶”，从他那里一切都可以一览无遗。在旅行结束时，达尔文曾写信给汉斯罗，开玩笑地称呼他为“首席海军大臣”，现在他必须尽快地向自己的“首席海军大臣”自我介绍一番。达尔文想要和汉斯罗面谈，因为他知道，在他的一切创新中汉斯罗都能给他出最好的主意，而且还会提供帮助。

虽然达尔文自称“与阔别多年的亲人见面，使他兴奋得几乎昏了头”，但“第二天”，他真的给汉斯罗写了封信，问他是否在剑桥。也是那一天，达尔文也给朝夕相处多年的舰长写了一封信，用的全是最亲热的词，他告诉舰长，为了对自己的回归表示欢迎和庆祝，仆人们都喝得很痛快。

达尔文要展开具体工作了，为了进一步整理、确定，一开始就要把搜集品分类，这不是一件很容易的事。

达尔文的好朋友赖尔劝他，地质学部分要自己研究；他的老朋友、时任伦敦大学教授的格兰特准备研究他带来的珊瑚；有人提出，解剖一些用酒精浸制的动物，解剖学家和古生物学家奥温不反对这样做；还有一些博物学家不参加，像昆虫学家雅瑞尔这样的人，就在忙其他工作。如何处理达尔文带回来的这些搜集品，众人有不同的意见，但开始谁也没想到成立一个专门研究小组。

汉斯罗建议达尔文，把动物的各科分配给剑桥的博物学家。研究这些搜集品是达尔文的首要任务，在剑桥享有崇高威望的汉斯罗给了他不少帮助。达尔文很不喜欢伦敦，也不喜欢伦敦的那些动物学家（他在出席动物学会的一次会议时，看到与会者相互间进行激烈的攻击，攻击的言辞极不符合他们的身份……）。但为了工作，在汉斯罗的提议下，他打算去剑桥工作几个月，和那些教授以及专家们对旅行期间搜集的动物资料进行研究。

10月底，他从“贝格尔”号上卸下自己的东西和搜集品，运往剑桥。达尔文在伦敦结识了一些大博物学家，其中，赖尔对达尔文的计划非常关心，表现得也最热情，他对达尔文带回的东西极感兴趣。

赖尔之所以这么关心达尔文，和他自身的经历有关。他的地质学思想在传播并被人接受是一个艰难的过程，英国的那些老地质学家们当时对他极为仇视。他之所以如此对达尔文，估计就是怕他和自己一样，遭到众人的反对。

达尔文对赖尔的地质学思想很是赞赏，但在地质学方面，达尔文准备超过他的这位老师。

达尔文旅行即将归来的那段时间，赖尔就急不可耐地等待着。虽然赖尔有的观点有些错误，但达尔文对赖尔的评价很高，可以说赖尔是达尔文的地质学思想和生物学思想方面的启蒙老师。他们彼此之间是互相需要的。后来，两人见面之后，都很高兴，很快就成了朋友。不久，达尔文相继被选为地质学会会员、动物学会会员。

在去剑桥之前，达尔文在11月的时候来到梅尔的维茨沃德家。那里的人们已经知道他现在名声大振，都在等待着他的到来，一些亲戚也被邀请来“看他”。艾玛很想听查理讲述旅行的情况，不过，她又担心和查理的对话没有多少共同语言，会惹得查理不高兴。其实，她完全没有必要担心，来看查理的人不停地向他问这问那，查理一直在非常亲切地回答。姐姐卡罗莉娜高兴地看着自己的弟弟，弟弟出息了，她也感到很骄傲。期间，还谈论到达尔文的日记。他的姐妹们知道，在旅行期间，达尔文把日记和信件以及科学札记一起分批寄往家中。菲茨·罗伊建议说，把达尔文的日记和自己的日记合在一起，作为一本完整的游记出版。姐妹们和艾玛坚决不同意，坚持把达尔文的日记同菲茨·罗伊的分开出版。

1836年12月10日，达尔文来到剑桥。汉斯罗热情地接待了他，并让他住在家里。后来，达尔文在外面租了个单间。他想在剑桥检查完他的地质搜集品，所以在这里待了很长时间，此外，他还忙里偷闲，致力于创作《一个博物学家的考察日记》。

每天晚上，有一些好朋友来他这里聚集，这也在一定程度上妨碍了他的工作。丰盛的宴会和其他的诱惑使剑桥成为一个不能静下心来工作的地方。

这年冬天，他作了几个报告。在地质学会上，作《关于智利海岸新的上升》的简短报告；在动物学会上，作了《关于美洲鸵鸟》的简短报告。

1837年3月6日，达尔文来到伦敦，在大马尔勃罗大街一直住到9月。在这期间，他主要是对《日记》进行了整理。他在旅行期间已经对《日记》做过认真的修改，所以这次整理《日记》的速度很快。

达尔文在日记中所遵循的是地理顺序，而不是时间顺序；为了让读者更容易理解，他把注意力放到对访问国的描写上。这种描写主要包括四个部分：地质考察、风景描写、动物的生活方式以及个人印象。

达尔文整理《日记》时，加拉帕戈斯群岛留给他的印象经常出现在他的脑海里。关于物种起源这个非常复杂的问题该如何研究呢？在这个问题上，他决定向赖尔学习。他广泛地搜集主要与人工培育的品种有关的事实，研究一些相关著作，同有经验的畜牧家和植物栽培学家保持联系，搜集与动植物的变异现象有某种关系的事实。做了以上的工作后，他开始写作第一本关于物种问题的笔记。

达尔文在这期间还作了两个地质报告，均受到地质界的赞扬。一个是《关于南美的巨漂砾》的报告，另一个是《关于地震》的报告。他现在要整理笔记、写作、作报告……以前从来没有这样忙过。有些事他也想去做，但这样的话留给他从事其他工作的时间就少了。达尔文最想回家和他亲爱的父亲以及姐妹们生活在一起，但他现在忙得连回家的机会都很少。

查理在伦敦的时候，在赖尔的帮助下，他对《在“贝格尔”号上航行期间的动物学》一书搜集的材料进行分类整理。这本书应当根据准备情况出版成一些单独的论文或篇章，以使作者不至于相互阻碍。

雕刻《在“贝格尔”号上航行期间的动物学》一文中的统计表和插图要花不少钱，达尔文为了得到政府的补助金，向林纳学会保证说，他发表的研究成果一定是有意义的。财政大臣接受了他的请求，拨给他1000英镑，并要求他合理地使用这些钱。

达尔文不喜欢伦敦这个烟雾迷漫的地方，一个人生活在这里，就意味着要失去一部分生活乐趣。散步是达尔文最喜欢的活动，但在这个大城市里，他根本找不到接近大自然的地方。更严重的是，在1837年秋天，不停的工作影响了他的健康，并导致其生病。其病状是：消化不良、头晕、眼花和易受刺激，这次他过了很长时间才痊愈。

关于达尔文的病因有几种不同的看法：第一，达尔文的儿子弗朗西斯认为，达尔文的病是由于先天体质虚弱造成的；第二，有些医生认为，达尔文患的是“神经官能症”或“慢性神经衰弱”；第三，达尔文的父亲认为，达尔文身体内有“体外病原体”，是病原体的原因。当时的医学条件不高，查不出所有的病因。不过，我们认为，达尔文父亲的看法可能性最大。后来，达尔文每逢体质减弱就感到非常难受，并成了惯例，这说明，他的身体里可能真的有病原。

达尔文回到施鲁斯伯里和梅尔，休息了一个月，还去拜访了福克斯。在梅尔期间，他首次考察了蚯蚓，并对蚯蚓对于土壤形成的作用进行了研究。随后，在地质学会，他作了一个《关于腐植土在蚯蚓作用下的形成》的报告。

从航行期间一直到航行后的最初几年这段时间，达尔文首先是一个广义上的“博物学家”，但在地质学方面，他用的时间最多。从航行中，他带回了许多这方面的新东西；所以在短时间内，他才能作很多不同的、饶有兴趣的报告。

这个在地质学方面崭露头角的巨人，渐渐引起地质学会的重视。地质学会邀请达尔文担任学会的秘书，在很长时间内，达尔文都没有答应，他推说自己在地质方面能力不足。其实达尔文是怕秘书工作浪费他的时间，他正准备赶着写作。一直到1838年2月16日，他才接受了这份秘书工作。

在他担任秘书以前，他的《日记》即将出版。收到校样时，他很生气，校样中印错了许多字；但是，当他看到光滑的纸张和清晰的印刷物时，就高兴了起来。达尔文在旅行之前，怎么也没想到自己会成为作家；不过旅行之后，他毫不怀疑自己会成为作家。在外面旅行了五年，把这些经历写出来是最好的方法。

达尔文不打算再用“日记”为书命名。1839年，该书第一版是以这样的形式出版的：《皇家军舰“冒险”号和“贝格尔”号的勘测航行记》第三卷。达尔文的《日记》是几卷书中的一部分，全套书写的是这两只军舰对南美南岸的调查和“贝格尔”号环球航行的情况。同年，科尔伯重新出版了达尔文的《日记》，取消了第一版的书名，改标题为：《在舰长菲茨·罗伊的率领下，

"贝格尔"号对访问各国的地质学和自然史的考察日记（1832～1836）——查理·达尔文（科学硕士、皇家协会会员、地质学会秘书）》。

1837年冬至1838年期间，达尔文开始考虑他在"贝格尔"号旅行时所搜集的动物学和地质学方面的材料。从福克斯那里，达尔文知道了某些动物杂交的情况，便写信给福克斯说，有朝一日，自己一定能"在物种和变种这一最复杂的课目中"有所成就。

在动物的笔记记载中，达尔文曾提到绝灭的动物和现代的动物种类之间是有联系的，是繁殖在联系着它们。他在笔记中写道："如果不改变，它们就会绝灭；物种想不灭亡，只能靠产生出其他的物种。金莱茵特苹果，就是用种子进行繁殖，便可以继续存在，否则的话，就会全部绝灭"。

"金莱茵特苹果"是英国苹果的一个品种，它具有无性繁殖的能力。关于果树品种的永久性问题，著名的植物栽培学家怀特提出了这样的观点：最近几个世纪以来，靠嫁接来繁殖的品种（包括"金莱茵特苹果"）正在绝种；用种子进行繁殖才可以使它们不至于绝灭。达尔文说："如果在条件发生变化的情况下，一些物种如果不发生变化，那就会绝灭，像无性繁殖而无变化的'金莱茵特苹果'一样；相反，如果'金莱茵特苹果'用种子进行繁殖的话，它们就不会彻底灭亡，因为它的物种发生了变异，也就是说产生出了其他的物种。"

地理扩展是现实中的问题，这也为达尔文提供了进化的说明。为什么在某些地区，只存在某些动物，原因是什么呢？为什么袋鼠在澳洲，而羚羊在非洲呢？因为"袋鼠的祖先在澳洲，而羚羊的共同祖先在非洲"。这些都让达尔文考虑到这样一个问题：现代的贫齿动物和绝灭的贫齿动物之间的种属问题。关于这个问题，达尔文的笔记中有记载："南美洲的大懒兽和现在已经绝灭的犰狳是有血缘关系的。"但是它们绝灭之后，是不是会留下后代呢？这个在他的笔记中也有说明："物种的情况就是如果个体不能繁殖，就没有后代。"他还用马做了例证：在南美洲，古生的马留下了后代，就是现在的斑马；而马在北美洲却已经绝灭了，没有留下后代。

为什么会绝灭呢？达尔文在笔记中也有提到："至于说到物种的绝灭，

我认为是由于不适应环境造成的。处在有利的条件下，加拉帕戈斯群岛上的反舌鸫大量地繁殖起来；在另一种情况下，鸵鸟的适应性很差，因而必将绝灭。”

达尔文这个博物学家当然知道人是由动物进化来的，但他并没有因此而喜欢野生动物或家养动物，这和赖尔一样，也不喜欢动物，甚至对动物会产生某种厌恶的情感。

对于所有生物的历史发展，达尔文都试图用进化论去说明。在对进化论进行总结的时候，他不禁想到了物理学和天文学方面的情况，物理学中的“万有引力”，天文学中的星球是按一定的轨道运行的，这两个观点刚被提出时都遭到了反对，他感觉对于自己的理论也一定会出现反对意见。

这时的达尔文对进化已经没有了丝毫怀疑，他认为，研究生物的适应性以及生物的性质、构成和本能，才能弄清进化的原因。达尔文想，如果自己的理论成功，将对科学的进步和发展具有重要意义。达尔文这样写道：“这个理论出现后，将会引发对本能、遗传、智力遗传以及整个形而上学的研究，也将引发对杂交、再生、变化原因的详细考察；之所以研究以上问题，就是为了弄清我们是从哪里来的、向何处发展。”

1838年上半年，达尔文正忙着对旅行期间所从事的动物学和地质学进行总结。这时，身体不适的他决定去剑桥休息一下，到自己的朋友那里住几天。晚上，他住在汉斯罗那里，同往常一样，汉斯罗那里聚集了很多人。借此机会，达尔文拜访了地质学家塞治威克，认识了教阿拉伯语和犹太语的李教授。

在剑桥的休息效果很好，达尔文恢复了健康。于是，他决定从格拉斯哥出发到苏格兰去游览一番。在英威涅斯山谷，他研究了罗埃河谷的阶地。这里的天气比令人讨厌的伦敦好多了，那里还有美丽的晚霞。欣赏着苏格兰的大自然景观，达尔文感到特别愉快。

这年夏天，达尔文回到伦敦。关于这些阶地，他在伦敦皇家学会的《会报》上发表了一篇论文。后经证实，这篇文章最后的结论是错误的。后来，对自己在这篇文章内所犯的错误，达尔文一直感到羞愧。对他来说，这篇文章也是一个教训，让他知道，任何时候都不能在结论中利用排他的方法。关于罗埃河谷的阶地，劳格、迪克和马卡洛克认为是一些湖泊的沉积物，一些山岩和冲积层构成的堤坝形成了这些湖泊。而达尔文认为不是这样，他认为是海的活动形成了这些阶地，并用冰川块构成的堤坝对此作了说明。

7月份的下半月，游览回来的达尔文路过施鲁斯伯里和梅尔，在这里住了几天，又回到伦敦。

在罗埃河谷旅行之后，从巴黎旅行回来的艾玛·维茨沃德和他的妹妹凯瑟琳来看望他。

达尔文下半年开始写珊瑚礁一书。他跟赖尔学了一套新的作息时间：工作两小时—出去转一圈—再工作两小时。而不是像以前一样，一次坐半天都不动。

赖尔曾带他去一个叫“雅典神殿”的俱乐部，这里有他很感兴趣的科学协会会员。这段时间，达尔文经常在午饭后来这里。

1838年10月，达尔文阅读了马尔萨斯的《人口论》。在这本书中，马尔萨斯说人是按几何级数（如2、4、8、16、32、64……）增长的，而人的生活资料，则是按算术级数（如2、4、6、8、10、12……）增加的。马尔萨斯关于人增长的思想，被达尔文直接应用于动物和植物上，达尔文没有注意到，马尔萨斯的理论只适合按几何级数增长的人类，而不能应用于植物和动物。

他从马尔萨斯那里得到了鼓励，脑海里开始有“物竞天择”的影子。其实，在他的脑海里，适者能被保存的想法早就出现过，在谈论关于鸵鸟的绝灭时，他就这样说过。不过，马尔萨斯的理论在这一时期鼓励了他，让他的这个想法慢慢成形。

达尔文开始的经历就是这样：乘“贝格尔”号旅行；把航行时获得的博物学成果运回来，让专家们对这些搜集品进行分类整理并研究；出版旅行时写下的《考察日记》；通过在地质学会作报告，把自己的研究成果介绍给大家；有的时候，会有意识地搜集和记录关于物种起源的问题。

第十章　伦敦四年

达尔文的工作还算顺利，期间，由于前往剑桥、施鲁斯伯里和梅尔旅行，而有所中断。可是，伦敦的生活让他很不满意，因为他时常感到孤独。他突然很想有个家。

达尔文的这段经历，在他女儿——亨利埃塔·利奇菲尔德给母亲写的传记里有所体现。在这个传记里，她向读者展现了父亲的一段心理独白。1837年，达尔文在一张小纸片上信手写下了自己的想法，时隔多年，他的女儿为我们翻开了这段尘封的记忆。

首先，他在纸片上罗列了婚姻的利弊。在他看来，有利的因素有：孩子，老年伴侣，有音乐的家庭气氛，跟一个女人促膝长谈。而不利的方面是：因为孩子过多，必须花费很多精力去养家糊口；由于拥有家室，会给社交活动带来困难。

接着，他又想到：若是没有知心朋友，事业再成功也是徒劳，若是一个老年人没有妻儿环绕膝下，他的晚景一定很凄凉。于是，他的结论出来了——我不要做一只没有性别的工蜂，只知道劳作，孤独地度过此生，那种场景太可怕了！不一会儿，他的脑海里显现出另一种境况：沙发上，坐着一位殷勤温柔的妻子，家庭气氛相当和睦，房间里摆着很多书籍，还播放着柔和的音乐。

此刻，他在大马尔勃罗街的生存状况与这种温馨一比，简直存在着天堂和地狱的差别！

结婚！对！要结婚！他坚定了自己的信念。

这个美好的憧憬，在1838年年底实现了。当时，达尔文已经29岁了。

11月11日对达尔文而言，是个值得纪念的日子。因为，他向家住梅尔的表姐——艾玛·维茨沃德求婚，并得到了许可。据许多书信证明，他们的结合，得到了来自于施鲁斯伯里芒特和梅尔两个家庭的祝福。达尔文的舅舅——乔斯，很早就独具慧眼，发现了达尔文的天分，并且打心眼里喜欢他，因此把女儿嫁给他，他们全家都十分满意。而且，这两家的关系原本就很密切。因为，不久之前，艾玛的哥哥和查理的姐姐卡罗莉娜，刚刚度完蜜月。现在，则更加密切了。赖尔夫妇和查理一同分享了他的喜悦，近段时间，他们相处得很好。

查理曾在书信里跟未婚妻写道：

此刻，我感到幸福无比。您非常善良。离开梅尔以后，我还没有正式向您表达感激之情呢！我常常在想，我一定要做一个优秀的人，只有那样才能配得上您。您一直在梅尔生活，在那里有您的家人和许多亲密的伙伴陪同。我们这里的夜晚有些安静，您可能会不习惯，会觉得枯燥乏味……我父亲一再跟我强调乔斯舅舅的话："娶到她，是你的幸运。"……亲爱的艾玛，请伸出您的双手，我将怀着极其温顺而感激的心情，去亲吻它们。我的幸福之杯里，充满了对您的感情。现在，我最大的心愿就是成为能匹配您的人。

而艾玛对于达尔文的情感，则体现在她写给姨母西斯蒙迪夫人的书信里：

当您问及查理·达尔文的为人时，我只是草草做了描述。对于他的一些优点，我很少透露。因为我害怕引起您的怀疑……上星期四，他陪着姨母范妮又回到了梅尔。星期日，他向我求了婚，我完全没有想到他会这么做。我一直以为，我们会继续保持多年的友谊，从来没有往婚姻方面考虑。

我觉得很难为情，但内心里很幸福。当时，家里来了许多客人，只有父亲、伊丽莎白、卡罗莉娜知道这件事。亲爱的爸爸，他简直高兴坏了，还流下了幸福的眼泪。您也知道，他一直很看重查理……晚上，我和查理来到爸爸的房间，汉斯利（艾玛的哥哥）也在那儿，我们谈了很久；说着说着，我肚子饿了。汉斯利去厨房给我们拿了一些吃的，还特意做了一盘精美小菜……

查理是个很坦然的人，他从不说谎，他说的每一句话都体现了其内心的真实想法。他人缘很好，在自己的父亲和姐妹们面前，总是彬彬有礼。他的性格也很温和……还有一点，我觉得很欣慰，他很有上进心……

现在，我感觉，自己的生活里时刻洋溢着幸福。查理很喜欢梅尔。我看得出来，只要有机会，他愿意回到农村……在喝酒的问题上，我跟姨母萨拉不同，我没有那么多的忌讳。不过，查理不饮酒。不管怎么说，这不是什么坏事。这次订婚，我原本不打算告诉您。但是，这是我生命里的一次重要转折，作为长辈，您有权知晓……经过一段时间的休养，我动身去做礼拜，可是，我发现自己心不在焉，所以走到半途，又折返了。

由于感情的介入，在这一时期，查理稍稍偏离了学术研究。尽管在每天清晨他还会写作南美洲鸟类的生物学，但是，这项工作时常被打断。结婚之前，他必须找到一处合适的出租屋，作为婚后的住所。对于此事，赖尔夫妇也非常关心。

后来，艾玛去了伦敦，她陪同查理去找房子。有时，他们也会去看戏。最终，他们在高尔街找到了一处满意的房子。房子漆得很漂亮。那是一座老房子，房前有一个小花园，也是这个原因，令他们最终下定了决心。

1839年1月29日，这对年轻人在梅尔举行了婚礼。没过多久，他们就去了伦敦。从艾玛的书信来看，她在婚后立即担负起了主妇的重担，并且完全胜任。新婚时期，查理夫妇花费了大量时间忙于迎来送往。客人到访时，查理夫妇总是很热情地招待，而查理看起来格外兴奋。

扎德教授是这样描述查理的："去做客时，我完全被主人的热情吸引了。他很亲切，就算是很短时间的接触，你也会对他产生好感。刚见面时，他真诚地跟你握手，告别时，他温柔地抚摸你的手掌，用挽留的眼光看着你。整个来访期间，他脸上始终挂着笑……"

新婚过后，达尔文和妻子就很少参加社交活动，他们的生活日渐平静，甚至开始深居简出。可是，不幸的事情还是发生了，达尔文的身体状况每况愈下，他只好前往梅尔和施鲁斯伯里长期休养。1839年年底，达尔文有了一个儿子。他非常喜欢孩子，经常坐下来观察这个小生命。他对孩子的喜爱程度，连他自己都有些吃惊。后来，那些观察成果，都体现在了《论感觉的表现》一书里。

另外，他还在继续整理一些地质论文。因为身体的原因，诸如《珊瑚礁》和《南美洲的巨漂砾和冰川》的整理工作，总是时断时续。可他，就是一个如此坚韧的人。这期间，他去地质学会作过报告，发表了《关于某些火山现象之间的联系》的演说，还完成了《“贝格尔”号动物学》一书中有关鸟类部分的研究。

很长时间，达尔文一直都把精力放在物种和变种的研究工作上。后来，他才逐步转向研究资料和思考理论。1841年1月，达尔文写信给福克斯（一位经验丰富的养禽家）请求他的帮助，书信的内容大致是这样的：

就算您只提供一些最微小的资料，对我而言，都是弥足珍贵的。如果您那里有杂交的非洲猫，或者是杂交的鸽、鸡、鸭，要死去的话，请把它们的尸体装在一个小盒子里寄来，我需要它们的骨骼。对我而言，这些东西比任何鹿腿或最好的乌龟都更有价值。

1841年年初，他的《珊瑚礁的构造和分布》问世了。在这部著作中，达尔文的写作方法，完全有别于其他著作。

其一，基于对研究对象所有细节的了解，著作涉及的内容相当广泛；其二，著作具有高度的概括性：他努力寻求一些规律，以便这些规律可以最恰当地反映被考察对象的特征；其三，认真对待研究过程中出现的困难。在难题出现之前，他就想办法去克服，还专门对它们加以解释，避免读者产生质疑；其四，从各个学科着眼进行研究考察。因此，在著作里处处体现出他的博学多才。他不仅在地质学和地貌学上有很深的造诣，而且还擅长动物学。在写作时，他通过潜移默化让读者对他的观点心悦诚服。尽管他所探索的问题还存在着很多分歧，其中还有一些枝节有些晦涩难懂，但是，他的观点说服力很强。

同时，这部著作的创作也体现了达尔文坚毅的品质——他毫不避讳研究对象的难点，并能坚持自己的观点，而且对于观点中的漏洞也决不掩饰。因为他相信一点：从多方着眼而取得的证据，最终会指向一个相同的结论。

在第一章里，达尔文研究了环形岛和珊瑚岛。在此之前，关于这些岛屿的起源问题存在着争议，甚至还出现过错误的、虚构的假设。在著作里，他将自己已经研究过的环形岛——基林，作了一番描绘。就珊瑚岛问题，他探讨了暗礁外缘的珊瑚，围成礁湖的珊瑚式的藻类地带、礁湖本身、礁湖底层的沉积物以及靠吃淤泥和珊瑚的动物——比如绿鲟和管海参。另外，对于暗礁和小岛屿的变化情况，达尔文也有所涉及。在达尔文看来，这些数量很大并且遍及各地的岛屿都仅仅在海面上露出顶部，但是，就礁石的表面计算，通常的情况是，海洋越深环形岛的形成基地就越堵峭。

第二章涉及了堡礁。在这种地貌和大陆中间隔着宽阔的水道和礁湖。达尔文重点从一个岛屿或一个群岛屿的堡礁进行研究，在著作中阐明了堡礁的形状和结构非常近似环礁的形状和结构。不仅如此，达尔文为了解释某些环礁和堡礁，还采用了平面图，将自己的想法很直观地表达了出来。

达尔文在第三章里讨论了有绿壁的礁或者说是岸礁，比起堡礁来它们距离大陆的位置很近，并且它们和大陆之间没有像礁湖那样的深水地区。

第四章的内容是描绘珊瑚礁的成长。在这里，达尔文对珊瑚礁增长的有利条件、它们生长的速度、形成暗礁的珊瑚虫生活的深度作了一番广泛的论述。从他所有的论断来看，对珊瑚礁影响最大的一个问题是：不能低于最低限的深度，若是低于这个限度，珊瑚虫就无法茁壮成长。

第五章具有极其重要的理论意义。在这一章，达尔文批判了先前存在的一个假设——喷火山口或在由沉积物变来的水下浅滩上，往往会形成大群岛的环礁，并且发展了他自己的学说。达尔文指出，岸礁最终形成了堡礁，堡礁最终形成了环礁。而这种形成有两方面的原因：一是陆地缓慢下沉；一是暗礁的珊瑚的增高，这种增高的实质就是为了营造有利于珊瑚生长的条件。接着，他又将自己的观点用简略、直观的示意图加以了阐释。

珊瑚结构类型的分布情况是最后谈及的内容。在地图上，深蓝色代表环

礁的分布情况，浅蓝色代表堡礁的分布情况，而岸礁的分布情况则用红色表示。根据达尔文的理论，蓝色恰好表示他假设的下沉部分，红色则表示升高部分或定态部分。因此，一幅清晰醒目的图景就在地图上显现出来了。如此来看，由于下沉和升高的部分占据了多数空间，地图的颜色没有被涂染成五颜六色。不过，在地图上，那些相互混杂起来的地方恰好就是用深蓝色的斑点或浅蓝色的斑点来表示的。根据达尔文的理论，很容易看出：这一区域完全可以依照下沉理论进行解释。

1842年5月18日，达尔文前去梅尔逗留几日。6月15日，他来到施鲁斯伯里。在这两个地方，达尔文过得相当愉快。此时，他已经着手草拟物种起源的理论概要了。事实上，早在1839年，这个理论在他头脑中已经成形，只是当时还不太完善。达尔文去世14年以后，他的后人在唐恩的庄园里才发现了《概要》的手稿。当时，继承人准备拆毁这座庄园，谁知，竟在楼梯下面的壁橱里找到了这些珍贵的手稿。

在查理·达尔文诞生100周年时，弗朗西斯·达尔文为了纪念自己的父亲，把这些很有意义的手稿出版了，同时还加上了自己的注释。做到这一点相当不易。因为达尔文的手稿是用软铅笔书写的，而且纸张也很差，事隔多年，要准确地辨认文字，难度很大。此外，手稿上的文字是匆匆草就的，涂抹和更改的痕迹很重，也给辨认增加了难度。

对于这份《1842年概要》，弗朗西斯·达尔文的总体评价是这样的：

有一点，需要特别指出：在《物种起源》发表的17年前，即1842年，对于未来著作的概要，我父亲已经了然于胸，并且能够完整地草拟出来。

对比《概要》和《起源》，你就能深切地体会到达尔文的概括有多么精到！所有在《起源》中出现的基本章节、基本思想和想法，也全都出现在了《概要》里。也许，在一些很长的章节内，会缺少诸如“性状的分歧和中间类型的绝灭”等一些细小的原则。不过，其余的东西一律囊括其中。尽管《概要》的篇幅很短，相当于《物种起源》第六版篇幅的十五分之一，或者是第一版篇幅的十二分之一。

在《概要》里，我们偶尔会碰到一些语句不通、意思含混，或者是表意不太完整的句子。可是我们应该承认一点，那毕竟是草草而就的文字，能达到这种水平已属难得。不过，达尔文本人毫不掩饰自己的弱点，他曾主动承认：在文字润色工作上，他时常感到力不从心。实际上，那只是他的谦虚说辞。在阅读《概要》时，我们会看到一些极具表达力的长复合句，并忍不住由衷地加以称赞。因为这些句子，不但通顺，并且还十分清晰地表达出了作者需要阐述的观点。偶尔，我们也会看到一些生动的比喻。这些富有特色的句子，后来也出现在了我们熟悉的《起源》一书里。

在梅尔或者芒特、施鲁斯伯里，达尔文继续从事着他钟爱的事业。无论身处其中的哪个地方，他都感觉很自在，就像待在自己家一样。生活在他周围的人，都习惯了他忙忙碌碌的样子，没有人想过去干扰他。他的妻子——艾玛很宽容，她提到自己丈夫的时候，总是微笑着戏称他为“忙人”。那段时间，他全身心地投入到对于环球旅行的总结上，他把自己的观感和调查结果都变成了文字。

原本，他离开烟雾弥漫的伦敦来到了空气怡人的乡下，是准备好好休息一下的。可是，让他整天无事可做，他反而休息不好。在他生活中，工作早已变成了一个不可或缺的部分。对他而言，来到这里只是改变了他的工作内容而已。

撰写地质论文，是一项非常细致的工作。这项工作耗费了他太多的体力，让他很是疲惫。因此他将这项工作暂时搁置，把精力转向自己非常感兴趣的物种问题。这段时间，他忙于思考，不断地搜集资料，将这些资料加以分析和整理以后，就写入物种笔记当中。

经过长期的调查研究，他的脑子里初步形成了一些观点：物种是不断变化的，从一些物种里可以形成另一些物种。当这种观念形成以后，他深知根据眼前的形势，要想说服别人赞同这一观点并不容易。他决定不管有多么困难，都要一如既往地坚持下去。因为首先提出观点的人应该坚定信念，只有这样才有机会说服别人。不过，在任何情况下，对类似物种是被创造的和一成不变的观点，他一直持不同意见。这是原则问题，他决不含糊。

他决定要写出一本书，把自己的观点一五一十地在书中阐述清楚，同时把自己的疑虑一并记入。可是，当时的情况不容乐观，大多数博物学家都认为物种是一成不变的。如果直截了当地提出与他们观点相左的意见，势必会引起他们的反感……

因此，为了不吓跑读者，达尔文决定采取一种明智的方法：一开始从读者认同的角度说起，渐渐地引出自己的观点。他认为，读者会随着自己的循循善诱继续往下读，并逐步对自然界里各种形态的进化可能性和必然性产生兴趣。接着，他就可以尽可能举出赞成和反对各种物种都起源于共同的祖先这一学说的证据。想到这里，他连忙将自己的想法记录了下来。

后来，弗朗西斯·达尔文从父亲的档案里找出了当时的提纲引文，引文共有三条：第一条，改变家养生物的各种原理；第二条，野生动物身上，应用这一原理的可能性；类似家养种族野生动植物的可能性起源；第三条，赞成和反对这一论断的证据。

达尔文觉得这个思路可行以后，就开始在头脑中筛选畜牧家和植物栽培学家著作中的大量事实。思考了一会儿，他把自己的想法随手写了下来：

杂交本身并没有什么实际意义。但是，畜牧家在给动物进行杂交的时候，总会选择最优良的种畜，因为他们知道，这样对于培育新品种很有益处。在选择种子时，植物栽培学家也总是挑选最符合他理想的……人类就是通过选择、选种的手段，来培育新的品种。但是，弄清从什么东西中挑选很重要。因为挑选这一工作，不仅要保证好的种类得以繁衍，还要尽量避免坏的种类继续产生后代。

写到这里，他想起了米勒提到的一种现象：一母同胞的孪生子女，尽管母体环境一样，受到的外部影响也一样，但是在出生的时候，彼此之间就存在着较大的分别。同样，一个果壳里的种子，种在相同的土壤里，光照、湿度等生长必需的条件都一样，最后长成的作物却有所差别，正是因为这种良莠不齐的差别，才需要植物栽培学家选择良种。

变异现象是伴随着繁殖的过程而产生的，人们早已在实践中开始利用它。但是，这些与繁殖过程有关的变化，不会在早期有所表现，因为这些变化与性的形成过程本身和性的因素有关。在达尔文的理论初稿里，他就把这种变化作为最经常的和最重要的变化。因为人们在实现自己目的的时候，依靠的就是这种变化。

在大批量生物的器官中，表现程度不大的一些变异，通常都与繁殖有关。想到这一点，达尔文随手将其写在了草稿上。可是，他突然想起了被英国的植物栽培学家称为“飞跃”的一种情况——畸形。这里所谓的“畸形”，指的是偏离了正常类型的一些植物，在性状上表现得很明显。

那么，人们为什么会选择自己所需要的那些品质的生物来育种呢？答案显而易见，人们希望得到具有这些品质的后代，因为这些品质可以遗传。当然，除了让这种有益的新品质不断加强外，还要确保这些新属性不与普通类型进行杂交。倘若任由这种杂交进行的话，这些优秀的特征就很难通过杂交物保留。达尔文将自己的怀疑也一并写入了《概要》。但是，需要指出的是，即便存在这些限制，人们还是在自己的选择中收获了许多东西。

接着，达尔文提出了人类影响生物的两种手段。第一种，利用外部条件直接影响。比如，加强营养使动物的体格变大；第二种，是间接手段，比如，受市场的影响，采购动物油脂的商人需要大批量的油脂，畜牧家就选择小的变种，培育出脂肪产量较高的种猪。

他也提到了人工选择的不足：其一，因为人类的经验有限，只能从生物的外表来辨认优良品种，经过选种以后依然存在许多不好的品种；其二，人类只凭想当然选择对自己有益的物种，而完全不考虑生物能否适应那些生存环境。

他只用了两页的篇幅概括地指出了“改变家养生物的各种原理”。在这里我们需要说明一点，“改变家养生物的原理”实际上就是人工选择。伴随着生殖而产生的变异，为人工选择提供了可能性。所以那些专门负责选择的人，需要把生物的优良品质固定下来，并使之得到传承。

接下来，他尝试着把这些原理用于自然界中的野生类型。因为自然界里同样存在着变异。尽管当时，在达尔文看来，自然界里的变异远远少于家养状态——经他以后搜集的资料表明，自然界里的变异也很多。

达尔文根据对地质学的研究发现：环境（比如气候）的直接影响仍然无法解释生物之间彼此能够合理适应的现象，比如，槲寄生依靠从一些树木中吸取营养为生，结出籽后依靠一些鸟类进行散播。一些花朵为了适应昆虫传粉或是种子为了方便长毛的动物传播，而长成钩状。这些现象，用环境的直接影响都解释不通。

自然界不具备超强的洞察力，不能了解所有生物相互关系间的细微差别，但是，这些并不妨碍自然界中出现对生物有益的变化。对此，达尔文是用自然选择作了合理的解释：

在一定范围内，由于生物数量的急剧上涨，必然会引起对于食物、生存空间等的竞争，优胜的物种得以存活，而那些在竞争中失利的物种就会被淘汰。接着，达尔文指出，尽管自然界选择出来的东西不多，但是由于这种筛选非常严格，所以远远要比人工选择可靠。

写到这里，达尔文对人工选择和自然选择作了比较，并得出以下结论：

人可以无止境地对品种加以改变。但是，在比人类聪明百倍的自然界面前，那些适应环境能力很强的种族，会随着自然界的变化，随着周围生物的影响，而逐步变成另外的物种。

根据提纲，他接下来应该罗列物种起源的各种证据。由于达尔文刚刚撰写了一部分地质论文，他就先从地质角度搜寻证据。达尔文提到了关于进化论的地理证据。他把生活在不同地理区域的哺乳动物划分为不同的群体，分析这些群体的差别程度，最后得出结论：造成这些差别的原因不是生存条件，而是障碍物。例如，山顶上的植物群和动物群的起源以及变化，取决于大陆架的升降变化。在此，他嘲笑了创造论的拥护者，他一针见血地指出，这些所谓的科学家，为了证明在一个大面积的区域内生活着的动物群具有相似的特点，不得不采用一些荒唐的假说，这种做法就像凭空捏造的“美国人精神”假说一样荒诞。

当然，他也提及了一些困难。他指出，依据理论来看，新物种的产生需要经历漫长的时期，需要历代不断地衍变。可事实上，从地质学的角度来看，有些物种是突然产生的。对于理论和事实不符的情况，达尔文解释说：“导致这种现象的出现只有一个原因：地质年鉴的统计结果不完整。在现代的物种纲目里，找不到合适灭绝物种的位置，它们根本不属于现代的某些纲目。”因此，理论本身是没有问题的，只是对生物进行分类的时候存在一些差异。

1842年，达尔文自然选择的进化理论已经形成，只是那时候他还没有使用“自然选择”这个术语。理论成形之后，他随即完整地提出了自然选择的基本特点。在《概要》各章中，达尔文打算加上充分的事例。其实，他的这些理论，都是从大量的事实材料里得来的。在当时，这个理论，就是靠大量事实材料而建立起来的。

可是，在19世纪中期，他这种进化理论是一种异端学说。因此，他没有向任何人提及自己的理论，而是耐心地做着一件事——尽可能多地找出进化事实，不断地完善自己的理论，证明自己的理论，等待时机成熟。等他克服了所有的困难，让自己的理论站稳脚跟的时候，再把自己的著作公开发表。

因此，在当时的科学界，他是以博物学家的身份而闻名的，主要的研究成果在地质学方面。他的珊瑚礁理论和许多地质学方面的论文、报告，为他赢得了广泛的声誉。很快，他因为著作《考察日记》而获得“贝格尔”号博物学家的称号，引起了世人的瞩目。

第十一章　唐恩庄园

达尔文夫妇不喜欢受约束，而且他们已经完全习惯了田园式的生活方式，现在的伦敦生活，对他们来说完全是一种束缚。特别是目前，达尔文的身体状况每况愈下，这样的都市生活让他们更加无法忍受，而且艾玛又怀孕了（他们已经有了两个孩子）。种种因素促使他们快速作出了决定：搬回农村。如果有必要的话，最多两三个星期来伦敦一趟。

1842年9月，达尔文夫妇在离唐恩村不远处买下了一个庄园，在那里定居下来。这个庄园位置很偏僻，舒适而宁静，而且距离伦敦城区不很远，便于他们与外界的来往。唐恩村处于两条村道的交叉口，只有几百户居民。从庄园到村子，只需要走0.25英里的路，非常方便。在这里唯一的不好就是出行不便，因为离庄园最近的两个火车站距离庄园都有10英里的路程，而且还不全是平路，中途有不少的山路和蜿蜒崎岖的乡间土路。这可难为坏了既是园丁又得充当马车夫的老佣人，如果达尔文夫妇要坐火车，老园丁就得赶着马车，在崎岖不平的山路上小心翼翼地驾驶着。为此，达尔文还取消了原来打算经常去伦敦的想法。

这个庄园已经很久没人住了，杂草丛生，看着很荒凉，尤其是那里的旧房屋年久失修，外观非常难看。为了翻修房屋，使它看起来美观大方，达尔文花了很多心思，并付出了很多劳动，尤其是最初刚住进去的几年。他把房子的里里外外全部粉刷了一遍，并且在院子里弄出两块空地，种上花草和蔬菜，然后在周围围上篱笆。他还在房屋的第三层开辟了一个阳台，上面用藤蔓植物做顶棚。庄园的周围被一片森林包围着，使人产生一种幽深的感觉。达尔文还把一些露在外面的白垩和被小路截断的深沟用东西掩盖起来，并在河谷中开辟了一块耕地。

唐恩田园式的生活一直陪伴达尔文度过了剩下的后半生。尽管有时他会出去走访亲戚朋友，或去伦敦办事，或因为必须要参加英国科学协会会议而到其他城市，或者去参加水疗“训练班”，但这些出访不需要活动量很大，也不需要消耗极大的体力，所以对他来说非常合适。也许正是这些环境和条件造就了达尔文的盛名，让他有机会给世人展现出他的巨著，使人们清楚了生物界是怎么回事，以及人在生物界的地位是怎样的。但是他身体一直不好，长期以来疾病不断，所以每天工作时间非常有限，最多只能工作两三个小时。

我们后来看到的达尔文传记，其实不是一般的生平传记，而是一部他的著作史以及他与他的那些生物界朋友们一起为生物学的发展而进行的奋斗史。

之前我们说过，达尔文年轻的时候，一次偶然的机会，他来到了位于热带的佛得角群岛上的圣地亚哥，他坐在熔岩悬崖下，采用赖尔分析地质的新思想来研究这座岛屿的地质史。在这样的环境熏陶下，他萌生了一种想法，他要把他到过的所有国家的地质状况汇编成一本著作。《珊瑚礁》一书只是他实现这一理想的一个开端，这本书成功了。当赖尔看到达尔文的珊瑚礁观点后，非常赞同，尽管达尔文的观点与赖尔的环形岛理论有些相悖（赖尔认为，珊瑚礁成环形岛，像圆环一样围绕在水下的火山喷口上。）。赖尔督促达尔文，让他尽快将所搜集到的材料在地质学会会议上作一次报告。

《珊瑚礁》出版后，1842年的秋天，达尔文开始着手撰写乘坐“贝格尔”号旅行时到过的那些火山岛的地质和地貌的状况与分析。这本书成书后，定名为《“贝格尔”号航行地质学》，这是他的第二部地质学著作。他的第三部著作写的是有关南美的地质考察情况。至于他在途中写的一些“地质”方面的信件和记录，在地质协会的一些会议上已经发表过了。返回英国后，他写的一些简讯和报告，多是以报道的形式与公众见面的。现在，他要把搜集到的有关地质方面的所有笔记和见闻进行全面整理了。

这本著作的前五章主要描述大西洋和太平洋上的火山岛的情况。

第一章写的是圣地亚哥岛的地质情况，他的描述非常详尽。他写到，在他面前呈现出了多层地貌：最底层是由于海底流动形成了火山岩；中间层大部分是第三纪初期遗留下来的石灰石的水平层，一直延伸了好几海里（后来，古生物学家索尔比在英国鉴定了他带回的这些岩层中的贝壳。）；最上层是熔岩层，形成比较晚，当该岛屿从海中上升时，锥形喷火口喷出来的流质熔岩形成了这一层，因为温度太高，接近喷火口的一些石灰层都已经变形了。

第二章描述比较简单，主要包括亚速尔群岛中的费尔南多·德诺罗尼亚岛和特塞拉岛的地质情况，塔希提岛（他在这个岛上找到了上升的痕迹）西北部的地质情况、大西洋中圣保罗小岛的地质情况。

第三章，他记述得也比较详细，描述的是阿森松岛的地质情况。他写到，他拿着锤子曾经“兴奋地敲击这里的山岩”。也正是在这里，达尔文听到了一个鼓励人心的消息：塞治威克预言达尔文将会成为一个有前途的地质学家。

第四章，描述的是圣赫勒拿岛的地质情况。

达尔文所记述的这些考察，尽管有些非常简短，甚至有些还不怎么连贯，但每一处都非常准确。沙茨基写了一篇赞扬达尔文的文章——《达尔文，一个地质学家》，他引用了岩石学家列纳尔的几行话。列纳尔把“挑战者”号考察搜集到的所有有关岩浆岩的资料进行了加工整理，而且还把得出的结果与达尔文的结论进行了比较，他说：

对比结果让我很吃惊，并由衷地佩服这位考察者的能力。他分辨复杂混合矿物质的成分和性质的方法很独特，拿着一个放大镜到处观察，很少用测量仪器进行勘测，即使采用了化学实验，也是最为简单的那种，或许只是焊接吹管才会用那种实验方法。他对岩石成分和结构的鉴定付出了很大的信心和耐力，然后与其他地区的火山喷发情况进行了对比，最后准确地得出这些矿物的起源，并能通过一定的方法进行验证。他仔细对比自己发现的事实和先辈们有关在别的地方发现的东西的描述，但是这种关系在没有证据证实之前，没有人会相信。这些关系对占统治地位的假说造成了一定的威胁，例如那些上升的喷火口、火山喷发以及形成火山之间的本质区别。最后，这本书包含的新思想是无与伦比的，功绩也是卓越的。

这些新思想在第六章中表现得非常明显。在这一章里，达尔文首先提到了粗面岩和玄武岩之间的差别。他是根据这些山岩组成成分的比重不同进行区分的，经过仔细考察，并结合其他人的记载，他确切地证明了自己的结论：比重大的晶体会沉到熔岩的下部，而比重小的晶体则分布在熔岩的上部。他的这一方法，不仅适用于区分从火山体中流出来的熔岩，也适合区分更深处的岩浆成分。

达尔文在这一章还给出了火山岛的分布和火山岛是怎样产生的结论。他强调说："海洋上的大多数岛屿都是火山喷发形成的。"他还对当时的权威列·冯·布赫的理论提出质疑。布赫把火山岛分成两类：一类是中心火山岛，这种火山岛有一个中心，周围包围着大量的喷溢物；另一类是火山岛山脉。达尔文认为根本不存在中心火山岛，尽管每一个火山总有某一个地方比其他地方都高。如果是火山岛山脉，那么它在形成的时候就会呈一条线排列，很容易与邻近的大陆海岸线不一致，而且大陆上的山脉也很少能靠近海岸，因此达尔文不得不开始在火山的裂缝和断裂处（这些裂缝和断裂点是在海床要逐渐形成陆地时，不断沿着大陆边缘上升，逐渐断裂而形成的）寻找那些大陆怎样从大海深处上升，火山岛山脉是怎么形成的这二者之间是否存在共同点等问题的证据。

第七章记录的是"贝格尔"号在返回伦敦途中某些地区的地质情况，比如澳大利亚、凡第门地、新西兰和好望角的。这些内容曾经在《"贝格尔"号航行地质学》第二版的时候被加进去了。

1844年2月，达尔文完成了全稿，同年春天该书就出版了。

从《1842年概要》和1844年7月之前的工作来看，1842～1844年，达尔文一直都在进行物种问题的研究。尽管这些论述的事实非常丰富，但很多东西对读者来说还是很难理解的。因此，达尔文决定从各理论的方方面面入手，有条理地、更加全面地陈述自己的观点。于是他重新写了概要，内容是《1842年概要》的三倍还要多，尤其是介绍自然选择和生物地理分布那几节更详尽。虽然他知道自己的理论将会遭受各种质疑，同时也更加坚信它是正确的，并且他还深信，只要能得到有威望的博物学家认可，科学将会向前迈进一大步。他也明白如果自己冒昧地出版自己的著作，那将会把自己陷入到孤立无援的地步。如果真是这样，到那时自己可能已经死去，那么他的理论、思想、大量的前期工作都会变得无用，他不能让这样的事情发生。

于是，达尔文开始在心里逐一选择可以成为他合伙人的博物学家。他希望这个人能完成他的心愿，并且能批判性地接受和研究他的成果。他想，那些诚实、真心的博物学家会出来帮他的，但这毕竟是一项耗时耗力的工作，不给对方一些物质鼓励，恐怕不行。

他给自己最亲近的人和朋友——他的妻子写了一封遗书。遗书中记录了他的心愿以及继任者必须完成的工作。

“我的物种理论概要已经完成了。假如真的如我所料，真的只有一个人接受了我的理论，我想那也是推动科学进步的一个重要里程碑。

“假如我突然死去，这封信就是我的遗书了。你会认为这与法律遗嘱有同等的法律效力。我请求你从咱家的积蓄中抽出400英镑，用于出版我的著作，或者你自己，或者让汉斯罗来帮忙，不管怎样一定要努力实现我的遗愿。我希望你能把我的概要和400英镑一起交给一个能完成我的工作的人。另外，这个人还会得到我在博物学方面的全部书籍，我已经在这些书上画了着重线，有的在书页底做了一定的标记。我希望你能把这些书的书目汇编在一起，以吸引那些可能参加的人。还有那本咖啡色纸上的全部笔记，你也一定要交给他，这些笔记都是从各种著作上摘录下来的，对继任者会有很大帮助。我还希望，在编者选择笔记时，你或者我身边的任何一个朋友能给予他一定的指点和帮助。至于要不要把这些笔记加进正文或者要不要注释，由编者自己确定。要完成我的工作确实非常费时和费力，所以那400英镑以及著作可能得到的所有收入都将成为编者的酬劳。但是，编者必须保证我的著作能够出版。我放在纸夹里的许多笔记的观点，看起来可能有些肤浅，或者是对目前工作暂时毫无用处，酌情使用。

“我想，最好能让赖尔先生成为此书的编者，只要他愿意。以我对他的了解，他很可能不会反感这份工作，因为在编辑的过程中，他会了解到之前没有接触过的新鲜事物。编者的条件是，他必须是一个地质学家兼博物学家。如果赖尔不愿意，那么伦敦的福玻斯教授是第二选择。汉斯罗教授与咱们最亲近，而且他也是一个好人，也可以考虑。虎克博士以及司却克兰先生都不错，都是可以信赖的人。万一他们没有一个愿意担当此任务，那么你可以与赖尔或者其他合适的人商量其他人选，但必须保证编者是地质学家兼博物学家。如果还必须追加100英镑，那么务必请你保证有500英镑可以支出。”

另外，后人还见到了达尔文另外的一些简短笔记，估计是这封信的草稿，因为内容很相似。比如：“……如果某个编者不愿花时间去完成这项任务，那么不管给他多少钱也是没用的。”“……如果实在找不到合适的编者，那就只有将我的原概要发表了，但需要用注释说明，该书是作者写于很多年前，还要告诉读者作者是凭记忆写成的，没有进行过任何订正，以现在这个样子出版完全是情非得已。”

从信中可以知道，达尔文没有和这些编者候选人谈过自己的打算。达尔文写这封遗嘱确实有些过早，因为当时他才35岁，也许连他自己也不知道他将比上面的所有人活得都长。

赖尔作为达尔文概要编写的首选之人，是因为他的观点与达尔文最接近。达尔文始终对赖尔的评价很高，他相信，随着时间的推移，旧的思想会从赖尔的脑海里剔除，赖尔终究是会承认人起源于动物的。

福玻斯为第二人选，但达尔文从来都没有特别去看望过他。不过，福玻斯倒是经常到唐恩去，并且他是地质学专家兼动物地理学专家，这一点是达尔文再三强调的。达尔文曾说他是一位先知，因为福玻斯曾经论证说，在冰河时期，高山地带与北极地带虽然相距很远，但存在同种植物和同种动物。福玻斯有很多论著，其中“海生动物在地中海不同深度的传播”和“不列颠群岛的现代植物与动物区系在分布中的关系和在洪积世时期该群岛的地质变化情况”最著名。同时期的人认为他头脑灵活，而且精明强干，他比达尔文小六岁。

汉斯罗教授是达尔文的老朋友，不用再多介绍了。而虎克博士和司却克兰先生之前没有提过，下面需要多介绍一番，尤其是虎克先生，他在达尔文整个研究期间，起了很大的作用。

虎克全名约·达·虎克，比达尔文小八岁，曾在达尔文的生活中起过非常重要的作用，他和达尔文的关系也不一般。虎克的父亲是个植物学家，当时任基由皇家植物园的园长，与赖尔父亲的关系非常密切。而虎克的妻子正是汉斯罗教授的女儿。青年时期的虎克就参加过一次著名的南极大洋的探险工作。在虎克出发前，老赖尔送给他一份达尔文的《“贝格尔”号一个博物学家的日记》的校样稿。虎克被样稿中的记述震住了，他感觉自己与达尔文的知识和才能相差太远了。与此同时，赖尔也送给他一本自己刚出版的日记。

虎克说他与达尔文是在1839年第一次见的面。他回忆说：“在伦敦的特拉法加街心小公园，我同一位军官一起去见了达尔文。七年前，这位军官曾与达尔文在‘贝格尔’号上有过为期不长的共事，此后，就再也没有见过达尔文。尽管这次会面时间很短，但他对达尔文的印象很深。他身材比较高、肩部较宽、背好像有点驼，与人谈话时，面部表情非常丰富，令人非常愉快，他的眉毛浓密，说话声音低沉而有力。他性格爽朗，非常真诚地迎接了这个久未谋面的朋友。”

达尔文很关心虎克的南极探险工作，还从赖尔那里拿来虎克寄给赖尔的信件仔细审读。当虎克结束探险归来后，很快就收到了达尔文的一封信：

尊敬的先生：

我非常希望能早点与您会面，当面向您表示祝贺，祝贺您圆满完成了艰巨而光荣的航行探险工作，但是因为我不经常到伦敦去，如果您又没有机会参加地质学会会议，恐怕我们见面的时间还得往后延得更长。

尽管有种种不便，可我还是希望能尽早知道您的探险情况，想知道您是怎么处理探险材料的。您之前的信件我读了一些，从中获益匪浅，所以我还想读到更多的东西，否则我会很遗憾的。根据我当年回到英国最初几个月的情况，我可以推测您现在一定很忙，而且心情很舒畅。我要回到我给您写信的主题上了，汉斯罗几天前来信告诉我说，他已经把我的一些为数不多的植物标本寄给了您。我听到这个消息后非常高兴，因为我担心那些样品会丢失，它们太珍贵了。汉斯罗那里估计还存着我的几段笔记，上面记述了几种非常珍贵的植物的产地和其他的一些东西。火地岛山地的花卉是我特别感兴趣的，所以我尽可能保存了一些所到之地正在开花的植物。我一直认为，生长在南极海陆尽头的植物系的概貌肯定更能吸引人，所以我请求您能把它们与欧洲近似的物种对比研究，并且能告诉我您的研究结果，虽然我是一个对植物一无所知的人。我根据自己的资料，曾经猜想，火地岛上可能会存在很多欧洲属植物，而在科迪拉山脉却找不到，如果能得到证明，这将是一件多么激动人心的事情。当您的论文或概要被出版的时候，能否让无知者知道哪些植物属于美洲，哪些植物属于欧洲？属于欧洲的植物物种的差异又有多大？

我希望汉斯罗寄给您的样品中有我搜集到的加拉帕戈斯群岛的植物（洪堡德曾说他对这些植物很感兴趣），这些植物是费了很大的力气才采集到的。这个群岛的植物系也应该有一份清单，像圣赫勒拿岛植物系那样的清单，这会给很多人带来方便……

因为达尔文和虎克有着共同的工作目的和愿望，所以他们的关系一直非常密切，达尔文说，其实是虎克首先尝试解决物种起源问题的。

1844年1月，达尔文给虎克写信说："……自从我回来以后，我就开始着手一项大家认为很愚蠢的工作。我认为加拉帕戈斯群岛上的生物情况非同一般，所以只要有能和它扯上关系的东西，哪怕一点点，我都收集起来了。……现在我面前已经展现出一些微光了，我认为物种不是不变的。……我自认为已经找到了物种借以适应的简单途径……"

接下来我们先来简单谈谈达尔文埋头写《1844年概要》，然后再接着谈虎克和达尔文的关系。

在《1844年概要》中，达尔文对自然选择那一章的叙述最详尽，篇幅也增加了不少。达尔文认为遗传性问题非常复杂，生物的所有东西并不是都能遗传给下一代。比如，因为疾病造成的个体残废和结构上的突然变化就不能遗传。遗传的倾向也是不同的，一些在增加（如紫杉），而另一些在减弱（如垂柳）。他以人类选择种畜和隔离为例来解释，说：这样做是为了防止不良个体和品种的遗传作用。……他在这里更为详细地介绍了各种动物有步骤选择的成绩。他强调说，人只会把自然界的东西简单地合并在一起，而不会自己创造变化……他还对人类漫长的进化历程中的“自然选择”作了详细地介绍。他的引证资料非常丰富……认为杂交过程对“物种起源”起着某种决定性作用。

达尔文在查阅了大量的实用文献后，把外形迥然不同的两个物种及以后各代杂交的结果总结为固定的公式。他说：“如果把外形迥然不同的两个物种进行杂交，其后代的第一代的外貌或多或少地会带上双亲中某一个的特征，也有可能介乎二者之间，也有可能重新出现新的性状。而第二代和以后几代，某些个体的外形一般会产生非常大的差异，但其中某些个体的后代又会恢复到最原始的祖先形态。”

……

《1844年概要》还特别拓展了动物地理学一章，篇幅比《1842年概要》多了10倍，而且几乎是重写的。这一章大体分为三个部分：生物的过去分布情况、生物的现今分布情况、地理分布的事实同他的理论到底有多少出入。他还根据哺乳动物的现今分布情况，把整个陆地分成了不同的动物地理区，他写道：

如果分两个区，那么澳大利亚和新几内亚是一个区，其他地方是一个区；如果分三个区，那么澳大利亚、南美洲和其他地区各自为一个区。如果分四个区，那么澳大利亚和新几内亚是一个区，南美洲和马达加斯加自成一区，其他地区是一个区。

在达尔文之前，赫胥黎已经把整个陆地分成了三个动物地理区：大南陆区、新热带区和北界区。而如果必须得分四个区，那么马达加斯加因为有典型的始新世动物，应该也成一区。现在达尔文的划分和他不同。

在《1844年概要》中，达尔文还提出了一个新思想，不过后来真正发表这篇论文的人不是达尔文，而是伊·福玻斯。这个思想就是“以冰川时期的情况

来分析各个不同山峰上的高山植物的不连续分布情况”，它可以帮助说明这些植物同北极植物系的相似性问题。

《1844年概要》中的种种思想和观点处处体现了作者的远见和高度的洞察力。他把对科学的审慎态度同不懈奋斗的精神完美地结合在了一起，而这也是他和虎克更加接近的原因之一。

达尔文把在加拉帕戈斯群岛上搜集到的植物和资料让汉斯罗寄给了虎克，还把岛上一些鸟种和海贝的情况也给了虎克。他告诉虎克，岛上的鸟种和海贝与美洲大陆的有很多相似点，希望他在研究的时候多加关注。接着，他还告诉虎克有哪些知名人士在做这方面的研究工作。最后，他还问了虎克一个植物种类的问题：“世界各地极为普遍的物种数目是不是已经很多了？”

看来，达尔文很看重年轻的虎克，有志于把他“培养”成为一个真正的学者。达尔文与他有过几次会见，开始的时候在伦敦达尔文的住所，后来改在唐恩，被邀请的还有其他一些博物学家。虎克回忆说：“多数情况下，他都处于患病期，这期间他的生活是痛苦的。但是只要稍微好转些，他就会邀请我去他那里，1844～1847年，我收到过很多次邀请，这让我很高兴。这是一家最好客的家庭。除了我，还有很多人被邀请来聚会，比如法更纳医生、伊·福玻斯、贝尔教授、华德豪斯先生。我们一起散步，与孩子们一起逗乐，一起欣赏音乐，现在我仿佛还能听到当时的音乐声。达尔文非常真诚，笑起来很爽朗，有时会带着我们参观他的庄园，有时会在他的工作室来个个别闲谈，我们谈论的话题包括很多，比如生物和物理知识的分科问题，现在我们已经着手开始研究这个问题了……”

当达尔文的健康状况恶化的时候，只有虎克在唐恩能连着一待几天，甚至几个星期。达尔文和他在一起，感到毫无拘束。每次虎克都是带着自己的成果来的，一般在早饭后，他们一起来到达尔文的工作室，在那里谈论半个小时。达尔文会把自己研究的有关植物学和植物地理学方面的结论拿出来征询虎克的意见，并告诉虎克自己的工作进程。然后他们就分开各自干各自的事情，直到散步的时候才见面。他们穿过花园，一起看达尔文的某项试验，然后开始沿着小路散步，直到走完规定的路程。他们互相告诉对方各自航行中的经验，谈论老朋友，交流拓展他们想象力的书籍和其他东西。如果达尔文的身体允许，散步后，他们还会共进午餐，或一起在餐厅和大家共同欣赏音乐。

达尔文给他剑桥大学的老同学赫伯特写信说：“唐恩的生活就像‘钟表的机器’一样规律，他还邀请赫伯特夫妇来唐恩做客，一起欣赏贝多芬的音乐。”的确，青年时期的达尔文和赫伯特都是音乐迷，而艾玛也是一个顶级的音乐家。

达尔文曾说，“过猪一样的生活”是他起初最不愿意的，他也想每个月能有一两次的机会到伦敦去，或者参加学术会议，或者与朋友见面。但是，因为旅行会引起他身体的一系列反应，他才被迫减少了出行的机会，加上艾玛把他的生活安排得非常舒适和安逸，他便更不愿意出行了，而是选择邀朋友到唐恩来。

他不喜欢那些自己不认识的人来访，因为他们的到访会使他不安，而且影响他的工作进度。他很少变动自己的日程安排，即使有客人来访。正是因为有这个制度作保障，他才有足够的时间完成科学巨著。他每天要花三个小时工作，并且绝对不能超过这个时间，当然如果虎克来了，就另当别论了。还有两个客人也会经常造访他，他们是赖尔和汉斯罗。

经常到访的亲戚有维茨沃德一家和查理的姐妹凯瑟琳和苏珊娜。有一次，就连不喜欢农村和田园生活的伊拉斯穆斯哥哥还在唐恩住了两个月。查理的父亲因为已经年近八旬，所以一次也没有到过唐恩。他的舅父乔斯在1849年去世了，而他的妻子，也就是查理的舅母伊丽莎白患了精神病，由一个女儿供养着，所以也没有来过。

达尔文完成《“贝格尔”号航行地质学》第二卷之后，便继续写第三卷。

第三卷的前两章写得非常好，一章是《关于南美洲东岸的上升问题》；另一章是《关于南美洲西岸的上升问题》。他把对南美大陆海洋地质的研究合在一起，构成一个逻辑性严密的整体。……他沿着大陆的整个海岸，在几英尺到410英尺的高度上找到了仍然生活在邻海的软体动物外壳。他发现这些外壳分散在同一高度的平地和阶地上，而且走向很远，而在现代软体动物生存的整个时间段内，陆地上升的时期估计很长。他之所以敢于这么推测，是因为他在布兰卡港和圣胡立安海湾见到了与这些软体动物同时生存的哺乳动物化石，而且这种哺乳动物物种已经绝灭了。

他还得出结论，阶地或者平地曾存在于大陆的深处，从而证明大陆很有可能是普遍上升的，并曾在海岸处受到侵蚀。在大海向陆地延伸时，这种上升会被长期的静止状态打断。

达尔文还解决了静止期间海岸的上升问题。他从圣克鲁斯河入海处开始，往南到福克兰群岛的海岸，通过对各种深度和海底物种的研究，发现海底的卵石随着深度和离海岸距离的增加，在数量上呈现迅速而有规律的减少状态。这个结果证明海岸不是突然上升的，而是逐渐上升的，因为在斜坡上没有发现砾石，而且卵石的数量也没有任何减少。这与陆地不大明显地上升的理论相一致。

之前，著名的灾变论主张者道比尼认为美洲各海岸是突然上升的，达尔文驳斥了这一观点……

在《关于南美洲西岸的上升问题》里，达尔文从南到北按航行路线记述了那里的地质情况。他发现在等于沿子午线两千多里的陆地上升方向，现代软体动物类和蔓足类贝壳的上升，从瓦尔帕来索，西岸便一直与东岸是不同的，其具有的品种很多。

他还记述了下列地方的情况：含表面沉积物的智利地质、判帕斯层系、巴塔哥尼亚和智利第三纪层系、深层岩和变态岩、智利中部和科迪拉山脉的构造、智利北部。这几章的内容，暂且省去，因为很多东西已经老掉牙了。下面只介绍几个重要的资料，这些资料，是他经过千辛万苦获得的。

首先，达尔文为建立新思想而进行了英勇的斗争。他在遵循赖尔思想的前提下，认真考虑了现代地质因素，指出地壳的形成过程不仅漫长而且复杂。他指出陆地上升和下沉的基本持续阶段有时也是会改变的，有时还会出现局部延缓或停止或暂时反向的情况。他在书中指明了怎样找寻它们遗迹的方法，记述了根据这些遗迹建立反映考察资料全貌的地质史的方法。比如他列举了第三纪陆地的广大地区极为缓慢下沉的原因和根据，中生代极端复杂的运动等。

其次，他对岩石也进行了非常详细的考查，并对矿物的产生和岩石的形成给出了极为有利的证据和分析。

最后，达尔文没有引用《圣经》和宗教观点，并且对于名家的观点思考也不畏惧。例如，道比尼认为各种不同高度上的和占有很大地区的判帕斯层系的形成，是由于洪水过后，泥沙沉积造成的。达尔文经过详细分析后认为，正是因为洪水理论是著名的博物学家道比尼提出的，所以他才会更加注意。

《南美地质考察》是在1846年出版的，接着《“贝格尔”号航行地质学》也完工了。

而《“贝格尔”号动物学》应该比上两部还要早，但都不是达尔文自己编写的，它分五部，由六个不同作者完成：第一部叫《古生哺乳类动物》，由奥温编写，1840年出版，达尔文还为此书写了序言；第二部叫《现代哺乳类动物》，由华德豪斯编写，资料来源于达尔文“关于现代哺乳类生态学”的札记，1839年出版；第三部叫《鸟类》，由约·古尔德和葛瑞编写，1841年出版；第四部叫《鱼类》，列奥纳尔德·詹宁斯编写，1842年出版；第五部叫《爬行类动物》，由托马斯·贝尔编写，1843年出版。

达尔文的身体状况，令他的生活略显孤独，于是通信成了他与外界联系的重要手段，而他也是这么做的。整个研究阶段，他同赖尔和虎克通信最多。其次他同表兄弟福克斯的通信也较多，因为福克斯是干家禽业的，达尔文可以更多地向他咨询一些问题，并拜托他代为观察一些自己需要的东西。

在给福克斯这类朋友写信时，达尔文会捎带回忆他们一起散步或参观时的快乐时光，有时还会写一些表示感谢之类的话。比如，在给“贝格尔”号舰长菲茨·罗伊的信中，他这样写道：“您好，亲爱的菲茨·罗伊，我会时常想起我们在一起的场景，那时您对我非常关心，我记得很清楚（也许，您已经忘记了），当我们快要到达马德拉群岛的时候，您来到我的房间，亲手为我整理吊床。后来，我才知道，您的举动让我父亲也很感动。”

而他与虎克和赖尔通信，一般都是谈著作之事。他们互相告知对方论文的进展情况，当一些论文发表后，就会拿出来单独讨论。对朋友的论著评论，达尔文在不改变科学立场的前提下，一般都是竭力称赞。如果有反对意见，他会马上提出。例如，虎克曾说，孕妇的感受会影响到她腹内的胎儿，这在当时是非常流行的观点，就连达尔文的祖父也很支持。但是达尔文坚决反对，在给虎克写信时，他说："我仔细研究了一些这方面的事实，我认为，这样的结果只是偶尔的巧合。亨特曾在产房亲口对我父亲说，在产妇分娩前，他会问她们是什么使得她们反应这么强烈？然后他把她们的回答一一记录下来。他说他没有一次发现上述观点是正确的，有时在婴儿身上发现某种特别的东西，他只是推测是由于某种感受引起的。"

达尔文也非常关注朋友们的命运。当虎克被提名为爱丁堡大学教授候选人时，他说虽然他们不能经常见面了，但他鼓励虎克，认为他将会有一个美好的前程。他说，在爱丁堡，虎克将会"造就"出一些有前途的植物学家，也会成为受年轻学者爱戴的朋友和指导者。他认为，教育工作不会影响虎克的科学事业发展，虎克将会成为"植物地理分布领域的权威，而这项事业将会成为创造规律方面的主要基石"。后来，虎克落选了，不久便到他父亲的植物园来帮忙，他父亲去世后，他就接手了植物园。

在得知虎克要去参加考察喜马拉雅山脉的工作后，达尔文马上给他写信，希望虎克能到印度的煤炭区去研究一番，这样就会有借口取得英国政府"功利主义人物"提出的大笔政府津贴。他还说，希望虎克能帮自己搜集一些关于驯化动物种族的资料。1854年，虎克出版了《喜马拉雅山日记》，将其献给达尔文，这令达尔文非常感动。他很快便给虎克写了一封热情洋溢的信表示感谢。在信中，他对该书赞赏有加，称它是"第一流"的好书。

1845年，达尔文在经过仔细修改和删减后，以普及本的形式重新出版了《考察日记》。

这期间，达尔文的"贝格尔"号旅行时写的一些生物和地质著作也正好出版了，这也对他修改《日记》起到了一定的作用。他加进去了对珊瑚礁起源理论的阐述，还使得南美古生哺乳动物的资料更加丰富和精确，更加准确地叙述了巴塔哥尼亚高地的地质情况，还补充了火地岛人的内容，增加了按几何级数增长以及对动物绝灭原因的论断。

之前有一种动物灭绝的"灾变说"，在这里，他提出了反对意见。他说不能用一次突然的灾祸来解释动物的毁灭。他举例说，就像人类要消灭一种动物，只会使这种动物逐渐减少。那么自然界的任何一个物种绝灭不单单是因为某场灾难，而是因为它们天敌的数目增加了。人们已经习惯一些物种经常见到，而另一些物种却不常见，并且对此一点也不惊奇。难道就不能假设，很少见到的那种动物正在预示着要完全绝灭吗？他总结道："假设一个物种的不断减少总能预示着它即将灭绝，并且对这种现象一点也不吃惊，还要用某种超自然的东西来解释，当这个物种真的消失时，才恍然大悟，这就像：本来一个病人的病症已经预示着他要死亡了，但人们对病症本身却丝毫不感到惊奇。当有一天这人死了，才觉得怎么会这样呢？而且很可能还会揣测说他死于暴力袭击。"

对于加拉帕戈斯群岛的生物问题，他在虎克整理加拉帕戈斯群岛的成果里加进了一些东西，并用了大量的例子来说明这些结论。

结尾时，达尔文写道："查阅资料的结果使人吃惊：在这些光秃秃、到处都是岩石的小岛上，创造力是惊人的。但还有更令人吃惊的事情，那就是这种力量的作用在完全相同的情况下，距离还是那么的接近，却呈现出多种多样的结果。我曾说过，加拉帕戈斯群岛可以被认为是美洲的卫星岛，应该说是美洲的卫星群。它们外观相似，而内部器官却不同……"

达尔文在这里没有过多地把自己的理论写进去，因为他认为时机还不成熟。因此，在修改方面也很小心，只是在一些事实和论断方面表示了自己的怀疑。他还认为，像"创造"和"创造力"这些词汇都是不能轻易改动的。

修改完之后，达尔文把它命名为《一个博物学家的日记》，然后出版了，并将其作为送给赖尔的礼物。他承认对《地质学原理》的研究促成了《日记》以及其他著作的主要科学成果的取得。

之后，达尔文写信告诉赖尔关于献礼的事情，接着他又给赖尔写信，说赖尔刚出版的《美国旅行记》中对奴隶制的论断令他非常愤慨，这使他彻夜难眠。估计赖尔很快就给达尔文回信了，并且证明自己对奴隶制的看法是正确的。因为达尔文后来又写信给赖尔表示自己非常高兴，而且还补充了一些内容。他还说，希望赖尔对奴隶制的厌恶情感，在其他著作中也有所表现。

在此期间，一本没有署名的《创造的痕迹》在英国出版，书中以新形式阐述了进化思想。这本书引起了达尔文的注意。这本书分两卷，而且是分两次出版的。第一卷在1843年出版，第二卷在1845年出版。在第一卷里，作者综合整理了各地质时期的古生物化石的大量资料；在第二卷里，他也极力主张生物界自然发展的理论，并用大量的自然科学事实来证明这一发展规律。作者知道，这本书会引起宗教界的仇视，而他又不愿意得罪这些人，所以又说他不反对上帝和上帝的意志，只是不同意“一切都是注定的”的说法……不过，他也坚持说：“我们越来越清楚，生物界的发展……主要是由时间决定的。”

和拉马克的观点一样，《创造的痕迹》的作者承认“自然进程理论”，……但又指出“万能的上帝使各种植物呈现各种形态分布”。

本书的作者所呈现的其他一些论断有很多同样是不科学的，而且是没有理由的空想。但为了证明动物的发展情况，他也引证了胚胎学和古生物学的资料，展现了类似生物遗传学的东西，他说，人是经过鞭毛虫、毛虫、鱼、两栖动物、鸟和低等哺乳动物等阶段发展演变而来的。他认为，在蛋白质内，因为某种电的作用，先形成一个有核的小胞，而后继续扩大，最后形成各种动物。这些都源于两种因素：发展的愿望和适应的动机。他还认为灵长目动物和人的祖先是蛙，因为蛙的后腿有小腿肚。

这本书的作者叫詹博斯，是一个很受欢迎的苏格兰政论家。他对拉马克的理论采取鄙视的态度，但自己的内容又较肤浅，达尔文在地质学会会议上曾见过这个人。在会上，这个人就达尔文研究的罗埃河谷的“平行阶地”进行了演讲，就这样两人取得了联系。关于作者的身份，是40年后才真正大白于天下的，那时达尔文的学说已经完全被世人接受了。不过，达尔文说，书一出版，他就知道出自谁手。詹博斯还寄了一本新版的《创造的痕迹》给达尔文，达尔文写信给虎克：“我就知道作者是詹博斯”。这本书引起了两方面的强大反响：一方面，荒诞怪离的空想引起了很多读者的极大兴趣，要求再版；另一方面，遭到了不少博物学家的一致谴责。因此，进化思想的声誉就这样被《痕迹》的作者给败坏了。因为很多人以为，要成为物种变化、进化的拥护者，即成为一个真正的“演变论”人士，只要胡乱猜想就够了。有詹博斯这样的人，肯定是博物学界的不幸。每当有人对达尔文的理论进行评论时，达尔文都得怀着忐忑不安的心情来看。因为这些原因，达尔文也不再急于写关于物种的书了，并且推迟了出版的时间。他给虎克写信说："当时他被思维清楚、敏锐的博物学家的舆论包围着，如果不处理好，就会一败涂地。"

完成南美地质学后，他说："出版了一些动物学方面的书，效果还不错！现在该出版关于物种的书了。"当年在智利海岸时，他曾经找到了一类蔓足目类型的蟹，这种蟹会钻到其他蟹的甲壳里。后来，他还专门为这个新形态立了一个科目。

蔓足类或蔓足目蟹是极为奇特的动物。它们的幼虫属于大海生形态，也属于低级甲壳纲，是无节幼虫的典型六条腿浮游形态的代表。它后面长着很多小腿，后来变成更为复杂的幼虫。幼虫的身上长出两片鳞，好像一个介形目的小蟹，它用触须把自己固定在一个培养基上，再次发生蜕变，成为"固定"动物。后来，它的小腿长成触须一般，因此被命名为"蔓足目"，而这些小腿也是它们进食的工具。几块甲壳覆盖在鳞上，有的好像石灰质薄片围绕起来的样子。在激浪地带，被大量的胶状物质固定在陡峭的海岸上的海中橡实就是这样。为了弄清这些新蔓足动物的构造，也为了弄清它们与其他蟹类的区别，他开始解剖和研究其他常见的蔓足目形态。为了完成这部著作，他花去了八年的时间，远远超过了他预期的几个月。

因为达尔文的这种顽强和细致的工作方式，他的孩子们误认为任何人都在研究这类生物。有一次，他的一个孩子问庄园的邻居："你在哪里制造海生橡实？"

但不管怎样，这部著作的结果显示了它的根据是充分的、资料是翔实的。它共计两卷，单正文部分，即使排得很密，也有1000多页，这还没算蔓足目各种古生形态的补卷。他还附上了大量的插图和图表。而索引有14页。尤其是校对同物异名的工作非常费时和费力，为此达尔文请教了动物学家司却克兰。

司却克兰比达尔文小两岁，为"命名规则"作出过很多贡献，曾提出"优先权法则"的命名办法。达尔文和他是通过写信完成工作的。

达尔文为蔓足目的研究和写作付出了艰辛的努力，同时这部著作也给他带来了无比的喜悦。他曾写信告诉虎克："正如您所说，观察的本身就是一种隐含的快乐。不过，我还有其他的快乐，是什么呢？就是在我们的头脑中对比相近的事实。因为从事了长期的地质考察写作，现在突然让我重新开始使用眼睛和手，真是一件令人愉快的事情。"但他对物种的描写远比想象的要复杂和困难的多，有时为了找出两个特征物种之间是否有过渡态，他就得花上一两个星期。他也曾抱怨说，在物种命名方面，为了找出是否有前人已经命过名了，就要浪费很多时间。他写信给虎克："我刚刚整理出两个物种，它们共有7个属名，24个种名。"

研究中，达尔文还发现，一些微小的生物体固定于套膜腔里，而且是固定在成年动物身上的，因此很容易把它们误认为是寄生物。当他发现原来这些小东西是退化了的雄体时，他非常惊奇。这些小东西有的已经长成了成年动物，但那些异常矮小的雄体，其实也是雌体。这就是具有严重退化倾向的两性异形现象。而其他物种的固定形态仍然是雌雄同体。这种现象是达尔文第一个发现的。他认为这些形态矮小的雄体是"附加"雄体，因为它们像其他雌雄同体一样，也可以通过异体受精（当然没有雄体参加）而繁殖后代，而真正的雄体一般是当雌雄同体在正常受精遇到某种困难时才发挥作用。

不管雄性如何退化，最终还是雄性，因为很多时候，可以看到同一物种的雌性或雌雄同体动物的个体存在相似的特征……

达尔文说："……不知是否会有人相信这样的事情：就是蔓足目的寄生虫和蔓足目之间的差别不是必然的。如果我对寄生虫的看法不被人接受，就像对雄体的看法，那么这一点就够了。"

确实，达尔文对蔓足目的研究，清楚地向人们证明，想确定物种之间和各个变种之间的差别是非常困难的。后来，连达尔文自己也改变了称呼，他称变种为"开始发展的变种"，而称物种为"发展完成了的变种"。

1853年9月25日，他给虎克写信道："……我还剩下唯一一个疑问：类型究竟是什么时候开始变异的，今天还是昨天？……当我把一定数量的类型分成不同物种开始描述后，我认为不妥，于是撕毁了手稿，重新把它们合为一个物种来描述，又觉得不妥，于是又撕了，再把它们分成单个的物种来描述，然后再合为一种。经常，我会把牙齿咬得咯吱咯吱响，开始诅咒物种，并问自己：为什么我的命运是这样的，难道我必须受到这样的惩罚吗？……”

这部著作最后被分为两部分出版了。1851年，《关于现代海鸭的专题研究和关于古生海鸭的专题研究》出版了；直到1854年，《关于现代海橡实的专题研究和关于古生海橡实的专题研究》才得以出版。

对蔓足目的研究，对于证实达尔文的进化观点很有帮助，也给达尔文自己带来了很多好处。当时，赫胥黎曾说，这项研究为达尔文提供了丰富的实践理论，对于发展解剖学、研究动物发展史与动物分类法的关系，非常有用。这项工作使他以后的研究工作少走了很多弯路，并避免了很多错误，也使他能更有效地利用各种材料。

1853年11月，达尔文荣获了伦敦皇家学会的皇家奖章。他的许多朋友都向他表示祝贺，包括虎克在内。开始达尔文对奖章不是很热情，但是当收到虎克的信之后，他的感觉就不一样了。达尔文给虎克回了一封信，他写道：“那个被人喜爱的人表现出来的关心、友爱和赞美是非同凡响的。因此，同一个事情，只有您说出来才会使我激动，使我异常高兴并且心都快跳出来了。请相信，我会把这种快乐保持很久，这种真诚的、善意的友情比一切奖章都更能让人激动，更有价值。”

达尔文一直都没有断了生病，疾病让他痛苦不堪。1845年，他又一次给虎克写信：“我的身体状况丝毫没有什么变化。我估计，近三年来，我的胃疼会搅得我日夜不得安生，我也感到自己的体力越来越差了，并且呈现急剧下降的趋势。”

他的病情加剧的那段时期，正好也是他的学术被争论得最激烈的时期。因为他要反驳他人对自己学术的疑问，但他却常常感到力不从心，而且还会情绪激动；有时还会进行必要的外出，这些都使他的身体产生了严重的不适，让他痛苦万分。为此，他有时要躺上几个小时，甚至好几天。这段时期内，他的工作时间是每周两天，一天一两个小时。

就这样到了1849年，有人对他说应该去进行水疗，水疗或许对他的病有帮助。于是他来到莫尔文的一个水疗机关，在那里养了四个月（从4月一直到

7月）。水疗确实起到了一定的作用。我们从他给虎克的信中就可以了解到这点，他写道："这种水疗法对我确实很有用，起到了健身的作用。这个月，我连续不生病的天数明显增加了，比以前任何一个月的都长了。现在，我可以每天工作两个半小时了……"

在他身体不好的情况下，达尔文还是会去参加一些英国科学协会会议。比如1846年，他带着妻子去索斯安普敦参加了会议，这是一次很成功的旅行。后来他回忆说，尽管会议上的一些报告枯燥无味，但他很高兴，因为他见到了不少老朋友，还结识了一些新朋友，他对一些爱尔兰的博物学家很看重。中间，他还同古生物学家法更纳等到温切斯特旅游了一趟。

但1849年，在伯明翰举行的一次会议，使本来身体就不好的达尔文，因为"长时间的朗诵"而精疲力竭。

在唐恩，达尔文也经历了两件不幸之事。他的父亲在1849年去世了，隔了一年，1851年，他年仅10岁的女儿安妮夭折了，这两件事使他痛心不已。除了安妮，达尔文还有五个儿子和两个女儿，他们的寿命都比父亲长。

达尔文非常重视子女的教育问题，他很尊重子女个人的志向。他对表兄福克斯说，虽然刻板、老套的古典教育是他痛恨的，但如果真的把子女放在家里教育，他还真没有这个勇气。因此，经过千挑万选，他才把大儿子送进了一所他认为是最好的古典学校。其他的几个孩子的择校标准都是这样：学校必须安排有很多不同的课程，古典主义决不能太占优势，更不能淹没其他课程。

唐恩可以被认为是达尔文第二个生命周期的开始。在这里，时间像钟表一样走着，非常规律和有节奏。尽管他长期患病，但还是创作了许多有价值的博物学方面的著作。在唐恩起初的12年里，他完成了《"贝格尔"号动物学》，出版了《"贝格尔"号航行地质学》，修改并出版了《南美洲考察日记》。最主要的是，他完成了《1844年概要》，这使得他的理论更加自成体系，并且还出版了"关于甲壳纲蔓足目动物的专著"。

第十二章　四年的准备工作

后来的几年里，达尔文的精力都集中在《物种起源》的写作上。这期间，任何一本新出版的生物学著作，他都会细细研究，从而为自己的进化论寻找材料。他曾给虎克写过一封信，在信中分析了《马德拉群岛的昆虫》一书。他认为华拉斯登在书中所列举的事例非常有趣，只是书中的论述部分，空无一物，都是一堆没用的假设。另外，对于岛上昆虫的无翼现象，他还进行了一番解释。

这件事之前，因为得知养鸽爱好者们培育出了许多类型的种鸽，所以，他对鸽子一类的家禽产生了浓厚的兴趣。他再次给福克斯写了一封信，这一次，他的语气很俏皮，理由也很奇特，他是这样写的：

我这次写信，是想请求您做一次观察。我知道，您很忙，有一大堆事情等着做。但是，我也确信，对于我请求的事情，您一定能做到。因为这件事情，就需要您这样的人来完成，对于一个无事可做的人来说，他是办不到的。因为，只有您拥有诺亚方舟，整天跟那些可爱的动物朝夕相处。我相信，您这里一定有鸽子，最好是扇尾鸽。我想让您帮我留意一下，雏鸽在什么时候，能够完全长出可以计数的尾羽。当然，我不敢奢望，在将来的某一天，可以看到一只雏鸽……

接着，达尔文向福克斯解释，他正在写一本书，需要收集一些有关物种不变性方面的事实。现阶段，他研究的问题是，人工培育的品种成长到什么阶段会产生差异。

他继续写道：

为了研究的需要，我必须培育鸽子，培育之前还得前去购买雏鸽。养育鸽子，对我而言可是一件苦差事，绝对称得上是一个可怕的折磨。至于购买雏鸽时，我必须得弄明白鸽子之前的生长发育情况，以免上当受骗。……所以，我还是需要您的帮助，哪怕是一些普通的鸽子也好。我会深表感激，因为我正准备对鸽子的骨骼进行制作，并对不同品种的骨骼进行比较和分析。

在书信的下文里，达尔文提到了一些初步的比较结果。比如，家鸭与野鸭相比，翅膀要小，而鸭蹼却要大。

最后，达尔文从福克斯那里得来了出生一个星期和两个星期的幼鸽，另外，还有一些年龄较大的老鸽。

不过，这些还是远远不能满足达尔文的研究需要。同年5月，他想办法得来了第一批良种鸽，后来，他一连加入了两个养鸽学会，成为了那里的会员。在他写给自己长子的信里，他提到了这段经历，他把那帮养鸽会员称为“一帮古怪的人”。

在鸽子身上，亚种（即次于种的一个种级分类等级）和变种的表现非常鲜明，而且很多样，但是，它们的繁殖速度却很快。因此，选用鸽子做研究对象，具有很强的代表性。很快，达尔文得出了结论：选配供杂交用的种禽，意义重大，但是，追究杂交的类型，意义不大。这点结论，在达尔文最初的《理论概要》中，有过一些阐述。

后来，在写给赫胥黎的信里，他也提到了自己的观点：

一天晚上，我正在一家小饭馆里，听到了身边养鸽爱好者的谈话。有人说，贝尔先生用自己的球胸鸽同罗马鸽进行了杂交。在座的人听到这个滑稽的新闻后，都摇了摇头，脸上露出神秘、惊恐的神色。是的，杂交的方式与改善品种关系不大。

由此可见，鸽子爱好者引起了达尔文极大的关注。在赞扬一些优良的鸽子品种时，他喜欢引用养鸽专家伊顿的著作当中的话：“倘若你特别了解鸽子，你会明白，这个品种绝对是极品。若是让一个精明而有教养的人失去这个品种，他一定会郁郁而终！”

1856年10月，他写信对福克斯说：“对鸽子的详细研究工作对我的帮助很大。从这些宝贵的事实里，我明白了许多家养禽类的变异情况。”不仅如此，他还翻阅了许多旧著作，研究鸽子在各种群体中的逐步演变。除了鸽子，他还研究过家兔和家鸭，不过，在这些研究上，他花费的时间明显要少得多。

在一些细小问题和琐事上，达尔文也毫不懈怠。在此期间，他跟著名的家禽专家——捷格特迈耶尔频繁进行书信往来。但凡是有疑问的地方，他就会找专家请教。这是达尔文的工作习惯。因此，在他的著作上，读者经常能看到一些专家和权威人士的观点。例如，虎克在植物地理分布问题上很有建树，达尔文就将自己这方面的手稿送给虎克审查。只要一天没有得到虎克的认可，他的心就会一直悬着。

有一次，虎克在回信中驳斥了达尔文的论点，他认为生长在高山上的花，不一定就绒毛多、花朵大。达尔文看到虎克的回信后，调侃地说：“高山上的植物，被虎克‘剃了发’。”不过，对于虎克的这些建议，达尔文很重视。有时候，这些宝贵的建议，还会将某种权威观点取而代之。在达尔文写给虎克的信中，曾出现过这样的话：“有时，我很鄙视自己正在从事的编纂工作，不过，我也知道，这是我钟爱的研究工作中一个不可或缺的部分。”

达尔文准备了一块实验田，在一边长期种植作物；另一边任其在15年内自然生长。他对这块地非常熟悉，什么植物的数量增加了，什么植物已经灭绝了，他都了如指掌。这项工作给他带来了很大的乐趣。在这片只有六平方英尺的土地上，他倾注了极大的心血，还将其命名为“种子植物园”，甚至，他关心每一根幼芽的命运。大量的幼芽在他的脑子里，都留下了很深的印象，但是，许多死亡的幼芽更是他关注的焦点。他惊奇地发现，尽管一部分幼苗压倒了另一部分幼芽，导致了幼苗的死亡，但是，根本原因却是因为蜗牛的爬行。

在达尔文写给虎克的书信里，可以找到一些研究资料：

357棵植物，死了277棵，大部分死于蜗牛的爬行。

后来，达尔文去了慕尔公园疗养。在此期间，他一直没有停止过观察。他通过深入细致的观察，为论证《物种起源》中有关生存斗争复杂性的问题，提供了有力的事例。

达尔文非常珍惜那些费心搜集到的事实。他很用心地研究了这些事例，并加以详细地说明，最终还将这些说明逐一检验。

1857年6月5日，在书信的末尾，达尔文称虎克为最好的朋友，并把他看成了一个哲学家。在达尔文的生平里，虎克确实是一位志同道合的好朋友。当虎克得知他在上古植物种类方面遇到了困难时，立即将他需要的植物学书籍寄给了他。

经过一段时间的研究，达尔文深信：在分布很广泛的属中，生物的变种和物种应当最多。为了验证这一论点的正确性，他翻阅了各国的“植物志”的资料。虎克还给他寄来了波鲁的《法国中部的植物志》和菲恩罗尔的《拉底斯本的植物志》。1857年8月，达尔文已经翻阅了英国、法国、荷兰、美国、新西兰、印度还有马德拉群岛等许多国家和地区的“植物志”，并非常认真地检验了自己的一些论点。但是，他仍然不太满意。他写信给虎克，请求他寻找德国和大俄罗斯的“植物志”，另外，还请求他多找来一些植物志著作，最好这些著作对物种的划分标准不一，有的粗略，有的细致。

撰写这部著作，需要极大的耐心，耗费极大的力气。直到1859年5月，达尔文一共用了九个月时间，才完成大小属内部物种的分布和变化情况的研究，完成这一课题后，达尔文将手稿寄给虎克，请他帮忙审阅。

尽管达尔文的手头掌握了大量的事实，但是，他仍然在不停地补充自己的资料库。他也随时向同自己有联系的人寻求帮助，请他们帮忙解决问题。例如，在研究细小生物身上体现的返祖特征时，福克斯给予他极大的帮助，各种

品种的马、波尼马、驴等背上的黑条纹和肩上的横向条纹的分布情况都是他提供给达尔文的。

着手准备书稿期间，除了虎克，还有一个人同达尔文的联系很密切。他就是美国植物学家——爱沙·葛雷。1855年开始，达尔文就开始跟他互通书信，跟他探讨一些植物学方面的问题。这位植物学家出生于纽约州，比达尔文小两岁。他是一个制革匠的儿子。尽管家境不好，但爱沙·葛雷非常出色，他顺利地读完了费尔菲尔德的大学，之后，又继续攻读了医学。

爱沙·葛雷对植物学充满了兴趣。为此，他还特意申报了大学的植物学夏季讲习班。因为他对植物学的强烈热情，植物学教科书作者约·托列依给过他极大的支持。1834年，爱沙·葛雷出版了植物学著作《北美的禾本科和沙草科》。这本书问世以后，受到了欧洲学者的广泛关注，他开始同欧洲的一些学者有了书信往来。后来，他以教授的身份出访欧洲，并观看了欧洲植物园，以及植物收藏品。同时，他也与一些知名的植物学家有了交情。

1838年，爱沙·葛雷前往英国访问。他非常推崇达尔文的学说。对于一个虔诚的宗教徒来说，能做到这一点是非常难能可贵的。在格拉斯哥的那段时间，他受到了虎克，以及虎克父亲的热情招待，并同他们一起探讨有关植物标本集的问题。之后，他去了伦敦，也就是在那时，跟达尔文见了面。当然，他还有幸见到了其他多位植物学家和博物学家。这些专家在学术界都享有盛誉。

爱沙·葛雷完成了英国之旅后，还逐一拜访了欧洲大陆的知名植物学家。这一次，他见到了施列登，这位细胞专家告诉他：通过对一些细胞进行实验，他已经形成了一些细胞学的理论。

学术访问结束后，爱沙·葛雷返回美国。没过多久，哈佛大学向他发出了邀请让他出任植物学教授一职。由于他的努力钻研，再加上研究课题的选题新颖，内容丰富，他的课程在哈佛大学很有名气。很快，他的研究成果在学界成了权威，他自然而然地成了美国植物学这一分支的领军人物。

达尔文同这位植物学家进行书信往来，大致也是在这个时期。首先，达尔文给他写了一封求助信。信的内容大致是这样的：对于生物变异的问题，我已经作了几年的研究，目前，对动物得出了一些结论，我想了解这些结论对于植物是否同样适用。因此特来请您帮忙。

除此之外，达尔文还请求爱沙·葛雷为他提供一些美国高山植物的材料。

达尔文在提出请求的时候，多次表达了自己的歉意。不过，爱沙·葛雷很热心，不遗余力地帮助达尔文解决难题。他不仅给达尔文写了回信，寄去了美国高山植物的统计数据，还将自己新近出版的植物学教材一并寄给了达尔文。

当时，达尔文正在从事地理分布和类型的种属关系的研究，于是，他建议爱沙·葛雷在教材再次出版时，能在美国植物统计表里新加一些统计内容，比如，美国本土的植物有哪些，从欧洲移植的有哪些，这些外来植物的原产地是什么地方。

当然，达尔文做这些工作的目的只有一个，那就是为《物种起源》一书做准备。他频繁地向爱沙·葛雷询问一些植物学方面的具体事例。

受达尔文询问的影响，爱沙·葛雷撰写了一篇名为《北美合众国植物区系的统计》的论文。在收到这篇论文后，达尔文大为振奋。因为他发现，爱沙·葛雷得出了跟他相同的结论——大属的物种，总是有着广泛的分布范围。达尔文分析了其他区域的植物分布后，所得的结论和爱沙·葛雷的不谋而合。

但是，爱沙·葛雷在给高山植物进行分类的时候，运用的是格陵兰的论点，这一点，跟达尔文的理论有所背离。达尔文意识到这一点后，感到很不安。因为他总是坚持一个宗旨：理论联系事实。所以当他看到一个学者亚格西因为自己取得了一些成就，变得过分自信、目中无人时，感到相当反感。他曾经在写给爱沙·葛雷的信中提及了这件事，当时，他是这样说的：

最近，我从赖尔那里听说了关于亚格西的一件事，感到不可理解。他在爬虫纲的研究上很有建树，可以说是奠基人之一。但是，当听到一些跟他相左的意见时，他居然很傲慢地说："我从来没有想过这些，因为自然界是不会撒谎的。是的，我也想这么说，我想对您重复一遍：自然界是不会撒谎的！

在准备书稿的几年里，达尔文的身体总是时好时坏。通过几次水疗，他的精神暂时好转了很多，整个人也轻松了不少。1857年，他在慕尔公园疗养期间，称赞了水疗的良好治愈作用。他说："现在，我可以活动自如，甚至可以像一个虔诚的基督教徒那样转圈和用餐。我的睡眠质量也提高了。而且，我发现水疗能让人的大脑彻底地安静下来，这种功效实在出色极了。"

从达尔文的这番话里，我们也能听到一些言外之意：这部包含着许多数学运算的著作，很伤脑筋。1858年3月，他跟虎克这样写道："今天早上，我的工作很不顺利，进度很慢，我感觉有些烦闷。我的天！这些物种和变种，已经让我痛苦不堪！"

有一次，他跟一个庄园的邻居拉伯克聊天，提到了变种计算问题。对方也是一名博物学家，在谈话的过程中指出了他的一处错误。在以后的两三个星期里，他的情绪很低落。用达尔文自己的话说，他感觉自己快成了全英国最不幸的人！他非常忧郁，觉得自己就是一个最不起眼的动物。因为自己的盲目和一些幻想，他烦恼透了，最后忍不住大哭起来。发泄完以后，他又重新开始计算。

在他给虎克的书信里，涉及他的这段经历，他写道：

那些书我还没再一次审查，我找到了正确的原则，那些数据需要重新计算一遍，只要这两项工作一天没完成，我就得沉下心坐着，一直坚持到最后。对于拉伯克，我想向他表示最衷心的感谢，因为他及时地指出了我的错误。

长期的繁重工作，令达尔文的身体越来越吃不消了，他的身体状况日渐恶化。1858年4月，他再次去了慕尔公园，在那里接受为期两周的治疗。这段时间，他仍然在跟赖尔通信，和他探讨大量地质方面的问题。不过，在一次书信的结尾出现了这样的话：

我不想再继续写下去了。我的身体状况比以往更差了。我得暂时放下这些工作，好好放松一下，多出去走走，多吃点饭，并且多读一些小说。

确实，在这一次的疗养期间，他终于给自己放了假。他给妻子写道：

昨天，我去树林里散步一个半小时。我沿着林间小径一直往前走，这种悠闲的感觉真是一种享受。树林里的景色美极了。苍劲的松树上抽出了新芽，一些年龄很大的白桦树已经开花了，深棕色的柔荑花很漂亮。落叶松也是生机盎然，松叶茂密而柔软，看起来很秀丽。最后，我忍不住在草地上躺了下来，还睡着了。后来，听到了一阵鸟鸣声才醒过来。醒来以后，我发现松鼠在树上蹿来蹿去，两只啄木鸟在愉快地歌唱。这种场景真令人愉悦。我感觉自己的身心已经陶醉在这宁静的景致里，完全把鸟兽的来源问题，放置一旁……

1856年年初，赖尔给达尔文提出了一个建议：尽量完整地阐释进化论。达尔文接受了这个主张，开始写他的物种一书。这和后来的《物种起源》一书是两码事。在他准备这本内容详尽的书时，赖尔提议要他先将观点和研究概要公之于世。这样一来，便可以在理论上取得优先权。但是，达尔文认为这个办法的可行性很小。因为他的进化论学说是由许多小论点组成的，而每个论点都需要加上事实的阐述。如果舍掉这些证据，对他而言是无法接受的。

因此，达尔文给赖尔回信说："对于为了取得优先权而从事的写作，我痛恨不已，但是，若是真有人在我之前发表这些理论，我确实会感到非常懊恼。"可是，我们应该看出赖尔的提议是很有道理的。一时之间达尔文感到左右为难，这种做法有悖于他一贯的原则：他从来不会写出一条没有事例证明的空洞理论。这时候，他想到了虎克，他向这个一直支持他的朋友，倾诉了自己的烦恼和犹豫，并向他透露，自己并不想出版理论概要。

虎克否定了他的看法，并在回信中明确了自己的立场：

到最后，一切的真相都会被事实证明。所以，我觉得您的顾虑是多余的。看到您这样的观点，我感到很不安。因为在我看来，这个想法是不正确的。

达尔文在极大的矛盾中苦苦挣扎，最后，他还是放弃了写作理论概要的念头。他的日子又回到了正常的轨道上来：搜集详尽充分的事实依据，完成一部有关物种的鸿篇巨制。直到1858年6月，达尔文再一次陷入了不安。赖尔的预言应验了！另一个人提出了达尔文的理论！那个人叫华莱士，是一位航海家，同时也是一位动物标本搜集家。他完成自己的理论后，恰好将自己的手稿寄给了达尔文，请他帮忙检阅。华莱士的理论比达尔文更进了一步。那时，达尔文已经继续从事书稿写作两年了，已经完成了10个章节，也就是完成了整个书稿的一半。

华莱士是一个了不起的年轻人。他出生于1823年，家境贫寒，从14岁起就自谋生计。他先后从事过许多职业，当过铁路工人、土地测量员、承包人，还做过国民学校的教师。在植物学方面，他是自学成才。他阅读过许多植物学书籍，18岁起就开始制作植物标本。在从事教学职业期间，他跟一位年轻教师志同道合，交往甚密。这位年轻人和他爱好相同，对自然科学和游览很感兴趣。在他的熏陶下，华莱士迷上了搜集甲虫。

达尔文对华莱士的影响很大。他的《一个博物学家的航行日记》一书，受到了这位年轻人的推崇。华莱士在写给好朋友贝兹的信中还极力地称赞了这本书："这本书的一切内容我都喜欢，叙述内容都是我感兴趣的问题，叙述风格也极其质朴，看不出丝毫的矫揉造作和功利。"达尔文的《创造的痕迹》一书，他也仔细阅读过，他对书里提及的物种起源问题很是重视。另外，看了达尔文的《航行日记》以及有关对洪堡德旅行的描写，他产生了去亲近大自然的想法，而且这种念头越来越强烈。

1848年，他同贝兹一起，开始了自己的梦乡之旅。他们带着自己的积蓄，乘着轮船前往巴西。之后，他们沿着亚马逊河河口一路游览了各个支流。当时，一些国外的蝴蝶和鸟类的搜集品在英国非常畅销。因此，这两个年轻人，将他们的搜集品卖给了一个前往英国做生意的经纪人，以此来支付以后的旅行费用。

这次旅行对于华莱士和贝兹而言，不仅仅是一种谋生手段，因为在他们内心深处充满了对于热带风物的热爱。在旅途中，华莱士萌发了探索物种起源的念头。于是，他找来九个当地向导一起沿着里奥内格罗河一路向上游走去，接着，他又沿着沃佩斯河（奥内格罗河的支流）来到了哥伦比亚。在亚马逊河流域旅行四年，他收获颇丰，不仅得来了丰富的搜集品，还亲眼看见了尚未开化的野蛮人。

旅行结束以后，他踏上了回国的征途。至于那一大批量搜集品，他决定出售一部分，然后把剩余的部分当作美洲各种动植物机体展览出来。可是他没能如愿，他乘坐的那艘轮船着了火，他的全部收藏品在这场大火里化为了灰烬，就连他花费许多心血写成的旅行日记也一并葬送在了火海之中。后来，华莱士和船上的所有人员都被救上小艇，在汪洋大海中漂泊了700海里后，终于遇到了一艘轮船。这艘船搭救了他们，并把他们送回了英国。

然而，华莱士没有被这次不幸的遭遇打垮。在赫胥黎教授的帮助下，他得到了另一次去马来群岛长途旅行的机会，这一次，由政府提供津贴。1854年，华莱士从英国启程前往该岛。在那个岛上，华莱士一待就是八年。在这八年里，他得来大量的搜集品，并将这些都运回了英国。生活在岛上的日子也为他亲近自然提供了便利，他经常去群岛各地实地考察，掌握了大量的第一手资料。这些资料，为他后来撰写有关马来群岛的博物学著作提供了很大帮助。另外，他的两卷本《动物的地理分布》一书的写作，也得益于这段时期的经历。

当华莱士还在马来群岛工作期间，就开始跟达尔文进行书信往来了。他们的往来还得从华莱士发表的一篇文章说起，这篇文章名叫《控制新物种出现的规律》，1855年发表在伦敦的一家博物学杂志上。这篇文章虽然影响力很小，但是意义重大，因为它牵扯了达尔文跟“华莱士的事件”的真相。

这篇文章所探讨的问题，正是达尔文那个时期的研究课题。在文章里，华莱士试图去阐述物种的起源问题。当然，他在进行理论证明的时候，不仅借助了自己的丰富经验，而且也翻阅了许多文献史料，其中，达尔文的《航海日记》也在他的参照之列。

但是，华莱士的论文发表以后，并没有引起什么关注。1856年10月，就论文的命运问题，华莱士写信向达尔文请教。因为学术界的反应实在让他失望，所以从苏拉威西给达尔文寄信的时候，华莱士便开始心事重重。

达尔文看到华莱士的信后，马上就写了一封措辞亲切的回信。他告知华莱士，那篇论文的内容自己已经看过了，并且非常同意他的观点，还告诉他自己研究这个领域已经20年了，但是这个理论涉及的内容太广泛，自己无法在书信中详细讨论。

从达尔文和华莱士两个人的通信可以看出：达尔文先于华莱士开始研究物种起源问题，关于这一点，华莱士本人也非常清楚。因此，达尔文在书信中，从未向华莱士提过这方面的理论。也就是说，华莱士得出选择的思想，完全是自己努力的结果，跟达尔文没有直接关系。另外，这种说法，也得到了达尔文朋友赖尔和虎克的极力赞同。不过，为了慎重起见，我们有必要弄清楚华莱士得出结论的过程。

1858年1月25日，华莱士来到了特尔纳特岛，这是一个位于安波那岛北部的小岛屿。他到达那里以后，就染上了疟疾，而且很严重。所以一旦疟疾发作，他就只能停下手头的工作。不过，这也给他思考问题提供了时间。他想起了各种类型的问题，耗费他精力最多的还是物种起源问题。他当时的生存状况，让他想起了马尔萨著作里的话：灾难、饥饿、疾病和战争，是影响人类繁衍的重要因素。

正是这句话，激发了他的灵感。他马上明白了一个道理：一些适应性强的动物会存活下去，而那些适应能力差的，只会面临灭顶之灾。于是，物种起源和生物适应性的疑难一下子便迎刃而解了。就在当天晚上，当疟疾给他带来的痛苦稍有缓解后，他赶紧把自己的想法付诸于文字，接下来的两个晚上，他又就此问题作了详细的阐释。这些文字，后来就成了《论变种无限地离开其原始类型的倾向》一文的手稿。论文完成以后，华莱士就把它寄给了达尔文，让他变成了这篇论文的第一个读者。

然而，达尔文读完论文以后，内心掀起了轩然大波。因为，华莱士的思路和他完全一致：都把“生存斗争”原则应用于解释物种起源问题。达尔文在写给赖尔的信中，表现出了极大的震惊，并称这件事情是一次“惊人的巧合”。

尽管他们之间存在着许多相同点，不过，还存在着一个本质性的差异：达尔文的观点是从家养动物的人工选择中得出的，最后把这个选择原则应用于自然界。而华莱士则是从自然界入手，认为在家养状况下得到的变种或多或少是不稳定的，因为物种总是表现出要返回到原始物种的形态。

即使存在这些区别，情况对达尔文仍然很不利。如果华莱士发表论文在先，达尔文再出版自己的著作在后，难免会引起别人的误会，逃脱不了抄袭之嫌。因此，为了避免陷入这种被动的局面，需要在发表华莱士的论文的同时，把达尔文很早的研究成果也一并发表出来，以此取得理论上的自主性和优先权。赖尔同虎克商议以后，就给达尔文写信，向他提出了这条建议。

因为这件事的影响，达尔文的身体状况变得越来越差。此段时期，他简直是祸不单行。他的家里又传出了噩耗：他的两个儿女染上了重病。其中一个因为患上猩红热已经不治身亡了。

1858年7月1日，林纳学会紧急召开会议。这次的会议，达尔文缺席了。华莱士事件加之家庭的不幸遭遇，已经让他不堪承受，他再经不起任何波折了。因此，在会议召开的前一天，他把全部材料都派人交给了虎克。会议当天，赖尔和虎克将达尔文的材料交给了书记宾尼，同时还附上了一封书信。

从这封信里，可以看到华莱士事件的真相。有关这一事件，这封信应该算是最接近事实的文字资料了。下面是书信里的一段话。

这两位先生——达尔文和华莱士，在不知情的情况下，独立地建立了一个同样的学说。这个学说，就是物种的起源问题。他们的见解是独到的，就算是称他们为卓越的思想家，他们也是当之无愧的。不过，现在出现了一个难题：两人都没有在刊物上正式发表自己的观点。尽管我们在许多年以前，就多次跟达尔文先生提出过这样的建议。现在，我们两人不胜惶恐，因为两位作者都把自己的著作权转交给了我们，应允我们全权处理。赖尔先生代表华莱士先生（华莱士写给达尔文的书信中，授权将论文交给赖尔），虎克代表达尔文先生。现在，我们二人达成了一致意见，决定把这两份珍贵的著作摘要交给林纳学会，这样一来，也算为科学事业尽了自己的一点绵薄之力。

1858年8月，林纳学会的学会杂志将此事作为一个重要话题，大做文章。

除了发表整个会议记录之外，赖尔和虎克写给学会的证明信，还有达尔文和华莱士事件的整个报告也被一并刊登了出来。

达尔文觉得心神不宁。因为他不知道华莱士作为整个事件的发起者，对待林纳学会上的事情，会有怎样的反应。华莱士还在海外，等他得知消息时，肯定是在很久以后，他根本无法干预此事以维护自己的权利。这个时候，虎克看到了达尔文的为难，他又一次向达尔文伸出了援助之手。他给华莱士写了一封书信，言辞非常客气，但表意很明确。在信上，他将他们在林纳学会上的所有安排都告知了华莱士，并解释了将他们二人的论文一并发表的原因。在信的末尾，达尔文附上了自己的几句话。他说：自然选择学说就像一剂泻药，治好了虎克不可变化的肠子。其实，他的意思就是，在他的影响下，虎克放弃了以前坚持的物种不变论，接受了进化论的观点。

由于工作和家庭都不顺意，达尔文一时间陷入到了极大的痛苦之中，于是，他决定前往怀特岛散散心，稍作休息。

事到如今，生活给他上了生动的一课，他发现，自己持续不停地搜集资料，而拖延书稿完成时间的做法是错误的。于是，他作了一个决定，听从赖尔很早以前给他提出的建议，马上着手书写《摘要》，从海滨回去以后立即开始。当时，虎克也给他提了建议，要他把书稿写成可以单独分离出来的形式，以便能摘出来用于在林纳学会上作报告。好在这一次，达尔文没有反对，在会议前，他把一篇名叫《在家养下的变异》给了虎克，这篇论文内容非富，足够整次会议使用。

在海滨休息期间，达尔文没有停止观察，这仿佛是他的必修课。在此期间，他在跟虎克的书信中转述了自己的一篇札记，内容是有关海浪传播生物的问题。研究了涨潮后被冲击到海岸上的动物遗骸以后，达尔文发现了13个已近绝迹的甲虫种。另外，他还留心了飞帘种子的传播过程，悉心观察这些种子是通过何种途径被风卷入海里的。

在海岛上休息了一个月后，已经到了9月中旬，达尔文终于开始书写《摘要》了。这些日子，他的孩子们对收集甲虫产生了极大的兴趣，当然，这件事情也是他童年时期的最大乐趣。孩子进行收集工作时他经常参与。他跟拉伯克这样写道：

当听说他们发现了稀有甲虫时，我就兴奋不已，就好像是一匹老马听到了冲锋号，一下子精神抖擞起来。你知道，我对昆虫学的热爱已经达到了狂热的程度，这个比喻对我而言，无疑是贴切的。

11月份，达尔文收到了哲学家赫伯特·斯宾塞寄来的一卷《试验》。赫伯特·斯宾塞也支持生物进化论，并对“创造”生物的一般观念进行抨击。达尔文在给斯宾塞写回信的时候，赞扬了他的观点，并跟斯宾塞谈到了一些自己在这方面的研究结果。此外，他还指出自己与哲学家的不同之处，即他是站在博物学的角度来研究对象的。

达尔文的《摘要》书写仍在紧锣密鼓地进行着。截至12月底，他已经完成了300页手稿；按照他的计划，接下来还有150页至200页的任务量。在书写摘要的过程中，他每完成一章后，便会将其寄给朋友，请求他们为手稿提出一些修改意见。

1859年1月，达尔文终于收到了华莱士的回信，信是写给他和虎克两人的。这封回信让达尔文心情大好，因为据回信的语气和措辞来看，华莱士对于赖尔和虎克在林纳学会上的安排，毫不介意，也不看重优先权问题。

在林纳学会闭幕50年后，华莱士提起此事的时候，是这样说的：

我这种观点是突然产生的，这一点跟达尔文先生一样。接着，我花费了几小时的时间，将这种想法理顺，以书面形式迅速记录下来，并且写明了产生这种想法的起因。写完这些以后，我用几张信纸誊写了一遍，就寄给了达尔文先生。所有的事情，我在一个星期之内就完成了。当时，我只是一个毛毛糙糙的年轻人，而且这个毛病一直没能完全克服，而他，是一个兢兢业业的学者，对研究事业满怀热忱。他一直致力于全面发现真理，并证明真理，而对个人成就的展示，不大关心。

《摘要》的进展相当缓慢。一直到1859年3月，达尔文才完成了有关地理分布的章节，完成以后，他就把手稿寄给虎克审阅。3月16日，有关分类法、形态学、胚胎学等章节陆续完工。

这段时间，达尔文又做过几次水疗。因为水疗能够暂时地让他振作精神，保持充沛的体力。3月24日，他写信告知福克斯一个喜讯：他的工作已经接近尾声了，正在对出版的几章内容做最后的修改。在信中他还态度坚决地驳斥了福克斯的观点。因为在福克斯看来，他那样拼命的工作是为了赢得一个好名誉。不过，达尔文在信中这样写道：

从某些方面来讲，我的确很看重名誉。不过，我很有分寸，懂得取舍，不会被名誉所累。因此，我不赞同你的观点，我的工作只有一个目的，那就是寻找真理，并证明真理。

同年3月，赖尔开始着手将达尔文的全部手稿一并出版。之前，他已经把《地质学原理》出版成书。得知达尔文并不反对这种出版方式后，他找到了穆瑞洽谈，准备把书稿交给这个出版商。3月底，达尔文得知穆瑞已经接受了自己的书稿，数日之后就会把书稿出版。这对于达尔文而言，无疑是个天大的喜讯。就出书一事，他询问了赖尔不少问题，并请求他给出意见。

他给赖尔写道：

您得帮我想个主意。因为我书中的观点，跟时下的正统观点有些冲突。我想把这一点跟穆瑞说清楚，不知道是否合适？我是不是应该跟他说明，我没有涉及人类的起源这一类敏感话题，也没有跟《创世纪》针锋相对，只是在列举一些现象，由这些现象分析出一些结论？

读了这封书信，你会发现一件有趣的事情：一向重视思想自由的达尔文，正在有些违心地回避出版者的宗教偏风。看得出来，他很担心出版者被“蒙骗”。所以，在签订合约之前，他坚持让出版商先读上一部分，哪怕是前三章也好。事实确实如此，穆瑞读完一段手稿后，震惊极了，他认为达尔文完全在胡言乱语，简直是荒谬透顶，这种荒谬的程度绝对不亚于听说一个老太太跟一只兔子顺利结了婚。不过，穆瑞毕竟是个商人，以一个商人的直觉，他预感这样的书籍一定会很受欢迎，对他而言，只要有了这一点就足够了。

接下来就开始出书了。在书本的命名上，他们的意见不太一致。达尔文将书命名为《关于通过自然选择的物种和变种的起源一书的摘要》。穆瑞拒绝在书的名字里出现“摘要”两个字。赖尔不赞成出现“自然选择”这个术语。不过，在这方面达尔文的态度很坚决，他认为“自然选择”这个术语，会引起畜牧家的关注，因为在他们中间，这个术语很是流行，而且对于表明家养动物和野生动物的选择或育种原则的共同性而言，这是一个很合适的术语。

4月初，书本进入了印刷阶段。6月份，校样成形了。拿到校样以后，达尔文很是不满，他把校样全部更改一遍，另外还附上了自己的评价——文体差劲极了。用穆瑞的话说，达尔文差不多把校样重写了一遍。他对文体的要求极高，要求文体绝对清晰，事实完全准确。把校样修改完以后，达尔文给赖尔和虎克各寄去了一份，请他们帮忙检查，并要求他们改正一些事实和证据上的错误。

10月1日，随着清样校对的完成，书稿的出版工作也接近了尾声。因为长时间的繁重工作，达尔文变得疲惫不堪。由于糟糕的身体状况，他不得不住进了约克郡的艾克雷水疗机关。前三个星期，他彻底放下了手头的工作，过上了闲散的生活。尽管这样无事可做的日子让达尔文很不习惯，但是，由于这段时间的修养，他的体力恢复得很好。于是，他开始帮助虎克审阅《澳洲植物志》的绪论部分。

1859年11月24日，《依据自然选择的物种起源》一书出版，共计1250册。该书出版以后，当天全部售完。这完全出乎了达尔文的预料，在他看来，作为首次出版，印制这么多册有些冒险。

其实，在这一点上，达尔文完全不必如此悲观。正如穆瑞所说，早在林纳学会召开会议期间，达尔文正在准备物种起源一书的消息就已经传开了。对于这位卓越博物学家的著作，许多人都在拭目以待。

不过，在这一时期已经出现了反对达尔文的声音。其中，都柏林的地质学家霍顿教授就是一位反对者。在爱尔兰首都召开的一次都柏林地质学会年会上，霍顿对达尔文的进化思想提出了质疑，在他看来，达尔文和华莱士的思想没有可取之处，因为凡是正确的都是一些业已成型的旧观点，而他们提出的新想法都是错误的。后来，达尔文得知了这个发言的内容，评价它堪称是“未来批评的范例”。

然而，赖尔的发言具有极其重大的作用。尽管他对达尔文本人有着强烈的好感，但是，在对待物种起源的问题上，要想让他彻底摒弃旧主张是很困难的。事实上，他仍然倾向于“创造力量的干预”是必然的这一类型的观点。但是，这一观点在达尔文看来，只会令“自然选择学说丧失应有的价值”。

不过，即便是这样，也没有影响到赖尔在英国科学协会第二十九次代表大会上的发言，在代表地质分会发表有关《人类的古远性》的演说时，他提到了达尔文，在提及他本人和《物种起源》一书时，言语中充满了同情。

他在发言的结束语中说道：“在具有高度的理论兴趣并且由于地质学和博物学的现代成就而引起人们注意的问题当中，没有一个像物种起源这样引人注目但同时又含混不清的问题了。在这个难度大而又神秘的问题方面，很快就要出版查理·达尔文先生的著作——这是在动物学、植物学和地质学方面观察和试验了20年的成果，这些观察和试验使他得出的结论：引起动植物形成亚种和经常的变种的自然界的力量，也是在较长的时期内产生物种，在更长的时期内使同属产生差别的那种力量。”

在引证赖尔发言时，索博利指出了两点有趣的现象：其一，在介绍达尔文学说时，赖尔在这种学说身上赋予了‘等速变说’的色彩，而在谈及人类的古远性问题的发言时，他也做过同样类型的介绍。其实，所有这些类似的学说，都有着深刻的内在联系。等速变说无非证明了一个问题：旧的宗教学关于地球是在不久前通过创造才产生的，这一说法是错误的。其二，《人类的古远性》认为人类的存在可以追溯到很古远的时期，至少，人类和犸猛动物应该属于同一个时代。而达尔文的生物进化学说同样把生物起源向前推移到了很多个世纪以前，并认为这种起源归因于现在还发挥着影响力的自然界。赖尔和达尔文的学说涉及的对象一样，都是针对“造化论者”和创造说的拥护者，而且人类古远性学说的提出，必然会引起生物起源问题中有关人类起源的讨论。

值得指出的是，由于华莱士事件的影响，达尔文只能放弃已经构思好，并且开始着手撰写的大篇幅内容，他的写作计划也因此被打乱了。经历了一系列的变故，达尔文暂时推迟了“巨著”构想，并将书本的叙述内容大量压缩，引用证据数目也减少了很多。最终，《物种起源》一书完成了，那时达尔文已经年过半百。

第十三章
《物种起源》的问世与“达尔文主义”

1958 ~ 1959年，达尔文的事业达到了巅峰。在他乘坐“贝格尔”号环球旅行的时候，他的进化论基本思想形成了。之后，他花费了20年的时间，对这个问题进行深入、细致的研究。这20年来，他一直坚持不懈地搜集大量事实，逐步完善自己的理论和主张。最终，在唐恩小镇——一个僻静的地方，达尔文将自己的思想付诸文字。为了使这些思想看起来井井有条，他采用了多种表述方式。简略的提纲、系统的叙述、最详尽的阐释等形式，都在他的著作中有所体现。著作问世以后，引起了学术界的一番争议。不管他们对这部著作评价如何，是恶意中伤和有失公允也好，是认同和震惊也罢，这种现象最终指向了一个结论：学术界对这部著作很重视，而非置之不理。

《物种起源》的出版问世，不仅对作者达尔文意义重大，并且在学术界也是一次重要的转折。该书问世后的一段时期，也就是19世纪50~70年代，知识分子开始从新的角度重新审视人类与自然界的关系。这种变化，在人类历史上是一件大事，它给人类带来的影响决不亚于人类摒弃“地心说”而逐步坚信“日心说”。

不过，在此之前，进化论学说一直属于异端学说，为了捍卫真理，达尔文进行了长达10年的尖锐斗争。在这10年里，达尔文的思想，包括达尔文本人经常遭到猛烈的攻击，这些攻击的无礼和恶毒程度令人发指。

达尔文是个温和的人，对人向来彬彬有礼，即便在对手面前也是如此。

在这场持久的论争中，尽管他是最主要的被攻击对象，但是，他的朋友和拥护者遭受的攻击一点也不比他少。在这场战斗中，这些人经常处于风口浪尖，为追求真理不懈地奋战。在他们的努力之下，达尔文赢得了更多的拥护者，凝聚着达尔文思想精髓的著作，也在不断地翻新版本和出现新的译本。随着著作的广泛传播，那些反对者的尖利爪牙被真理粉碎了。

一位早期的进化论维护者布丰说过："风格即人。"早在1753年8月25日，布丰在法兰西学院的一次会议上使用了这句名言。当时，他发表了一篇名为《风格论》的演讲，在演说结尾的时候，一句"风格即人"语惊四座，自此被人们广泛引用。

谈到《物种起源》一书，我们也不得不提到它的风格。整本书就像赖尔评价的那样，是一个很长的论据，它解释了进化论的所有理论内容。而且，用自然选择理论完美地论证了进化论的原因。我们上面提过，这本书有一个拟订提纲，因此全书很有条理，逻辑性很强。

就像提纲里规划的那样，达尔文从一系列实践活动入手，展开了他的鸿篇巨制。

首先，达尔文以他自己饲养的家鸽为例，证明人工选择能够引起亚种之间的很大差异。接着，他把这种选择又转向了自然界。在证明了自然界也有变异和遗传，自然界中代替人工选择的原因是"生存斗争"以后，达尔文转而谈到了理论的难点。

在这部分，他列举的例子不多。即便这样，他的逻辑性依然很强。他先比较了简单器官的发展，接着才转入复杂器官的比较。在对生物本能问题上的比较也是如此，先从简单的着手，继而进行复杂的。通过这样循序渐进的比较，达尔文很自然地引出了自己的结论。在阐述复杂本能的发展情况时，达尔文不仅列举了三个鲜活的例子——杜鹃把蛋下在别的鸟巢里的本能，蚂蚁的奴隶本能和蜜蜂营造精美的蜂房的本能，而且还擅长从自然界中找到一些过渡性状，对本能的发展加以阐述。

另外，《物种起源》还有一个显著特点：批评自己的理论。达尔文对于自己的批评相当恳切，对自己面临的理论难点毫不隐瞒。他不会为了坚持自己的主张，减少非议，而避开难题，那不是他的做派。相反，他主动请求对手提出自己的弱点。得知这些不同的意见后，他相当重视，不仅将这些异议加以分析，而且努力去解决那些难点，让自己的理论进一步完善。是的，多年以来，达尔文一直都遵循着这条金科玉律，最终才取得了巨大的成就。

当然，这本书的独特风格不仅仅在于全书的大纲和逻辑性上，详尽的叙述也是本书里值得圈点的地方。在达尔文的心中始终抱着一个宗旨，即让读者相信各种物种因为自然选择的作用在不断地进化。自然选择理论是一个极为复杂的理论，因此达尔文对这个理论里的每一个小分支都进行论证，并且举出一些实例。对于理论中的难点，达尔文还会进行额外的说明。然而，所有的这些理论都需要建立在大量的材料说明之上，对这些材料合理利用，让读者对这些材料有个系统的把握很重要，不然的话，读者很容易张冠李戴，使例子和概念脱节。

因此，为了方便读者的阅读，达尔文在著作的绪论部分将自己的行文思路作了一番描述，并说明书本划分章节的根据。而且，在每个章节结束时，达尔文会就整个章节的内容，写出一个小结；在书本的末尾还附上一篇《复述和结论》，将人工选择和自然选择理论再一次进行阐述。另外，他还特意检查了分散在全书各处的相反意见，仔细地推敲自己对于这些异议的论证，以方便读者得出结论。

可做完这些，达尔文觉得还不够。他又在每个提要的结尾，绝大部分章节的最后，加上一句精心编写的结束语，用以进一步强调有关选择和进化的思想。为了使这些结尾部分更加醒目，让读者重视这部分的内容，在结尾处，他通常采用大写字母来书写某个要素的名称，如“变异”“选择”等。事实上，达尔文这么做，是完全有必要的。因为，在所有的章节里，都包含着大量引证的事实、证据、论断和争论，给予特别的强调以后，读者在阅读的时候，就容易对全书有个系统的感知，也很容易看出每一章所叙述的内容不是脱节的，都是为了论述全书的基本思想。

此外，书本的叙述口吻也值得赞扬。在阐明观点的时候，达尔文的讲话留有余地。在阅读全书的时候，你从来不会觉得咄咄逼人，作者从未把自己的观点强加于人，也没有强加指责对立的观点。相反，在证明或是反对异议思想时，他引用大量事实，引证各种意见和文献，让读者自己去判断是非曲直。

达尔文对自己的理论定位很准确。他很明白，自己所从事的进化理论是一个复杂的理论体系，需要由浅入深、循序渐进。因此，在将自己的思想付诸文字的时候，他已经有了充分的心理准备：读者不可能马上接受自己的理论。他常常告诫自己说："即使一个人赞同我的一部分理论，但并不代表他会同意我的其他观点，只有他理解了我的全部理论，他才能完全同意我的观点。"

在书写著作的时候，达尔文就是按照这样的标准来要求自己的。《物种起源》出版以后，很多读者对于进化论有了一个较为深入和广泛的理解。这些读者中间不乏达尔文的忠实膜拜者，他们已经被达尔文的全部理论说服，对他的进化论学说由衷认同。植物学家华生也是其中之一。1859年，华生给达尔文写了一封热情洋溢的书信，不仅表明了自己的立场，而且表达了对达尔文的敬仰之情。

当然，任何理论都不可能博得满堂彩。有些读者只能部分接受达尔文的进化论理念。在他们中间，有一部分人赞同进化理论的基本原理，但是，认为一些次要的枝节还存在漏洞；还有一部分人认可自然选择理论，可与此同时，他们认为这个理论对人类精神能力的解释有些牵强。其中，华莱士就持这种观点。另外，在读者群中还存在这种情况：他们接受了自然选择的意义，但对于类型的可变性只是选择性地接受——有人认为可变的只是物种，而属是单独形成的；有人认为可变的是物种、属和科，而不是目和高级单位；也有人认为从种到纲都存在着可变性；而第四种人，他们也认为一直到门都是可变的。总之，每人一个主意，按照达尔文的说法，他们已经不再认同他的理论了。

不仅如此，在达尔文的读者中间也开始出现了一些敌对势力，他们的影响也开始一天天加强。尽管一些人对达尔文的理论持有异议，但是，他们对达尔文的严谨治学给予了相对公允的评价。还有一些人，他们指出达尔文的研究方法本身存在着缺陷，认为他在验证一些理论的时候，采用的论据并不是来自于具体事实和直接观察。不过，态度最强硬的否定者是宗教信徒。因为在这些宗教徒眼里，达尔文动摇了物种不变论，就动摇了自然宗教的基础，因而也动摇了神的启示。

总之，有关《物种起源》的评价可谓五花八门、种类繁多，这些各执一词的个人或者流派经常为了维护自己的观点而争论不休。为了推翻人们的旧观念，打败物种不变论，达尔文不得不投身到这场激烈的斗争中。这场斗争，后来被称为捍卫达尔文主义。

在捍卫达尔文主义的斗争中，托马斯·赫胥黎是一个非常重要的人物。他是个教授，只有35岁，在达尔文的众多朋友中，算是比较年轻的一个。他从事博物学方面的工作是从一艘军舰上开始的，这点经历跟达尔文相似。

起初，赫胥黎在物种起源问题上，持观望态度，或者可以称作是一种“积极的怀疑主义”。他既不相信创造论，不相信神具有超自然的能力，能够干预大自然，也不相信类型的进化的理论——这是当时广泛流行的一种进化理论，由拉马克提出，主要观点都体现在《创造的痕迹》一书中——作者用以证明进化存在的论据太少，且书中对进化方式和进化原因的论述有些牵强，因此这个理论很难让人接受。

由于在《物种起源》出版之初，物种创造论的观念还未深入人心，所以在达尔文看来，他的观念一旦公之于世，必定会招致许多反对，甚至还会给自己带来麻烦。但是，他的心里有一个希望：当自己的论断和证据被一些科学家理解以后，这些无私地追求真理的正义之士，一定会支持他。于是，书本刚刚印制完成，他就把自己的作品寄给了他们，请求他们作出评价，并提出意见。首先，他选中了三位评判者：赖尔、虎克、赫胥黎。其中，赖尔在地质科学中实行过变革，虎克读完书本的校样以后，就变成他忠实的支持者了，至于赫胥黎，是一个很有作为的年轻科学家，他很关心自然史，有关这方面的每一个新主张，他都能客观、公允地看待。

赫胥黎第一次读了《物种起源》一书后，给达尔文这样写道：

除了九年前贝尔的那篇论文，我再也没有读过如此优秀的博物学著作。这本书论点新颖，给我留下了深刻的印象。而且，这本书的格调也是无可挑剔的，我相信，就算是对这个问题一无所知的人，读完全书以后，也能理解您的观点。至于您全书的内容，我很赞同第九章，还有第十章、第十一章和第十二章的大部分。另外第十三章，我认为也相当成功，但是，对于一个问题，我持有不同意见。这些问题，等我有了细致的了解之后，我们再探讨……

假如我估计不错的话，您这本著作问世以后，必然会招致非议，甚至会引来恶意中伤，对于此事，请您一定不要放在心上，不必为此苦恼。您要记着一点——您的思想给那些渴望自由的人带来光明。至于那些恼人的犬吠，您完全不用理睬。请相信，您周围的朋友会跟您一起并肩作战，他们是具有一定战斗力的。尽管你曾经就这个问题给我提出过意见，但是，我相信，我这点战斗力还是有些威力的。我正在摩拳擦掌，等待他们的进攻……

对于《物种起源》，赖尔的态度跟赫胥黎相比，大不相同。就像达尔文评价的那样，赖尔是一个明朗、谨慎、果断的人，他的观点还极具创造性。对于达尔文提出的一些设想，他通常会提出许多不同的意见，如果确实没有不同意见，他依然不会停止怀疑。另外，他非常珍惜科学工作者的劳动成果。

因此，当赖尔看到达尔文多年的研究成果问世时，他在心里为他的老朋友高兴。接着赖尔称赞了这本书推理严密、内容高度集中。但是，赖尔不会忘记提出意见，他指出，为了方便读者阅读，应该尽快出版一个新的版本，在论证那些抽象的原理时，增加一些具体的事例。此外，赖尔还提出了一系列的异议、意见和一些让他觉得困扰的问题。

首先，赖尔指出达尔文在列举事例时，用到像眼睛这样完善的器官是不合时宜的。在他看来，达尔文应该把这个例子加以发展，提出一些更详细的证据。如若不然，干脆将这个例子去掉。接着，他指责达尔文对前一辈进化论学家的忽视。最后，赖尔指出了他和达尔文的根本分歧：他无法接受达尔文有关人类起源的主张，对于达尔文提出的人和猿有种属关系深表怀疑。

没过多久，赫胥黎信中的预言果然出现了。看到达尔文的观点，坚持物种不变论的人们群情激奋。世界创造说的盲目拥护者们也开始躁动不安。一些自然哲学家们也表现了不满。达尔文在《物种起源》一书中说："在人类的起源和他们的历史上，阳光普照。"这句引起了许多人的强烈不满，因为他颠覆了人们心中由来已久的一个想法——人在生物中处于完全“特殊的”地位，而且还这样趾高气扬。从乌莫夫教授的一篇纪念达尔文的文章里，我们找到了这样的话：

当时，不管是本国还是欧洲各国，很多对生物学不太了解的人，都极力反对达尔文的观点。在他们看来，自己遭到了极大的侮辱，因为在达尔文的理论里，人类和猿类拥有同一个祖先。

1859年11月，《英国科学协会会报》上刊登了一篇《物种起源》书评，自此以后，各种各样的批判铺天盖地向达尔文袭来。评论者认为该书的核心问题是人类起源问题。作者在叙述自然选择理论的时候，曾这样批评道：

从少数相当远的祖先着手来探索物种起源理论，带有一定的朴素成分……因此，我们也可以得出：最早的植物是白菜，而最早的动物是鱼，当然也可能是鲸鱼……如果说猿猴经过自然选择演变成了人类，那么人类将会演变成什么？

接着，评论者又从达尔文的书中引证一些不同的观点——地质记录的不完全，缺乏中间环节，在某些地质层中突然出现一大批的物种等，来驳斥进化论。

最后，书评抨击道：

在德高望重的老一辈科学家身上，达尔文先生并没有抱太大的希望。他把希望寄托在年轻人身上，这些年轻人正处在叛逆的年纪，渴望挣脱身上的枷锁……然而对我们而言，只需要把这本书看作一本普通的读物就好……不过，我们不得不承认这本书是值得关注的，而且理应得到关注。有学问的博物学家自会给作者一个公正的评价。在这里，我们可以肯定一点，作者若要一意孤行，坚持自己的主张，一定会迎来一场残酷的论争。对于这一理论，神学家有权作一番评判，因为作者另立一套复杂的、把神排除在外的创造理论，是没有意义的。众所周知，新的物种是由上帝创造的，为什么非要藐视上帝呢？现在，我已经将作者以及著作介绍给读者，接下来轮到圣学院、大学院、教士和博物院作出裁决。

看到这篇书评后，达尔文曾这样给虎克写道："有趣的事情发生了。有人居然把上帝也牵扯进来，而且还鼓动一帮信徒前来处罚我，这样做有失君子风范。虽然他没有明确提出要烧死我，可他已经把干柴都准备好了……"

但是，令人惊讶的事情又发生了：对于达尔文无神论思想的攻击行动，不是从神学杂志开始的，而是首先出现在自然科学杂志上。

地质学家塞治威克公然对达尔文发难，他的文章语气刻薄，让人无法容忍。需要特别指出的是，这个人曾经是达尔文的老师，在达尔文环球旅行前，一度和达尔文前去考察地质。

接着，达尔文的《物种起源》受到了全国范围的关注，所有英国境内的报章杂志都开始发表评论。然而，情况对达尔文越来越不利，在这些评论文章里，大多都是反对之词。

不过，偶尔也会出现例外。一天，影响力很大的《泰晤士报》上刊登了一篇没有署名的文章，此文极为精彩，而且对《物种起源》一书给予了高度的评价。从文章的独到风格中达尔文看出了端倪，他明白这篇文章出自赫胥黎之手。不过，他也知道赫胥黎并不是《泰晤士报》的撰稿人。

这篇评论的产生完全是一次巧合：《泰晤士报》的主编给记者鲁克斯布置了一个任务，让他评论《物种起源》一书。尽管鲁克斯是一位非常优秀的新闻记者，但是，由于很少涉猎自然学科方面的知识，这项工作他很难胜任。于是，有人建议他前去请教赫胥黎。他找到赫胥黎以后，两人达成共识，由赫胥黎执笔撰写书评，鲁克斯只需要完成开场白。后来，两人圆满地完成了这次合作。就这样，书评得以在《泰晤士报》上发表了，极大地提高了《物种起源》的声望。

可是，这种正面的书评只是一个插曲。在当时，充满恶意的反驳占了大多数。达尔文面对直截了当的发难——恶语相向和侮辱，总是一笑置之。不过，他也有恼火的时候，他无法容忍一些评论者肆意歪曲自然选择学说。曾经一度，达尔文的自然选择学说已经完全丧失了它的本来面貌，成为学术史上一次重大的“冤假错案”。

可恨的是，这些所谓的批评家们根本就是在混淆是非，他们从来不给达尔文辩驳的机会，只是一味地将他的观点随意编排，加以讥讽，为此，达尔文苦闷至极。1860年6月，他向赖尔倾诉说，目前他最担心的是，这种接连不断的攻击会让有心了解进化学说的人望而却步，甚至还可能让一些已经接受该学说的人中途倒戈。这段时间，他甚至开始怀疑自己的能力，不能确信自己是否已经把自己的思想表述明白。他在给虎克的信中这样写道：

现在，我觉得是自己错了，我是世界上最笨的一个人，但是，有一点我不明白，难道说赖尔、您、赫胥黎、卡本德、爱沙·葛雷和华生，你们这些人也都无可救药了吗？……也许，唯有时间能给我一个答案，能说明一切。

在另外一封信中，我们能明显体会到达尔文的沮丧。信的内容是这样的：“许多人还是很难接受我的进化论，看来，要想得到广泛的认可还需要花费很长的时间，到底有多久我也说不清楚，也许像物种变化一样缓慢？我快被这些敌对的暴风骤雨摧毁了，逐渐地丧失了还击能力，也许，我会在失败里了此残生了。”

在达尔文最难挨的那段日子里，赫胥黎再一次向他抛去了橄榄枝。赫胥黎确实是像达尔文的一个“总代理人”，替他摆平了许多障碍。

这一次，赫胥黎准备了许久的战斗力，终于派上了用场。

1860年6月，“英国科学协会”在牛津召开会议。《物种起源》是会议的焦点话题。6月21日，道宾尼博士作了一个名为“论植物性别的终极原因兼论达尔文的《物种起源》一书”的报告。做完报告以后，赫胥黎被邀请发表意见，但是他拒绝了。他直言不讳地对会议主席说：“在座的多数听众都不够理智，会让感情影响他们的判断力，在他们面前谈论科学是不明智的。”

其实，早在会议召开之前，赫胥黎和虎克听说，英国的芝威柏特和牛津的主教韦伯福斯会在会议上发言。他们明白这样的安排显然是为了攻击达尔文，所以两人都决定放弃这次会议。可是，在一个偶然的机会下，赫胥黎和詹博思（《创造的痕迹》一书的作者）碰面了，在他的强烈要求下，赫胥黎决定出席会议。后来，虎克也一同列席了。

值得一提的是韦伯福斯主教，他是一位数学家，对自然学科一窍不通。前来参加会议前，有人给他灌输了一大堆反对达尔文的思想。他是宗教界的代表，有一定的影响力，得知他将和达尔文的进化学说有一场正式的较量时，许多人争相参加会议，其中不乏一些宗教界人士。这次会议，到会人数有七千多。

下面我们重点讲讲这位主教。在会议上，韦伯福斯发表了一番言辞尖刻的演说，字字句句极尽嘲讽之能事。他知道赫胥黎作为达尔文学说的拥护者，绝对不会善罢甘休，因此，在演说结束之后，他向赫胥黎提出了一个无礼的问题："赫胥黎教授，请您回答一下是您的祖父，还是祖母来自于猿猴呢？"

他的话音刚落，整个会议厅里一片哄笑。赫胥黎很冷静地接受了挑战，他逐一指出了韦伯福斯在发言中对自然史的重大误解，接着他不卑不亢地说道："因为自己的祖先是猿猴就感到耻辱是不应该的，真正感到羞耻的是这样一种人——他心浮气躁又巧舌如簧，在自己应该出现的活动范围里取得一些成绩还不够（这些成绩本身就值得怀疑），还偏要对自己不擅长的科学领域横加干预。他只顾夸夸其谈，不惜用一些不着边际的议论，混淆大众的视听，甚至，他巧妙地利用宗教中的一些偏见转移听众的注意力，让他们远离一些问题的核心……"

赫胥黎的发言博得一阵热烈的掌声。后来，赫胥黎和韦伯福斯的这场论争成为了一段有趣的轶事。只要人们一提起捍卫达尔文主义的这段历史，就会想到此事。我们应该承认一点，韦伯福斯作为主教对赫胥黎说出那番有损形象的言论，实在是自取其辱，理应受到谴责。

在赫胥黎的一段精彩的演说之后，下一个发言的人是虎克。他进一步地反驳了主教，并举出一些表明主教对植物学一无所知的例子。主教无言以对。

牛津辩论会以后，达尔文开始振作起来。主教由于自己肤浅的言论，受到了一次教训。这次教训，委实让那些不懂自然科学的外行人收敛不少。让人欣慰的是，伦敦舆论界在这次教训之后也出现了转折。后来，达尔文的儿子弗朗西斯从一个辩论会参加者那里听说了当时的一些情况：就在会议结束的那个夜晚，许多人都去了牛津的植物学教授道宾尼家，就《物种起源》的论战，他们谈论了很长时间。不光是进化论的信奉者，就连那些穿着黑礼服、系着白领带的宗教信徒都对韦伯福斯的发言表示不满，而为赢得论战的人感到欣慰。

可是，捍卫达尔文主义的斗争没有就此结束。那些顽固的反对者们在《每季评论》上发表一篇文章，企图挑拨赖尔和达尔文的关系。达尔文的朋友们一致认为这篇别有用心的文章是韦伯福斯和奥温写的。文章是这样写的：

达尔文先生走向了歧途，他偏离一个博物学家本应该走的康庄大道而进入一片充满罪恶的虚幻丛林。他以为自己可以把赖尔拉拢过来，作为忠实的拥护者，遗憾的是，他的如意算盘打错了。当然，达尔文先生的思想对于他的地质学伙伴很有影响力……可是，众所周知，伟大的赖尔先生曾经旗帜鲜明地反对物质可变论。他这种反对之词是成熟的，他提出这一主张的时候已经不是少不更事的年纪，已经经历了长时间的科学研究。

确实，赖尔的立场还不太明确。尽管《物种起源》一书引起了他的极大兴趣，在仔细地阅读之后，他也同意达尔文的主张，但是要他全盘接受达尔文的思想还有些困难。这段时间，赖尔和达尔文的书信往来仍然很频繁，在这些书信中，他经常写到一些新的、次要的异议，而达尔文总会耐心地给予解释。当达尔文得知，赖尔着手开始写一本名为《人类的古远性》的著作时，他期望能在赖尔的新作里看到有利于进化论的主张。但是，他也不免忧虑，因为赖尔曾经反对过进化论，并且他在学术界德高望重，也许不愿公然引起非议？不过，事实证明赖尔是没有私心的。他曾经圆满地处理了“华莱士事件”，还一再跟达尔文建议，让他出版《物种起源》的摘要。达尔文很信赖这位聪明的朋友，但凡遇到什么困难，都很乐意征求赖尔的意见。

有一次，一篇有关《物种起源》的评论引起了达尔文的强烈愤慨，他打算在即将出版的新版本中予以驳斥。赖尔向达尔文提了一条不错的建议：在书本中稍微增添一部分内容，用以答复各种各样的异议，但是，这种回答是不具有指向性的。在赖尔看来，达尔文直接干预论战是不明智的。达尔文听从了赖尔的劝告。因为在捍卫达尔文主义的战斗中，他的朋友们一直在不遗余力地努力着。其中，最值得一提的是赫胥黎，他被达尔文称作"最殷勤周到的代理人"。

1863年，赖尔的《人类的古远性》出版了。该书问世以后，不论是达尔文本人，还是达尔文的敌对者，都非常失望。即使在书中出现的对达尔文最有力的文字，达尔文也觉得力度不够。因此，达尔文沮丧地跟虎克写道："有趣的事情发生了。在这个问题上，赖尔以为他采取的这番行动，鼓足了极大的勇气，就像过去的殉道者那样。"

如同前面提到的，达尔文的进化论不仅在英国本土受到了攻击，在国外也时常遭到非议。在美国，最有影响力的敌对人物是博物学家亚格西，还有几个教授是他的追随者。而爱沙·葛雷则是达尔文主义的坚决拥护者，他收到《物种起源》一书后，就认真地开始研究起来。爱沙·葛雷曾在写给达尔文的回信里说："这本书里最出彩的部分是书本的结构和写作手法，整本书事实材料充分，推论巧妙。"

接着，爱沙·葛雷出版了一本"美国"版的《物种起源》。书本问世以后，作者爱沙·葛雷在本国的《希利曼杂志》上发表了一篇书评，这篇评论将亚格西和达尔文两人的物种起源理论进行了对比。相比之下，前者就显得浅薄，后者则显得厚重；前者有些故弄玄虚，而后者则尽显亲切自然。

然而，亚格西绝非善罢甘休之辈。在一些学术研讨上，新理论往往会引发激烈的争论。爱沙·葛雷作为新理论的支持者，经常遭到亚格西、波文教授和其他一些人的围攻。但是，面对这些像雨点一样密集的反方观点，爱沙·葛雷详细地都予以了批驳。后来，爱沙·葛雷的发言被刊登在《美国科学院院报》上，他把样稿寄给了达尔文。

达尔文给爱沙·葛雷写了一封回信，信上说：

看来，您是个内行人。对于《物种起源》一书，我觉得您理解得相当通透，就如同我对它的认识一般。您在探讨问题时还提出了一些新的例证和论据，这让我吃惊不小，并非常佩服……您的发言，字字句句掷地有声，其威力如同一颗32磅重的炮弹……在我看来，您完全可以转行做律师。

论战仍在继续。报刊上时常会出现奥温和亚格西的攻击言论。不过，他们有些强词夺理。例如，亚格西采用过诡辩。他坚持说地质证据是完善的，而否认变异。曾经他还讽刺达尔文说："要是物种都不存在了，看它们还怎么去发生变异？"听他的言外之意，好像达尔文曾经怀疑过物种存在的暂时性。甚至，因为达尔文经不断积累将新变种起源和新方言的逐步形成作过比较，他竟然否认拉丁文、希腊文和梵文是来自一个共同的起源，而认为这些语言都是独立发展起来的。

爱沙·葛雷依然据理力争。他通过证明，对《物种起源》一书进行了解释。他说，外界以为该书在攻击神学，那完全是一个误会。就像牛顿的万有引力定律一样，达尔文的进化论学说甚少涉及深刻的宗教观念。就这方面的话题，宗教信徒爱沙·葛雷一连写了三篇文章，这些文章被一起刊登在《大西洋日刊》上，总标题为《自然选择与自然神学并非水火不相容》。

这一次，达尔文再次向爱沙·葛雷表达了自己的敬仰，只是这些赞美之辞夹杂着一些言外之意：

在您的文章中，我看到了许多精彩的比喻。先前，我说您适合做一名律师，现在我发觉自己错了。您应该是个诗人。哦，不！这不足以概括您的能力，在您身上兼具了律师、诗人、博物学家和神学家的优点，您绝对是一个优质的混合品种！您注意到了吗？您自己是一个罕见的奇人。

达尔文称爱沙·葛雷是神学家，其实带着讥讽之意。因为，达尔文无法接受爱沙·葛雷从他的理论中引发出神学观念。11月26日，他在写给爱沙·葛雷的信中指责了他，在他看来，爱沙·葛雷对进化论的理解走得太远了，已经偏离了主题，因为他竟然认为“变异是沿着某些有利的方向进行的”。对于这个主张，达尔文难以苟同，他明确地反驳道：“生物不是被设计出来的，他们不是‘设计’的产物！难道在您看来，扇尾鸽的尾在羽毛的数目上和生长方向上发生变异，是取决于少数人的好恶吗？”

之后，达尔文在自己的书信里又提到了这个分歧，而且还不止一次地提及。在他看来，认为神会关心人类的业余爱好，是愚不可及的，不可理解的。

1861年6月5日，他写信给爱沙·葛雷说：

我们意见分歧越来越大了。在我看来，被设计的变异并不能让我的信仰——自然选择，显得多余。相反的是，当我研究了家养下的变异后，我发现了一种现象：大量未被设计的变异正准备着进行自然选择，目的是促使每种生物都能适应环境。

1861年12月11日，达尔文在给爱沙·葛雷的信中说：“在您口中的内在意识，其实有另一个名字，那就是不准确的指导者。”此外，他还写道：“恕我难以接受您的观点，因为在我看来诸如男人的痕迹乳房是经过设计的这类观点，实在很荒谬。”

达尔文为人极其诚实。他对自己老战友的反驳在1860年着手书写的《动物和植物在家养下的变异》一书的末尾已经有所体现，他声称自己断然不能同意爱沙·葛雷的看法——上帝预先决定了每一种变异，而且这种变异具有固定的路线，如同为了灌溉而沿着一定的方向排出的水流一样。

基于这种诚实态度，尽管达尔文手头的材料不够充分，但是，他在此书中没有回避人类起源的问题，他提出了自己的主张。在写给剑桥一位老友——詹宁斯牧师的信中，他这样说道：

在人类起源的问题上，我不会将自己的观点强加于人。但是，我也不会完全隐瞒自己的意见，这样的做法是不诚实的。当然，每个人都是自由的，他们有权利坚信：人类的产生源自于一个特殊的奇迹。不过，对我而言，我找不到支持这个观念的依据，也没有发现它存在的可能性。

在这段时期，赫胥黎在努力实施自己的计划：批驳奥温关于人在自然界中的地位的思想。早在1857年，奥温就提出了新的分类法，这种分类法是针对哺乳动物的。在进行分类的时候，他把人类划分出来，并将其和其他所有的哺乳动物进行比较，将人类列入特殊的一个“哺乳类”亚纲。关于这一点上，奥温依据了人脑结构的几个独特的特点。（在他看来，人脑有下列三个存在：一是大脑半球中从上面盖住小脑的“第三部分”；二是侧脑室后角；三是每一个脑半球的后叶室里的脑壁特别内陷。）

对于奥温的依据，赫胥黎提出了异议。他经过研究之后证明：奥温提出的上述脑部特点并非人类独有，类人猿的脑部同样是这样的结构。这种争论一直延续了两年，最终因为1867年的一次会议而宣告结束。这是“英国科学协会”的一次代表大会，会议在剑桥隆重开幕。在大会召开期间，弗洛乌耶尔教授展示了自己的解剖标本。通过这个事例，验证了赫胥黎的主张：高等无尾猿的脑同人一样，也有人脑的那些特征。

下面，我们提一下《物种起源》的版本更新问题。

1860年1月3日，《物种起源》第二版印制完成，共3000册，同样兜售一空。另外，在爱沙·葛雷的帮助下，达尔文着手准备自己的“美国版”《物种起源》。在这个版本里，他计划写一个历史性的序言，并准备在序言部分提到一些进化论前辈。

其实，达尔文这样做是有原因的：进化论和选择原理吸引了大量的注意力，中途出现许多异想天开的人，他妄想以首先发现这种理论和原理自居。1860年4月，在一家园艺杂志上出现了一篇简讯，作者一栏署名是马太，此人声称自己在1831年，也就是20年前已经发现了达尔文理论的全部内容。此外，达尔文还听人提起，早在1852年，法国的植物学家诺丹曾发表过《关于物种的起源》一书，书中也涉及了选择的原理，著作发表以后，一度被人们作为选择作物种子的理论依据。

最后，赖尔也告诉达尔文一件事情：1853年，德国人夏福浩森在本国的省级协会杂志上，发表了《关于物种的不变性和可变性》一文。在这篇论文里，对于地球上的物种是由过去存在的物种变来的这一思想有所发展，此外，还对中间类型的绝灭问题有所涉及。

鉴于这种情况，达尔文决定在自己的新版本《物种起源》序言中，将这些作者全部提及。比如，在著作中，达尔文提及马太的《论造船业和育树》一书，他评价说："该书的作者清楚地看到了自然选择原理的意义。"接着，他又提出了自己的意见，达尔文接着说："不幸的是，对于这一观点，马太先生叙述得过于简略，他的意见只是一个片段，而且，他用这一论断去阐述一个完全不同的问题，因此，很少被人们注意。"

达尔文就是这样一位规规矩矩的人，他把这些竞争者放进了先驱名单。但是，就像他指出的那样，在那些人中间，有一些观点分歧极端严重，因此，不能细究他们的主张。

总而言之，在自然科学史上，《物种起源》的问世是一件非常重要的事情，因为它的问世标志着一个新的纪元：19世纪的绝大多数知识分子，从此开始改变世界观。然而，这种变革的产生必然需要经过残酷的斗争。在这次斗争中，《物种起源》一书发挥了主力作用。该书接二连三地再版，并被翻译成世界上最通用的几种语言。这本书的格调和结构，还有作者的诚恳态度，散发着令人折服的魅力，从而促进了这次斗争的胜利。并且，这本书为达尔文争取了朋友，也赢得了一些忠实信徒，比如虎克、爱沙·葛雷、尤其是赫胥黎。在捍卫达尔文主义的斗争中，他们积极参与，毫不懈怠。没过多久，这场斗争的波及范围便越来越广，大批量的博物学者都被牵扯其中。

第十四章 继续斗争

有一点我们一再强调，《物种起源》一书只是一部鸿篇巨制的一部分，其作用相当于摘要。这本书也许只代表一种宣言，它将达尔文的学说告知世人，并为学说里的一些观点提供一些方便读者理解的说明和事例，但是，并没有展开证明。因此，针对这些观点，谁都可以用大量其他的例子加以阐明，这些例子看起来似乎有些道理，甚至可以驳斥一些论点。

由于在达尔文的著作里并没有充分体现20年来搜寻的材料，所以达尔文除了再版《物种起源》外，还将精力集中在一些别的著作上。在他看来，这些著作详尽地阐释了《物种起源》中粗线条勾勒的部分。

《动物和植物在家养下的变异》一书，是达尔文远大计划的开端。在他的计划里，选择论和进化论以及各种表明“赞成”或是“反对”的理论事实都要被提及。因此，了解达尔文心思的俄国著名古生物学家——弗·奥·科瓦列夫斯基，在出版他的俄译本《动物和植物的变异》时，添加了一个小标题：《物种起源》第一部。这个标题，在英文原著中是不存在的。

然而，自然选择理论的抨击者们，尤其是认为选择不能说明生物构造的一些人们，认为这些细小的差别是毫无用处的。不过，在达尔文眼中，引证一些例子来解释极细小的器官的功用，是一件很有意义的事情。达尔文在兰科植物的花中找到了这种类型的例子。于是，这些花朵和花朵中凭借昆虫授粉的器官，引起了他的极大兴趣，最终他完成了一本小书，名为《兰花借助昆虫传粉的各种器官》，该书在1862年经由穆瑞之手出版。

早在18世纪，植物有无性别这一问题是人们争论的焦点，一直到19世纪初，这一论争才宣告结束，人们开始承认花有雄性和雌性之分。可是，就花朵的授粉问题又开始出现纷争：在卡麦拉利斯看来，雌雄同体的花是自花授粉；而考尔鲁特则首先主张许多花只有凭借昆虫传粉。他还强调，只有可以酿蜜的花朵才能引来昆虫。

其实，早在1793年就出现过一本这方面的专著，书名为《在花的构造和授粉中揭示出来的一个自然秘密》。该书的作者是斯白伦格尔，他是一位中学教师，在书本里仔细地阐释了这一问题，还细致地描述了花朵中各种由昆虫传粉的器官。遗憾的是，该书问世后影响力不大。后来，英国大植物学家罗伯特·布朗发现了此书。尽管在他看来这本书中存在空想的成分，但是他认为书本多少会对达尔文有一些帮助，就把此书推荐给了他。

早在1839年，也许可以追溯到1838年夏，达尔文就开始注意到花朵依靠昆虫进行异花传粉的现象。1841年，达尔文带着极大的兴趣开始阅读斯白伦格尔的著作，在他看来，尽管此书存在一些无稽之谈，但是瑕不掩瑜，全书散发着智慧之光。不过，达尔文对植物凭借昆虫传粉问题的兴趣，也是由来已久了。1857～1858年，在《园艺者纪录报》上曾刊登过达尔文发表的两篇文章，文章谈及的就是这类问题。那是，达尔文曾得出这样的结论："有一些花朵，它们的器官十分巧妙，这些器官可以预防柱头得到自己的花粉，看来，要想解释这一现象只能用杂交比自花授粉更有利这一理论。"

1860年夏天和1861年夏、秋两季，达尔文饶有兴趣地研究起花凭借昆虫进行传粉的器官来，其中，他重点研究了兰花的传粉器官。

1860年6月，达尔文给虎克写道："您之前说，在植物中很难见到这种类型的器官。我最近对欧洲的一种普通红门兰属进行首次研究，结果表明：花朵的每一部分器官都是十分精致的，而且很容易区分。这些器官比啄木鸟的一些器官还要精致得多。"

在达尔文这本书里除了描写各种红门兰属的传粉器官后，还描写了其他兰花科，比如英国的和热带的兰花，这些兰花的传粉器官很特别。在此之前，罗伯特·布朗曾针对兰花的结构提出过一个简单的示意图。在达尔文看来，这个示意图是研究兰花花朵构造的基础。之后达尔文在罗伯特·布朗的基础之上，对兰花的各个细小器官进行研究，最终他认为兰花花朵是由15种分工不同的器官组成的，尽管这些器官变化很大，甚至变得越来越细小。

接着，达尔文针对两种器官的兰花进行了大量的研究。其中，一种兰花能够通过昆虫把一朵花的花粉传到另一朵上；而另一种兰花则不会让花粉落到同一朵花的柱头上。通过对兰花的构造研究，以及对这些虫媒花异花传粉器官的深入了解，达尔文为物种起源学说找到了充分的事实依据。另外，达尔文也得到了另一个结论：即使那些看起来很微小的变化，都是很有益处的。

更早的时候，达尔文因为自己沉迷于对兰花的研究，称自己是一个有情性的人。当时，他的主要工作是写作“巨著”，而对于兰花的观察，在那个情况下就变成了次要的观察。不过，这种观察让达尔文觉得身心愉悦。对于此事，达尔文曾这样写道：“对我而言，观察比写作有趣得多，但是，这种想法让我觉得很惭愧。此时，我最应该做的事是把精力放在研究公鸡、母鸡和鸭的变种上，而研究兰花这个课题，看起来有些不务正业。”

不过，有一点我们需要特别指出：一直到生命的尽头，达尔文对于兰花的热爱依旧有增无减。在达尔文去世前的第九天，也就是1882年4月10日，他曾经给托德教授写过一封信。这封最后的信件谈及的就是兰花研究一事。他是这样写的：“您寄来的那本关于兰花的著作，我已经拜读过了。书中提到的一些兰花品种我很感兴趣。现在我想麻烦您一件事情：如果方便的话，请用盒子给我邮寄一些您书里面提及的兰花种子。我想亲自培育它们，观察花朵的生长情况，并专门针对花朵做一些实验。”

事实上，达尔文之所以钟爱兰花研究工作，不仅是因为兰花构造美丽、奇异，还有更重要的原因——在证明自然选择能够影响生物的细小器官时，兰花是一个很有利的事实证据。

对于如何出版《兰花》一书，达尔文有些犹豫不决。最初的时候，他想到以论文的形式在《林纳学会会报》上发表，之后，他改变了主意，他把书稿又交给了穆瑞，并提出跟他一起承担书本出版后可能存在的亏损。在他看来，一定量的购买人群是存在的，但是购买者的数量不会太多。不过，穆瑞对达尔文很有信心，他提出由自己独自承担所有的亏损风险。

1862年，该书的第一版《兰花借助昆虫传粉的各种器官》出版。总体来说，这本书在读者中的反响不错，当然，敌对之词也出现过。在《雅典神殿》杂志上，出现了一篇很外行的评论，评论者的语气充满轻视，他怀着讽刺的怜悯之情对达尔文进行了一番“好心”的劝说。然而，许多植物学家对这本书的评价不错，他们认为书本写得很成功。达尔文一向为人谦逊，得知有人称他为植物学家时，他很是惊讶。

大致说来，在60年代，达尔文从事植物学著作的创作时，心情还是相当愉快的。由于达尔文的病症不断复发，致使他不得不停止繁重的课题研究。由于身体状况的限制，一旦他写作速度过快，就会感到疲惫不堪。所以当时，他把现实活物的研究当成了一种放松的方式。他一直认为：对于博物学而言，如果只埋头研究而不将成果付诸于文字，那么这门学科就会变得无趣。在植物学上，达尔文除了研究兰花以外，还将某些植物花朵的二形性和一些攀缘植物作为了重点研究对象。

1861年秋，达尔文完成了有关樱草二形性的著作，接着，他在《林纳学会会报》上发表了一篇专门研究报春花的论文。达尔文相当重视这篇论文，他甚至打算亲自前往伦敦林纳学会就这一问题做个报告。

另外，达尔文对千屈菜这种植物产生了浓厚的兴趣。千屈菜的花朵很特别，这些花朵的雄花和雌花各有三种不同的形态。达尔文把这些花的花粉逐一相互杂交，完成了18种可能出现的组合方式后，达尔文高兴极了，就算说他高兴得有些发疯也不过分。因为通过这次实验，他发现了一些事实——两个品种的花所变现出的花朵性状不一样，可以有力地反击物种不变论。

达尔文把有关千屈菜三形性的观察结果也发表在了《林纳学会会报》上。后来达尔文将载于1863年的报春花，载于1864年的千屈菜，同那篇有关樱草的著作合在一起，于1877年发表了名为《同种植物上的花的不同形态》的论文。

那段时期，达尔文与一些植物学家和园艺爱好者频繁通信，除了我们经常提及的虎克、爱沙·葛雷，达尔文经常往来的植物学家还有季泽尔顿、达伊尔、边沁等人。其中，达尔文在写给虎克的信中表明：他早就把虎克看作“自己的读者”，并且对他提出的意见非常重视，这种重视程度远远高出了其他人。当时，虎克已经接替父亲当上了基由皇家植物园的园长。他对待达尔文一贯亲切、友好，不仅给达尔文提供了许多植物学方面的资料，而且对达尔文从事的一切植物学实验和观察都非常关心。爱沙·葛雷也是达尔文的忠实支持者，他曾多次大力赞扬达尔文的植物学著作。达尔文曾在给他的信中这样写道：“在结尾处，您以最高的褒奖之辞来评价我。您和虎克对我的评价太高了，两位的赞扬让我心里惴惴不安，我生怕有一天自己会变得目空一切，令人作呕。”

《兰花》完成以后，达尔文就把《攀缘植物的运动和习性》的写作提上了议事日程，这是一部有关植物学的长篇著作，里面涉及了一些很有意思的问题，探讨了缠绕植物产生非常合理的运动的原因。达尔文着手创作这部著作完全是受爱沙·葛雷的影响。1862年，达尔文阅读了爱沙·葛雷的一篇有关葫芦植物卷须盘绕的短论文以后，对文章谈及的内容产生了极大兴趣。于是，爱沙·葛雷给他寄来了种子。达尔文将自己精心培养的攀缘植物放进了书房，开始近距离观察这种植物的卷须，他惊奇而又欣喜地发现，这种植物最上面的两个叶子中间的那段茎在不断地、缓慢地旋绕。由此，达尔文得出了一个结论：光线不会影响这种旋绕。不过，要想使这种植物盘丝缠绕，必须事先准备好一些支柱、棍子或树枝。他还发现，这些卷须很敏感，它们一旦接触过哪种东西，就会很快在这种支柱周围缠起来，然后逐渐变粗、变坚硬，在支柱上完全固定。

通过对攀缘植物的运动的研究，达尔文又为自然选择作用找到了一个很好的实证。这次的研究让达尔文进一步看到：自然选择不仅把愈来愈适宜的器官保留了下来，连同适宜于植物生存的运动也一并保留了，而且这些优点都具有遗传性。他兴奋地对虎克写道：“这是一项崭新的工作，这项工作让我受益匪浅。经过这次观察，我发现：相信物种的可变性是正确的，这一原则可以很好地指导研究工作。”

1863年秋到1864年春，达尔文的病情日益恶化。在这段日子里，他极度虚弱，所能从事的工作也只有观察攀缘植物。不过，他从这些观察中得到了很大的乐趣，他的情绪变得非常稳定。然而，他依然没有放弃自己多年以来的习惯：尽量广泛地搜集研究的对象。因此，为了得到各种不同类型的攀援植物，达尔文向许多地方订购种子。其中，也有许多种子来自于皇家植物园。因为需要研究卷须对附着硬物的敏感性，达尔文将一定重量的线绑在卷须上，以此来试探卷须的反应。另外，他发现攀缘植物能够向着有光的方向生长（也就是我们现在所说的趋光性），并且完成这种生长时，所消耗的有机物远远少于一般植物。

至此，达尔文把自己所研究的攀缘植物分成了四类：

第一类正如我们在上文中提到的：植物借助旋绕运动而攀爬，并且这种运动可以改变方向——由原来的顺时针变为逆时针。在遇到支柱以后，嫩枝就停止运动。不过，它会在支柱以外的地方继续旋绕将支柱缠绕起来。啤酒花就属于这种类型的植物。

第二类指的是在接触处受到刺激而发生变化的植物。这些植物一遇到接触点就会变弯，接着缠绕着支柱开始生长。这类植物又被达尔文划分成几个小类别：第一类产生反应的地方是叶柄；第二类产生反应的地方是叶子中间的叶脉。这些植物被称作叶子攀缘植物，它们用有感觉的地方缠住支柱，而且用以缠绕的地方通常会长得很粗，变得很结实，以免植物被风吹掉。另外，达尔文把依靠卷须产生反应的植物，也划归为第二类植物。因为这类植物的盘绕能力很强。

最后，他把利用钩和根部盘绕的植物分别划分为第三类和第四类。

幸运的是，在各个大陆上，攀缘植物的数量很多，在各种不同的科里都可以找到这种植物的踪迹。在植物的59个目中，攀缘植物占45个。通过许多实例，达尔文得出一个结论：叶子攀缘植物很有可能是从缠绕植物演变来的，因为两者之间存在许多过渡形态。而且，在多数叶子攀缘植物身上仍然可以看到缠绕植物特有的旋绕运动，这种旋绕是为了方便它们找到支柱。与此同时，从叶子攀缘植物转变成带卷须的植物是很容易的，因为这些卷须通常就是由叶子或花柄演变而来的，比如葡萄。另外，卷须植物减少了节间的旋绕运动，这一点比叶子攀缘植物要便利许多。值得说明的是，叶子攀缘植物和卷须植物中间也存在着许多过渡形态。

一些攀缘植物的特殊性质也是值得关注的。比如，达尔文提到的一些藤本植物的卷须，像是紫威卷须，它们对光滑的树干和粗糙的树皮不感兴趣，而对苔藓、亚麻或兽毛之类的绒毛情有独钟，一旦遇到这类事物，它们就紧紧地依附其上。为了验证这一点，达尔文专门嘱托虎克留心爬有此类藤本植物的树木，让他看看这些树干上可否长有苔藓或者地衣。当时，达尔文得知虎克正准备前往南方。此外，达尔文对野葡萄的器官也很有好感，因为这种葡萄的卷须的顶端长有一个特殊的突起物，正是依靠这个突起，野葡萄能够悬空地附着在墙壁上，并顺着墙壁攀爬。不过，达尔文不仅仅满足于研究这些，更多有趣的特殊器官也引起了达尔文的关注。

达尔文完成了有关攀缘植物的论文以后，就将论文寄给了《林纳学会会报》。1965年，该论文发表了。事隔10年，达尔文又将植物运动问题拿出来重新研究。从这里我们可以看出：在这些植物学著作上，达尔文没有花费太大气力。

然而，达尔文在著作《动物和植物在家养下的变异》上倾注了大量的精力，为了完成这部著作，达尔文进行了长时间的辛勤劳动。

我们知道，达尔文是从人类的实践，从人工选择中得出自然选择理论的，因此这个理论具有不同凡响的生命力。先前也是考虑到这个原因，在首次出版《物种起源》一书时，达尔文不顾赖尔的意见，坚持使用“自然选择”、“选择”这类在实践中广泛运用的词语。在《动物和植物在家养下的变异》一书中，达尔文首次用一种极其深刻的方法对这种实践进行了研究和评价。达尔文在理顺这种实践时也有一个明显的特点，但是，不久以前，这个特点被一些傲慢的人嘲笑得一文不值。

我们之前提过，达尔文在证明一些问题时，经常会引证一些通信人、专家或者是实践家的证明和意见。在科学工作中，这种做法是一种惯用的模式，而一些不合常规的做法，似乎有些缺乏说服力。在引用一些已经出版的著作中的文字时，我们必须遵守业已成形的规则：准确地指出版本、年代、卷次和页码。在撰写《动物和植物在家养下的变异》一书中，达尔文的博学多识得以充分展现：他在著作中大批量地运用引文，这些引文不仅包括纯文献资料，一些实践家和专家的言论、观点也被囊括其中。在从事书稿写作时，达尔文很注重同这些实践家和专家的联系，因为这是他的一种工作方法，这种方法显示了很强的生命力。关于这一点，达尔文在《地质学》中说道："向别人请教，可以获得经验。"

达尔文在《动物和植物在家养下的变异》前十章，对于家养动物和栽培植物的品种以及类别，作了详尽的描述，并且尝试去解决一个这样的问题：一些类型的生物，它们的野生祖先可能是什么？假如把这些生物置于家养状态，它们将会发生何种变异？

在第一章，达尔文对家狗和家猫进行了详细的分析；第二章提到了马和驴；第三章涉及猪、牛、绵羊和山羊；第四章提及了家兔；第五章和第六章分析家鸽；第七章论述到家鸡的情况；第八章对鸭、鹅、孔雀、吐绶鸡、珠鸡、金丝雀，以及金鱼、蜜蜂和蚕逐一作了介绍；第九章和第十章将谷物、蔬菜、果树、观赏树和花卉等家栽植物列为研究对象；剩下的章节，也就是从十一到二十八章，大面积地开始阐述理论。

在这本书中，达尔文取得了可喜的进步，因为他开始涉及到果实、花、叶、根条等的芽变知识。此外，达尔文花费很多心力去搜集了一些人们很感兴趣的事实，比如，因为嫁接而产生了无性杂种。在这个问题上，达尔文指出："在许多方面，嫁接杂种都与种子杂种很相像。通过这一事实，人们应该看到一个非常重要的生理学问题——一种新生物的产生不一定和雌雄生殖器官有必然的关联。在生物现有的细胞组织中，就存有可以引起变种的因素，这些因素，即使不通过性器官也能相互结合，并且产生表现两亲体生物性状的新芽。"

书本的第十二章到第十四章，谈及了遗传问题，这是一个很值得我们关注的问题。一开始，达尔文就重点指出：一些新的性状都具有遗传性。针对这一点，达尔文说道：

产生一种新性状以后，这种性状通常都能以遗传的形式传递给下一代。虽然这种遗传性是暂时存在的，不过，在现有的情况下，这种新性状的生命力极其顽强。这是多么不可思议的一种现象啊！

很久以前，实践家们在培育出一些有益的家畜品种的时候，就开始采用系谱对动物进行杂交。甚至，在半开化的阿拉伯人各部族中，一直保持着他们的阿拉伯马系谱。此外，他们还掌握了跑马、猎犬甚至各种猪的优良品种系谱。实践表明，一切优良品质通常都会通过亲体遗传给后代，要不然组建这种系谱就毫无益处。通过对多种情形进行观察，达尔文发现：动物由于某种手术或者伤害而引起的变异，也会遗传给后代。当然，我们提及的这两个实验是达尔文引用别人的，前者是布朗·塞卡尔的试验，后者是普罗斯佩尔·柳克的试验。

在这几章有关遗传学的阐述里，达尔文引用了大量的实际材料。这些材料让他吃惊不小，虽然这些事实门类繁多，可是依然找不出规律，不能总结出在什么时候，什么状况下，一些什么特征的性状可以遗传，而另一些不能。但是，这并不是说，达尔文主张遗传力是纯粹偶然地发生作用。对于这种困境，达尔文是这样解释的：在我们不清楚遗传或不遗传的原因时，只能说明一点，我们还很无知。他认为，性状的稳定性并不是依靠性状遗传的久远性来保证的。只有生存环境不变，这种性状才能被顽强地遗传。

对于返祖现象或返祖性问题，达尔文也予以了很大的关注。在这里，我们解释一下返祖现象，这种现象其实就是指：一些在祖先身上具有的性状，在其后的很多代中都没有体现出来，但是，却在相隔很远的某一后代身上重新显现了出来，由此可以表明，这种性状是以隐性的形式被代代相传。通过这种现象，达尔文得出了一个结论：遗传和生长发育是由两种不同的力量决定的。达尔文不仅注意到遗传的性状只遗传给最先表现出这种性状的情况，同时也留意了只限于一性遗传这一现象的存在。比如，某一品种的牛，只会在公牛身上表现出无角性状，但是这种性状却是通过母牛往下一代传递的。此外，达尔文还强调：一些到了一定年龄才会在亲体身上呈现的性状，在下一代也会在那个年纪（或者稍晚一些）将其体现出来。

在该书的第十五到十八章，达尔文研究的是杂交问题。他惊讶地发现：尽管大多数植物不能自花授粉，但是，从本质上看并没有一定的准则。相反，它们有许多形式的过渡：有些植物进行自花受精时，产生的种子数量很多，但是生苗相对矮小；有些植物进行自花授粉时，产生的种子数量很少，甚至不产生种子，不过其子房会稍稍发育。还有一种植物，一旦它的花粉和柱头有所接触，就如同毒药一般开始相互反应。

通过大量的事实，达尔文得出一个结论：在血缘关系远的生物之间进行杂交，通常是有利的，但对血缘关系近的生物进行交配，大部分情况下是有害的，尽管也存在一些特例。

在这里，达尔文所作出的有关人工选择的结论，我们不预备详细讨论，这些结论和《物种起源》里的结论大体一致。不过，值得一提的是有关选择的结束语，达尔文在结束语里引用了一个精彩的比喻来解释变异和选择对于物种起源所起的作用。达尔文是这样说的：

我一直在强调选择是起重要作用的力量，不管在这一章，还是在别处，我一直坚持这个观点。但是，它的作用必须通过变异才能表现出来，这些变异由于我们的无知，而通常被看作是自发的，或者是偶然的。在这里，我想用一个比喻来说明问题。我们假定有一位建筑师遇到一个无理的要求：运用从悬崖上落下来的石头来建造一座大厦，由于这些石头没有经过雕刻，可能形状迥然。这些碎石块的形状是由重力、岩石性质以及悬崖倾斜度所决定的，换句话说，自然法则的所有情况都可能影响石块的形状。虽然，这些法则和建筑师对每一个碎石块的用途界定之间并没有什么联系。与此同理，一些固定的法则决定了生物的变异，但是，这些法则是通过自然选择的力量而慢慢形成的，和生物本身的构造没有必然的联系。而且，这样的道理同样适用于人工选择。

对于达尔文而言，家畜和栽培植物的书籍算不上什么新鲜事物。他按照自己的原计划，把这一领域里和他理论有关的各种事实都进行了全面的分析。

在《物种起源》中只用个别例子来证明的理论，在这里，他则研究和分析了全部事实。

当然，在这本书里也添加了一些《物种起源》中不曾出现过的内容。达尔文非常重视这些新内容。他力图更明显地阐明遗传机制——找到一种能把许多他已查明的遗传事实综合起来的解释。这些遗传事实包括：返祖性或返祖现象，即远祖具有的性状骤然出现的现象；一种性状由于长期使用而遗传给后代的现象；种子繁殖与芽繁殖时所得到的完全同样的有机体的现象；产生出完全同样的成年形态植物的现象。

达尔文在该书尚未出版的时候，将原稿寄给了赫胥黎，因为赫胥黎的意见对他来讲很重要。1865年5月27日他这样给赫胥黎写道："我不得不承认一个事实：我是个英雄。因为我居然有勇气把自己的假说交给您裁决，我时刻准备接受您最公正的评判。"

然而，赫胥黎的评价看起来似乎不太"公正"。他认为：这种假说之前被布丰提过，并且邦纳也涉及过部分内容，因此最好不要发表。达尔文没有接受他的建议，他在回信中反驳道："读完布丰的著作，我发现了一件很可笑的事情，书本里整整有好几页的内容跟我的是重合的。不过，我认为我们两人的观点存在着一点基本的区别：布丰否认每一个细胞或组织的原子都会生出一个小芽；与此相反，他坚持这样一个观点——已经形成的'有机分子'组成了液汁或血液，这些有机分子可以给任意一个器官提供营养。而且，倘若这些有机分子完全发育成熟，聚集起来以后就能变成芽和性器官。"关于布丰的这点理论，我们有必要稍作一点说明，他这种学说实际上就是"泛生论"。威廉·奥格尔曾在写给达尔文的信中指出，希波革拉第曾经发表过与这种"泛生论"相似的见解。布丰很有可能是接触过古希腊罗马文学，于是便效仿了希波革拉第的说法。

这部书出版以后，引起了各式各样的评论。这时，达尔文很在意朋友们的看法。1868年2月23日，达尔文给虎克写信说："我担心这个泛生论会胎死腹中。贝兹怀疑我对泛生论的理解程度，斯宾塞也带着同样的疑虑。而何兰得爵士则认为这个问题很复杂，很难解释清楚，看来，我真成了一个可怜虫。"

弗里茨·缪勒对这部书的评价很好，可惜他这样评价没有针对泛生论。卡鲁斯的看法也让达尔文有些心灰意冷。完全承认泛生论的只有华莱士，这件事多少给了达尔文一点安慰。赖尔的意见也让达尔文轻松不少，他这样对达尔文写道："虽然泛生论让您有些不自信，但是，您已经了解了它，就应该永远记住它。"

在这里，我们需要注意一点，在当时就连达尔文主义的热烈捍卫者——克·阿·季米里亚捷夫也反对泛生论这一假说，在他看来，这种学说没有科学的依据，也不能造成有益的后果。后来达尔文本人也开始认为一个假说是"荒诞的臆测"。但是，他坚定了一点：得出关于遗传机制的某种假说是非常有必要的。达尔文本人写信给虎克说："看来，泛生论假说注定会变成死胚。不过，我发誓，在将来的一个时刻它会重新问世，并拥有另一个父亲和一个不一样的名字。我说这样的话语，您不会觉得我很自负吧？"

这本书材料翔实，因此达尔文得知赫胥黎对《物种起源》一书中关于杂种的章节提出非议时，他义正词严地反驳了他。确实，达尔文可以这样做。他在准备这部关于家养动物和植物的新书时，曾经观察了一切，并且他是以具体事实为根据，从而得出结论的。也因为这个原因，这本新书内容很多。

达尔文花费了七个半月的时间把这本书的校样检查完毕。不过，因为《物种起源》的成功效应，这本《动物和植物在家养下的变异》出版以后，也赢得了好评。该书的第一版印制完成以后，1500册很快便全部售完，由于供不应求，出版者在半个月后又印制了1500册。但是，这本书的第二版问世的时候，已经是七年以后了，达尔文对该书进行了修订，而且添加了一些新材料。

尽管事实和证据的完备很有益处，但是，采用这种方法以后，书本冗长至极，给读者的阅读造成了很大障碍。达尔文意识到这个缺陷以后，有些意冷心灰，他打算放弃"写巨著"的念头。我们不妨来计算一下时间，倘若达尔文以目前的速度写作，分别用一卷书来阐释《物种起源》的每一章的话，那么达尔文计划要完成的这部"巨著"总共有12–14卷。我们就按照三年完成一卷书来计算，完成这十几卷书籍需要三四十年的时间。事实上，达尔文在着手书写有关兰科植物的著作时，已经中断了"巨著"计划，等到《动物和植物在家养下的变异》出版以后，达尔文决定转向单个题目的写作。这些题目已经纯粹成为学说的深层次研究，而不再是《物种起源》的章节形式。

这一时期，达尔文主义的斗争情况直接影响了达尔文对于研究题材和对象的选择。他很关注自己学说的被接受程度，对于人们的各种批评和指责，他都有所了解。他就像一场战争的统帅一样，将主要兵力集中前去最危险的战略要地。他花费25年耐心收集的大量事实则变成了攻击力很强的“重炮队”，通常会在特别激烈的阵地上发挥很大的作用。他凭借坚忍不拔的精神和顽强的意志完成《动物和植物在家养下的变异》一书后，开始着手一些新题目。虽然他对每一个新题目都仔细地进行了修改，但是，他仍然觉得很遗憾，因为诸如自然选择这样的核心问题，他已经不能像对待人工选择那样，彻底地进行研究了。

由于疾病的困扰，达尔文的著书立说中途被打断了几回。其中有一次，达尔文停顿了半年。那一次，达尔文前去莫尔文做水疗，可是一个月过去了，他的病情依旧起色不大。因此，达尔文沮丧极了。不过，这并没有妨碍他与朋友的书信往来。他很关心赫胥黎，曾劝说他注意身体，切不可过分操劳。由于赫胥黎一度热衷于编写教科书或通俗的小册子，达尔文觉得这种举动实在是大材小用，非常浪费时间。不过，赫胥黎在1863年出版的一本叫作《对于在有机自然界起作用的那些原因的认识》的通俗读物让达尔文的看法有所改观，看完这本书，达尔文居然建议赫胥黎再出一本关于动物学的通俗读物。

对于经常旅行的博物学家，达尔文给予了特别的关注，他总是建议他们将自己的旅途见闻写成文字，并提倡他们出版理论书籍。另外，达尔文很乐意给着手写著作的人提供帮助。

因此，即便很多人反对达尔文的理论，即便是他每发表一篇新作或者出版新版本的书籍，总会招致铺天盖地的批判，也毫不妨碍《物种起源》一书的连年畅销和新译本的不断发行，总的来说，随着时间的推移，达尔文主义的拥护者数量是递增的。

依据自己的研究经验，达尔文明白一个道理：想要摒弃旧观念是一件非常困难的事情。因为他本人也是通过长期的研究工作，才逐渐坚定了对自己理论的信心，所以他并不奢望在短时间内得到所有读者的认同。

我们不得不承认一点：科学和神学的关系有些难分难解。历代许多先驱付出了血的代价，才最终使这些“神学”观念开始褪色。可是在19世纪，唯心主义观点和神学观点恰恰是在博物学家当中广为传播的，他们用这些观念来解释所有的动植物构造的合理性，以及它们对生存条件的适应性。不幸的是，英国的许多博物学家都是牧师出身，可想而知，达尔文主义需要面对多大的阻力。

不过，在1860年12月发生了一件令人惊异的事情：马克思阅读了《物种起源》并深刻地理解了这本书的精髓，在德国，他成为第一个赞同达尔文学说的人。他在书信上声称：达尔文的著作十分有趣，他的著作让自然科学中的目的论第一次遭到了致命的打击，并且用经验为自己的学说作了合理的说明。

对那些初步改变常见造化说观念的人，达尔文非常欢迎，因为在他看来，这些人正朝着新的科学观点过渡，不过，对于自己的朋友们试图“使科学和神学不相矛盾”的做法，达尔文就没那么包容了，他通常会针锋相对。之前我们提到过，当爱沙·葛雷主张创世主“用某些对人类‘有益的’方法指导变异”时，达尔文就在刊物上同他进行论战。事实上，赖尔的思想与这些观点很接近，他还把这些陈词滥调又重复了一遍。达尔文看到这些意见后，十分恼怒，甚至在写给赖尔的书信里包含了一些嘲讽。我们由此也可以看出：达尔文对朋友们的一些与他的理论有联系的著作非常重视。一方面，对于那些成功地发展了自然选择理论的著作，他会大加赞扬，有时候，这些赞扬会稍显言过其实；另一方面，当他发现朋友们犯了错误，偏离了他在生物学中所坚持的新方向，因而危害了大众的事业时，他就会在书信里，有时在报刊上，驳斥这种错误。

在唐恩幽居期间，达尔文更加深居简出，不管是学术界的会议，还是其他各种公共集会，他都一概放弃。身处唐恩的日子，达尔文力争将自己的战友组成一个坚固的联盟，勉励他们的正确言行，纠正他们的错误言行，从而使所有人都为人类“共同的事业”奋斗。

此外，世界各国进行的捍卫进化论学说斗争，也是达尔文重点关注的对象，他会想方设法跟这个舞台上的杰出活动家取得直接联系。总之，在这场捍卫达尔文主义的战斗中，为争取科学中的先进思想的胜利，达尔文进行了不屈不挠的斗争，并且成为这场斗争中的卓越组织者和领导者……

先前，我们提及过，越来越多的人开始拥护新版《物种起源》。早在1861年，达尔文在书信中指出，他的理论应该在年轻的地质学家中最受欢迎，次之是植物学家，再次之是动物学家。后来，他得知德国的许多科学家已经接受了他的主张，只是害怕声誉受损不便声张。此时，在德国，诸如莱卡尔特、该根波尔、克拉帕列德、亚历山大·勃朗和施列登等人已经成为了达尔文的拥护者。

甚至，这种学说在荷兰也引起了不小的轰动。达尔文从他的朋友——古生物学家法更纳那里得知了一件有趣的事情：达尔文学说的传播，令法国的青年们对其很感兴趣，迪戌的动物学教授勃留列的学生们更是如此，他们除了达尔文学说，什么都不听，也不感兴趣，遗憾的是，这个可怜的教授并不了解达尔文，因此就把自己的困惑告诉了达尔文的朋友，并向他询问对达尔文学说的真正意见。

另一件事——反对达尔文的言论改变了性质，也标志着新学说的胜利。1865年德国人凯拉克首次改变了态度，他不再反对进化论，而是开始反对进化论出现的原因——自然选择，并且还阐释了自己的理解。不过，从这个事实看出：坚持物种静止不变的看法已经站不住脚了。接着，达尔文的理论被他亲自划分为两部分：一部分是自然选择的学说；一部分是进化论的学说。关于这一点，诚如克·阿·季米里亚捷夫所说，进化论只有结合自然选择加以简单和有说服力的解释，才能得到赞同，但是，达尔文坚持自己的主张——进化论比自然选择重要得多。

而且，达尔文为了捍卫进化学说，还参与了报刊上的辩论，这有点反常，因为在此以前，达尔文从来不参与这种辩论。这件事情是这样的。

1863年，在“科学协会”上发表了一篇针对卡本德的《根足虫纲研究绪论》一书的书评。在这篇文章里，评论者指出，卡本德不是一个独立的研究者，而是一个盲目的跟风者，因为他的著作深受达尔文的影响。看到这样的评论，作者卡本德自然很不情愿，于是，他给杂志编辑部写信抗议，并指责了编

辑部将他的著作加以解释的行为，同时，他还在信中强调，实际上他是反对达尔文主义的。为此，“科学协会”专门发表了一篇文章来答复卡本德的来信，但是，这篇文章引起了达尔文的不满，于是他只好出面参加了这次辩论。

诚如达尔文所说：欧洲大陆的认识在进步，英国的认识正在转变，而且这种好的转变开始日渐明显。1863年，艾恩斯特·赫克尔在德国举行的斯德丁德国自然科学家和医生代表大会上，向公众表明了自己对达尔文主义的拥护，从他那热情洋溢的演说中可以看出：他把达尔文的理论看成了具有最广泛意义的新的世界观。当然，这些年轻人的发言在当场就引起了激烈的争论，之后，许多报刊都开始轮番轰炸达尔文主义。可是，经过这些攻击之后，意想不到的事情发生了：在捍卫与反对达尔文主义的斗争中，整个德国都燃起了熊熊的烈火，达尔文的理论得以广泛普及。

1864年，在德国出版了由医生兼教师弗里茨·缪勒书写的德文书籍，书名为《拥护达尔文》。虽然这本书篇幅不长，但是内容却很丰富。这本书的出版无疑是对达尔文理论的极大帮助，尽管这种声援不够声势浩大。缪勒完成这本书以后，就将书寄给了达尔文，达尔文写信对他表示感谢，这封感谢信是他们频繁书信往来的开端。不仅如此，他们还开始将各自的著作相互交换。缪勒的这本书引起了达尔文的高度重视，为了能出版英译本，达尔文花费了大量金钱到处张罗。最后，缪勒和达尔文形成了坚强的联盟，凡是达尔文关心的事，也都引起了他的关注，他也就自然而然地成为了达尔文在国外最积极的助手。

1864年11月，达尔文获得了英国科学界最高的荣誉——被授予皇家学会柯普雷奖章。这件事在捍卫达尔文主义的斗争中也是一个重要的转折点。不过，在申请这一奖项的时候也证明了：要想翻越偏见这座大山是非常困难的，一些老一代的学者仍在极力反对《物种起源》中的主张。

申请皇家学会柯普雷奖项的专门呈文，是由法更纳拟订的。他在书写呈文时，将达尔文的地质学书籍、动物地理学书籍和植物学书籍放在了首位，而将达尔文最在意的著作——《依据自然选择的物种起源》放在末尾。对于这种做法，法更纳作了一个附带说明：

我认为，查理·达尔文并没有将这一问题进行通透的证明。不过，可贵的是，他带着一种寻求真理的哲学精神来研究和解释这一对象，甚至还特意收集了大量的观察现象来进行解说，并以真诚的态度把研究对象置于合理的科学范畴。

在会议上，法更纳的建议被采纳了。11月30日，皇家学会按照惯例在年会的时候，为达尔文举行了隆重的颁奖仪式。可是，此间达尔文因为旧病复发未能亲自出席。在颁奖典礼上皇家学会主席发表了演说，他特意指出，因为达尔文撰写了有关动物学、植物学和地质学的著作，还进行了大量的观察，并且这些观察成果在《物种起源》一书中都有所体现，所以，皇家学会决定把柯普雷奖章颁发给达尔文。至于《物种起源》本身所涉及的理论，主席是这样评价的：现在，人们对于这本书名称中所提到的理论存在两种倾向：一部分人倾向于接受，而另一部分人倾向于反对，或者选择暂不表态，一直等到对这一问题有一个明确的认识为止。因此，按照惯例，我们一致认为应该把这部著作从授奖的理由中排除出去。

赫胥黎对演说的最后一句话非常不满，要求宣读理事会的决议，以此来证明是否只有除去自然选择的理论，才同意颁发奖章。谁知，决议中根本没有提及这一条件，于是达尔文的朋友贝斯科和法更纳就以此为依据，抗议主席的这句话，后来，在发表主席的演说时，这句话被删去了。

达尔文得到了柯普雷奖章后，许多朋友都寄来了至诚的祝贺信。值得一提的是他写给赫胥黎的回信，他在信中指出：真正的奖章不是那块圆形的小金杯，而是您写的这封信，还有之前的几封类似的信件。不过，达尔文也意识到，这种公开的奖励对于达尔文学说的顺利传播是非常有利的。

1868年，达尔文在写给虎克的信中除了向他报喜之外，还逐一列举了已经出现的几种《物种起源》版本，其中：在英国存在4个版本；在美国存在1–2种版本；在法国出现2种版本；荷兰、意大利和俄国各是1种版本。此外，在当时，《动物和植物在家养下的变异》的现行版本如下：英国有2种，美国、德国、法国、意大利、俄国各有1种版本。值得指出的是，在德国和在北美，有关这方面的研究课题逐渐开始增加了。

《动物和植物在家养下的变异》一书出版后，得益于写一部“巨著”的打算，达尔文更加明显地感觉到：他的学说需要扎根于大量的事实基础之中。然而，就他的学说而言，出版该书面临了许多困难。因为在早期的书本写作时，达尔文已经将注意力转移到了植物学上，在他看来，在植物构造中存在着极其微小的细节，通过研究植物可以为他的自然选择学说提供大量的事实证据。

与此同时，不管是在英国本土，或者是在国外，一场持续已久的捍卫达尔文主义之战仍然在持续。不过，那些敌对者——唯心主义者和目的论者，又称“终极原因”学说的拥护者，已经放弃了纯粹的造化说。在当时，物种的一次创造学说和物种的静止不变性学说，已经被历史淘汰。在论证中，进化学说终于占据了上风，可是唯心主义和目的论拒绝投降。于是，它们把斗争矛头指向了进化的原因。因为批驳进化的原因实际上就是批驳自然选择，如此一来，很方便这些学说用“不完善的法则”，或用其他抽象的原则，来取代自然选择。在这场斗争里，达尔文毫不懈怠，随时给达尔文主义的拥护者提供帮助，对他们的成功进行褒奖，不过，他一旦在他们的文章和书信里发现了旧神学倾向，就会毫不犹豫地将这些错误指出来。在达尔文看来，为人类起源问题而战的时机已经成熟，此时，应该让神学家们正视这个令他们讨厌的问题。

第十五章 《人类的起源》的发表

达尔文于1867年2月，完成了一部巨著——《动物和植物在家养下的变异》，他将手稿交付印刷后，又开始写关于人类起源的书。对所有接受达尔文进化学说的人来说，人类起源的问题是不言自明的，一些支持达尔文的人已经作出了很好的回答。正如我们看到的那样，达尔文优秀的朋友——赫胥黎，不仅对“人类在自然界中处于何种地位”这一问题有所研究，而且还对“类人猿的脑和人的脑如何构造”这一问题有很深的造诣，同时，他还是第一个研究这两个问题的人。在多数人的眼中，人和所有其他哺乳动物最主要的差别是脑体构造。不过，通过赫胥黎和奥温之间的一番争论，我们发现其实不然。

华莱士对于人类问题的看法与旁人十分不同。《人类学评论》1864年3月发表了他的一篇文章。华莱士的看法是：人类祖先的体质是通过自然选择获得的，在人脑充分发达后，这样的体质就会稳定下来，不再改变。人类智能高水平的发展决定了人类社会进步的程度，人类利用自己的智能创造了很多新的事物。

华莱士的观点是：决定了人类种族斗争胜负的是后天的精神变异，而非身体构造，即人的智力和道德品质才是种族斗争输赢的关键。人的变化体现在智力上、脑与颅骨结构上，而动物的变化只体现在肉体上。人和动物之间可能存在属的不同，也可能存在科的不同。由于人类是非常古老的物种，所以人种也相当的古老。如果根据人类的人体特征可以决定科的等级——赫胥黎是这么认为的——那么人类这一科的起源将更为久远，可追溯到一些哺乳动物目首次形成的时候。因此华莱士认为，人类的等级可以用人类的起源及大脑的发展情况来划分，同时，他认为人种形成的确切时间应该更晚些。因为各人种都有充足的时间离开他们生长的地方，所以各人种的体质特征和他们在区域上的分布情况是没有什么关系的。

赫克尔的《自然创造史》详细地论述了人类是如何起源的，此书1868年出版了第一版，1870年出版了第二版。

达尔文从1837～1838年就开始收集人类起源方面的材料，但是因为没有很好地整理，达尔文未能发表这些数量少，且没什么证明力的材料。在他看来，物种问题是最基本的问题，他不想因为有关人类材料的发表，而受到反对者的攻击。达尔文在《自传》中说："如果没有任何证据来支撑人类起源的观点，那么《物种起源》一书也经不起推敲。"是的，在《物种起源》第一版中，达尔文就在说此书可以研究清楚人种起源这一问题，也就是说，人类起源这个问题并不是孤立的，其他各种生物起源的问题和人类起源的问题息息相关。就因为如此，达尔文的理论受到了对手的攻击。

但是这一理论还在逐渐地完善和发展，例如，达尔文在1867年给赫克尔写信说，在某种程度上，"伦敦昆虫学会"的会员，除了少部分人外，还比较肯定他的理论。虽然达尔文的理论在法国的影响比其他国家要小，但是在法国，古生物学家高得里还是准备写一本有关古生物起源的书。达尔文1868年1月21日给高得里写信说："您对古生物起源的研究非常有意义。我觉得您的研究虽然暂时不能得到同行的认同，不过，因为在欧洲（法国除外）'各地亲缘物种起源于共同祖先'的观点已经在迅速传播，我认为不久之后这一观点就会被广泛地接受。"

在1869年，日内瓦国民协会的主席卡尔·福格特说："在欧洲，很少有人认为物种的创造是一个独立的过程。"

鉴于人们在认识上的进步，达尔文认为时机已到，便开始整理人类起源方面的材料，以便出版。由于时代的局限性，用以说明人类进化问题的证据并没有像生物进化问题那样翔实和有力。在达尔文逝世后，才发现了有关直立猿人、北京猿人、非洲类人猿化石和海得尔堡人的古生物学方面的资料。而且每隔10年，人们通过这些资料便可以相当深刻地认识到人类脱离其祖先之后的发展经历。这里的祖先是人类和类人猿共同的祖先。通过达尔文研究的间接论据，人们不仅得出了低级生物是人类的来源的结论，而且还凭借此论据想象出了人类的进化史。

华莱士于1869年在《每季评论》上发表了一篇文章，达尔文读后立刻决定也要发表人类起源问题的观点。达尔文对这篇文章的两个方面感兴趣：一、文章谈及赖尔怎样看待达尔文的观点；二、文章阐述了华莱士与达尔文完全相反的想法。华莱士发表在《每季评论》上的文章一般不署名，所以这篇也是匿名发表的。它主要评论赖尔《地质学原理》第十版和《地质学要素》第六版。《地质学要素》（共出六版）和《人类的古远性》（共出三版）作为该书的副产品，被译成法文、德文和俄文流传于全世界。

华莱士指出，大部分英文的地质学书籍的价值只是成为教科书和参考书，它们不能发展地质学这门学科，也无法使地质学成为一门独立的学科分科。但是赖尔的《地质学原理》做到了：《地质学原理》深刻地指出地质学的基础和原则是地质变化，并且生动翔实，言之有物，证据有力！华莱士不仅研究居维叶的灾变说，还研究赖尔不得不进行的反对灾变论者的斗争与其进行的地质学改革。赖尔在书的第十版还加进去许多新的资料。

华莱士写道："但是，《地质学原理》第十版的最大特色是：在主要问题上赖尔同意达尔文的物种起源理论，同时赖尔还反对拉马克和《创造的痕迹》的作者的进化理论，但是这并不与赖尔认同达尔文相矛盾，因为这种接受是赖尔本人自己研究的结果，他批判拉马克和《痕迹》作者的原因是尚没有事实可以证明这些假设。所以赖尔说，大地表面的剧变和灾变与物种的灭绝完全没有关系，同时物种生命力的减弱也不是其灭绝的原因，物种的灭绝遵循渐进的过程。赖尔认为弱肉强食，恶化的食物条件，气候的改变，大陆和海洋的上升与下降才是物种灭绝的重要因素。"华莱士接着说："赖尔认为，自然体系构成中的理想部分应该是新物种。由于有机界的变化进程要比无机界的变化进程慢得多，所以我们不可能指出新物种产生的方法。"

华莱士在书评中写道，赖尔早在三十多年前就提出了有机界和无机界不间断性的学说，植物群和动物群一起绝灭又突然全部生长出来，在他看来是极不科学的理论。同时，他认为新的动植物物种的生长过程并没有为人类发现。

华莱士还说：“只要这种原因得到证实，并且符合他本人的思想，他又在道德上有大勇大智的精神，他是一定会接受新观点的。”

华莱士继续说：“人们常常引用他的这篇著作（前九版），作为反对‘演化论’的有力论据，因为他曾批判‘演化论’。而在第十版中，他改变了自己的观点，开始认同‘演化论’。赖尔放弃了他的观点和信念体现了他令人称奇的博大胸怀，这在科学史上也算是鲜有的例子。因为赖尔是一位非常严谨的学者，他的任何一本著作都标志着他对科学和真理的执著追求，如果没有经过激烈的思想斗争和艰苦卓绝的思考，他是不会轻易抛弃自己的观点的，这也从侧面证明了达尔文理论的魅力。”

接着华莱士叙述了赖尔曾经论述过的达尔文学说和拉马克学说之间的不同。然后他又讨论了古生物学方面的发现，这可能对证明进化论有帮助。这只是华莱士对赖尔著作的评论中的一部分。

达尔文很高兴地看到赖尔已经投靠了他的阵营。我们前文已谈及，起初赖尔并没有对达尔文的理论作明确的表示。达尔文及其朋友怀疑《每季评论》上登着的那篇匿名文章，可能是韦伯福斯主教在奥温的授意下写出来的，文章指出赖尔已成为了达尔文思想的支持者，这一估计彻底错了。赖尔还是不太能接受人类起源于猿猴这一观点，但是他在刊物上（《人类的古远性》第二版）表示相信达尔文的理论很快会成为通说。他在《地质学原理》第十版中，又进一步阐述了这一观点，他认为人类还是起源于低等动物，还探讨了人类的迁徙问题。

达尔文为这种现象感到高兴，这本杂志过去刊登过批判他的文章，现在又刊登了华莱士关于欢迎赖尔转到达尔文这一边来的书评，这标志着达尔文主义的一次胜利。达尔文曾写信给穆瑞说：“牛津主教和奥温会非常痛恨这件事。”

但是达尔文对华莱士的后半部分评论却感到十分失望和愤恨。

在后半部分评论中，华莱士没有分析赖尔对人类起源的观点，而只是分析了关于这个问题的几方面意见，显然这些意见并不能引起相关研究者的注意。

华莱士一开始就说：“人的进化路径不可能完全遵循低级生物的进化路径。”华莱士这样的说法和前半部分是完全矛盾的，他的主要思想是：人是怎样成为有感情、有知觉的生命体，人的智能和道德本性的来源又是什么，完全不能通过自然选择和进化理论解释。没有一种学说可以解释经过重新组合的原子是怎样赋予了人类知觉的。“依据某一进化法则可以产生有知觉的生命，任谁听来都觉得很神奇和不可思议。”

经过华莱士的深刻研究证实 ：“变异理论和最具有适应性的东西被保存下来的理论”都无法解释人体的某些特殊特征。比如说，脑、言语器官、手以及人的外形都无法用变异理论和最具有适应性的东西被保存下来的理论解释清楚。他认为，在人类使用这些功能之前，所有这些器官和特征都发展得非常完善。例如，虽然野人的要求、需要和愿望与猴子差不多，但是野人的大脑和大约史前人的大脑，与欧洲中部人的大脑几乎不存在差别。因此，他认为，自然选择并不能使野人的大脑比猴子的大脑聪明很多，但是通过自然选择这个过程，器官却得到了相当大的完善。

以手为例，人可以取得的科学和艺术成就最终取决于手的结构。野人不需要功能如此完善的手。华莱士认为，猴子的手的功能并没有完全展现出来，换句话说，器官本身的功能要远远大于被利用的方面。

他还指出，我们美的感受和情感的源泉主要来自于人类直立的姿势、优美的身材、和谐的面部结构，所有这一切导致了人和动物之间最大的差别。光滑无毛的皮肤对于人类来说可能有害，因为这不是从大猩猩那里演变而来的。这对人类天性的形成有巨大的影响，人需要衣服来遮盖裸露的身体，人从而具有了羞耻感。

这样，华莱士关于人类起源的观点与达尔文的理论完全不同。那么，如何评断华莱士的观点呢？自然选择不是人类起源的唯一原因，华莱士的这一观点还算正确。动植物的进化却由自然选择决定。对于人来说，自然选择不能完全解释人的进化过程。例如自然选择理论无法解释人的大脑活动的发展、人的劳动技能、手的功能，等等。他关于自然选择不是决定人类进化的唯一原因的观点正确，但遗憾的是，他没有确切指出究竟是什么决定了人类的进化。因此在关于人类的问题上，华莱士陷入了唯心主义的泥潭。华莱士这样解释人类进化的难点问题：拒绝接受进化论的人们的观点其实都非常陈旧。有一种观点是："法则在某种力量的指导下，为了某种专门的目的，会沿着一定的方向发挥作用。"爱沙·葛雷则认为进化按神所预定的轨道进行，这两种观点其实十分相似。且这两种观点都为达尔文批判过。最后，华莱士重申：在科学和神学的共同作用下，可以解决最棘手的问题，由神来指挥法则的运用，指导进化的方向，最后人类的进化完成了。

达尔文的观点受到了某种理论的沉重打击，这打击还是来自于同他有亲密关系的华莱士。主要原因是华莱士是自然选择理论的创立者，达尔文必须要亲自去纠正华莱士的错误，引导他和自己站到同一战线上，重新与陈腐的宗教观念作斗争。

在华莱士理论的刺激下，赖尔和爱沙·葛雷都希望进化论的发展可以达到一个新的境界，虽然要抛弃旧的宗教观念和思想是十分困难的，但是达尔文的态度却始终坚定且又严谨，始终坚持用纯唯物观研究有机界和人的发展；另一方面，这样坚定的态度还反映在达尔文《人类的起源》这本书中，他选择了难度极其大的问题进行了研究，不仅论述人类身体的一般特性，还详细论述把人的智能与动物的智能区别开来的人类身体特性，人的智能的起源和发展问题，道德观念的发展问题。

达尔文不仅不畏惧困难，还寻找困难来攻克。在他的世界中，占绝对优势的并且符合他的基本科学信仰的一些论证才符合他衡量"正确"与"错误"的标准。吉夫里·威斯特曾为达尔文写过传记，他认为达尔文的行为和观点不是统一的整体，这样的说法其实相当错误，无论是他的行为还是学术观点都是一个严密的整体，他把有关生物的进化问题和起源问题统一起来，认为生物有着共同的起源。他的这一思想在他的任何著作或是单独的文章中都有反映，这就更说明了达尔文观点的统一性。

《人类的起源》的成书过程基本是这样：起初，他只是想写一章的篇幅，名字就叫《关于人类的一章》，但是在看过华莱士在1864年发表的关于人类起源问题的文章后，达尔文改变了想法，他决定写一本书，其中部分内容是关于人和动物的感觉是怎样表现出来的。在解释人种起源问题时，他使用的是其在两个《概要》（分别发表于1842年和1844年）中论述过的性选择理论，这为达尔文研究性选择理论提供了契机，这一理论还可以再运用到动物界各纲的研究当中。

在1867年，因为达尔文忙于其他著作的编著，同时还受到疾病的困扰，这本书的材料收集工作被暂时搁置了。达尔文在华莱士的书评发表后，便开始快速地编写这本书。1869年4月14日，达尔文在给华莱士的信中，高度赞赏了华莱士给赖尔的地质学著作所写的书评的前半部分，还认为他成功地论述了自然选择理论；达尔文还认为华莱士太谦虚了，竟然都没有提到他在《林纳学会会报》上发表的文章。提及书评的后半部分，达尔文为华莱士在人类起源问题上与自己意见相左而感到失望。在这个问题上，达尔文认为不应该考虑那些因果链条过于长的原因。无疑，1864年，特别是1870年是对于《人类的起源》的完成来讲很重要的年份。该书最终于1870年8月底成稿，8月30日付印。

该书的布局大概是这样的：性选择理论和如何应用该理论来解释动物第二性征占了一半篇幅；对人类论述就更少了，大约三分之一是讨论人种和人种借助性选择而产生的问题，只有剩余的三之二是在论述整个人类起源的问题。如果从前面六章开始分析达尔文的这本著作，便更能抓住其思想的精髓。

第一章叙述了达尔文所收集的证明人类起源于某种低等生物的事实材料，在第一版的第四章和第二版的第二章中，他论述了人类是如何由低等生物发展起来的。达尔文和华莱士分歧最大的地方是人的智能和动物智能的区别以及人的智能的发展过程，这些内容正好出现在另外三章，所以，达尔文用了很大的力气来反驳华莱士。第六章涉及的是在动物界体系里人类占据何种地位和人类的谱系问题。

在第一章中，达尔文详细地研究了人体的构造。为什么说人是哺乳动物呢？因为人体的构造如骨骼、肌肉、神经、血管和内脏都是哺乳动物才有的特征。当年，奥温和其他一些学者认为人和类人猿在脑构造方面的差别是区分人类和其他哺乳动物的标准，赫胥黎的观点和他们的不同，他认为如果只是按照脑构造不同来区分的话，人类和类人猿的脑构造差别实际上还没有类人猿和其他最接近类人猿的猴子（如长尾猴和蛮猴）之间的差别大。生理学上人和猴子之间的相似性表现为：药物对于相同的疾病起的作用相同，对快感的感受也是相同的。在生殖和发育方面，人类和猴子也有相似性：初生的婴儿体制上弱小，性别上有差异。

人的胚胎发育和哺乳动物，甚至和其他脊椎动物纲有着共同的特征：与哺乳动物的卵细胞大小相同，拥有和其他脊椎动物纲一样的鳃沟；手和脚的位置也和哺乳动物的胚胎相同。达尔文还借鉴了比较胚胎学方面的成就。他指出，成年猩猩的大脑皱壁与七个月的胎儿的大脑皱壁相同。赫胥黎曾经说过：“人和猴子是非常相似的，这种相似程度超过了动物和动物之间的相似度。”

达尔文认为，人的未发育器官只是代表着特别的变异性和返祖现象，其实没有什么作用。他描述了人的皮下肌肉能抽动皮肤（其他哺乳动物，比如马的皮下肌肉都能抽动皮肤）这一现象，例如，肌肉能耸动眉毛和颈肌，一般情况下，颈肌是不能任意收缩的；但是在出现返祖现象时，例如，对某些皮下肌肉的收缩，这只出现在少数人身上：例如对耳朵的摆动，这通常作为家庭的特性遗传下来。他指出，由于和人的耳朵相似，所以猩猩的耳朵也不能任意摆动，人的外耳特别突出的部分（后被称之为“达尔文突出部”）与其他哺乳动物耳朵尖部是同系物；人的眼睛上的皱纹与瞬膜是同系物，亦被称为第三眼睑；过去留下来的遗传物还包括原始人种灵敏的嗅觉；人的头发又长又密和眉毛中夹有几根长毛（这也是蛮猴和一些狒狒所具有的特征）也拜祖所赐，祖先周身都布满了毛发。胎儿身上茸毛状的毛发层也可以用以上观点来进行解释。

未发育器官在人和动物之间发挥着不同的作用，例如智齿。他还特别指出阑尾存在其实是变异性的表现；狐猴的肱骨下端有一条发育得很好的管道（神经和动脉的通道），而人的这一管道——作为第三节尾椎骨的尾骨，只是“虚有其表”，其实已经没有什么实质功能了。同时他认为脊髓的末端纤维、男子前列腺囊——男子子宫的同系物都是未发育器官。达尔文对任何一个问题都是以充分的事实来证明的，这和他的前辈做法不同。如果想证实人类起源于动物的话，人们大都引用达尔文的著作。

《物种起源》有这样一段："那种所谓的同系物器官是按一个理想的计划创造出来的观点是非常荒谬的，不能认为是科学的。"

我们可以从第一章最后一句话中看出，他的认识经过10年的理论斗争有了很大的转变。他说："熟悉比较解剖学，熟悉人及其他哺乳动物胚胎学的科学家们，最终会发现，那种'每一个动物都是上帝创造出来的'的想法其实是不科学的，这样一个时代终究会到来。"

"人类是如何由低等生物发展而来的"一章的基本思想是：决定人类起源的因素和决定其他动物起源的因素其实一样。动物的变异性和遗传性同样为人类所有。家养动物和栽培植物所具有的变化规律同样适用于人类。"条件"可以引起"数量不确定和不稳定的变化"，"条件"还可以影响生物体的可塑性，但是和动植物的变化一样，达尔文认为生物体的变化并不完全取决于这些条件。

达尔文还研究了其他变化因素，典型的返祖现象，例如女子和男子多余的乳腺，子宫或者獠牙等，与器官的使用与否，发展中断与否有关系。然后他又论述了变化的相互关系，人类增殖的速度，最后得出结论：身体构造上的特征、智能、共同的本能都是自然选择的后果。依靠智能，人的语言变得越来越精准，人发明各种工具和取火技术变得越来越纯熟。他还批驳了华莱士在1869年4月的《每季评论》发表的文章：即野人的大脑并不比猴子发达多少，即使经过了自然选择。

接着，达尔文得出了一个极其重要的结论：人的手和腿的特殊构造决定了人类在生存斗争中可以取得胜利。只有肌肉群有完全充分的适应力，才能做出类似把石块或梭标准确地抛出去，用石头刻制工具这样一些复杂而准确的动作。只有不再用手行走、支撑身体和爬树也就是说用腿代替手行走，人的手就可以适应这些动作，而且人类的祖先也具备这样的适应能力。特殊的脊椎构造，骨盆加宽，脑和颅骨的体积和重量的增加等都是人体直立行走以后的结果。

比较了人和类人猿的四肢和牵动四肢的肌肉的构造，与器官的功能，达尔文得出了以上结论，他虽然没有直接提到华莱士，但有力地驳斥了华莱士“人手的功能是按天意创造出来的”这一观点。然而在内格利、勃洛克等人的影响下，达尔文对自然选择这一主要进化因素在人的身体特征形成时的作用究竟有多大是不确定的。许多形成物对有机体既无益也无害；但是看起来无用的形成物，将来或许有用，所以，自然选择对它们还是可能会施加影响，但是自然选择对此实例真正的作用范围，在达尔文看来还是模糊不清的。

自然选择对人的影响与所有其他社会动物一样，其对一些单独的个体作用的表现是：只是那些对全社会有益的变化物才会被保存下来。涉及人和动物的智能比较的那几章的主要思想是：差别有无数形态但只是数量上的而不是质量上的。

达尔文的主要目的是证明动物的智能比人们所想象的要高，而不是要确认在过去低级状态下人的心理和行为存在的痕迹。遗憾的是，达尔文没有对他所列举的事实和引用的权威资料进行审查和分析，这并不像是他平时那种审慎和严谨的作风。

因此，达尔文在引用普舍的观点时说道：“具有出色本能的昆虫是很聪明的”；引用优秀的观察家胡伯尔的著作时说，因为胡伯尔看见过“蚂蚁竞跑”，所以他也认为蚂蚁会相互玩乐。达尔文甚至还认为蚯蚓这一无脊椎体系的动物也有智能。

低等动物的智能最初是怎样发展起来的，是达尔文自己提出却没有回答的问题，就像生命的起源和本能这个《物种起源》提出的问题一样，达尔文亦没有作出回答。因为他认为，回答这些问题只是遥远的、未来的任务，只有这些问题要迫不得已被解决的时候才会被解决。但是他却引用了“人和低等动物同样的感觉器官”和“自我保护、性爱、母爱这样共同的本能”类似的资料。达尔文在仔细研究本能和智慧的相互关系时，列举了大量事实。正如在《物种起源》里论述的一样，一方面他认为在自然选择的影响下，大多数本能都经过了从简单到复杂的转变，智慧的发展不是决定这一转变的因素；另一方面他认为，复杂的、有意识的、机械的动作有可能代替简单的、下意识的动作，这个转变也可能反过来。

《物种起源》中有一句话是这样的：“虽然我们不是很了解大脑的情况，但是从智能发展的这个情况来看，很可能大脑各部分之间存在着很细的连接线，就是这样的连接线导致每一个单独的部分用本能的方式来回答感觉和联想的能力在逐渐丧失”，这句话反映了达尔文对当时复杂而又艰难的问题的唯物主义态度。

看来，达尔文还是想用这一点来解释人类发出的动作同动物的本能动作完全类似，例如记忆、预见、思考和想象，之间还是存在差别的。他还说，人类应该具备自己独立工作的能力。然而通过和猴子及其他动物的比较，达尔文发现，在本能，在智慧、情感、模仿、注意力、想象力、记忆力等方面，两者都表现出极大的相似性。

接着，针对很多学者就是否有某种明显的分界线的争论，达尔文持否定态度，这些学者认为人和动物两者的智能分界线存在。有人认为，只有人类才会不断进化和日臻完美。达尔文认为从幼小的动物才会掉入陷阱这一现象来看，动物也有谨慎小心的本能。有人说，只有人才会使用工具。达尔文则会举例说，黑猩猩、猴子、大象也会用各种工具。

有人提出，抽象概念的提出主体只能是人类。达尔文举例反驳说：当一条狗看见远处有另一条狗（此时，这狗只是存在于概念中的狗），开始它表现出敌视态度，一旦它识别出对方是自己的朋友时，这态度自然会转变。就像“去！”这个词在狗的概念中就是“去寻找猎物”，等等。有人认为，语言是人类特有的功能。达尔文则认为，各种情况下动物可以理会它们的同伴发出的各种声音所蕴涵的意思。

接着，达尔文又证明，狗可以理解人们的话语，鹦鹉能够说一些单词。通过将鸟唱歌和人说话进行比较，达尔文认为鸟其实在练习发出多种声音的技巧。他说：“一种鸟如果学会了另一种鸟鸣声，它们会很自然地传授给自己的雏鸟，声音也就可以代代相传了。权威们认为，鸟啼声中细微的自然差别相当于方言的差别，非同种但有亲缘关系的鸟的啼声，则可以看作是不同人种的语言。”清晰语言的起源和发展又是怎样的呢？达尔文又引用了著名学者的话，他认为是借助于符号和手势，模仿并改变各种自然的声音和其他动物的声音再加上人的本能最终导致了语言的产生。单独的行为不可能创造出语言，从本质上说语言同社会的动物发出的信号和声音没有区别。在这一章节中，达尔文还是无情地驳斥了华莱士的观点。

还有这样一种观点：美的感觉也是人类特有的，达尔文驳斥说，雄鸟在雌鸟面前喜欢打扮，喜欢把窝巢装饰得华丽，体现了动物也有美的感觉。

宗教界的作者认为，在信仰上帝方面，人跟动物截然不同。达尔文认为，上帝这一概念并不是自古就有，是在人类发展到一定阶段才会产生的，也不是人人都信仰宗教。其他种族中普遍流传的对神的信仰，是一种迷信，基于这种迷信，人们通过比较自己的行为和动植物、无生命物和自然界中的动作和现象，发现自己对后者的动作和现象无法作出合理解释，所以把这些原因都归结为一种神秘的力量，就像狗看到某个移动的物体时，就会开始无理由的狂叫。

最后，还有很多人认为道德感、责任感或良心是人跟动物之间最大的差异。因为这是一个不能回避的问题，所以达尔文对这个问题作出了说明：

一、任何社会动物都会对同伴展现出同情心和强烈的帮助欲，这也是它们的本能。

二、如果共同本能被其他本能掩盖而得不到满足的话，社会动物就会表现出强烈的、不满的情绪，这可以认为是动物良心的来源。

三、在语言发展的情况下，对公共福利来说，衡量行为的最强有力的尺度是社会舆论本身对人的本能的同情。

四、对团体愿望的服从巩固了这些共同本能和动机。

达尔文坚持，这些共同本能和同情心，最初只针对同一个群里的成员而不是对所有的人。正如人的其他特征一样，所谓“绝对命令”的相对性是经过了历史上的发展和进化的，当代外交史的一个原则是，可以对自己的敌人撒谎。

对当时普遍流行的“利己主义是道德的基础”这一观点，达尔文持反对态度，利己主义就是爱自己，利己是“最大幸福的法则”，其实，利己可能是目的，但却不是幸福的原因。达尔文认为为公共福利去行动的“共同本能”才

是道德的基础，所以个人的享乐并不是道德的基础。

华莱士在1864年发表的一篇关于人类的文章中认为：纯粹人体构造的体力变化并不能完全展现人类的进步，人类发明工具的行为、获得食物的手段、寻找避难场所、获取火种等这一切行为才可以真正体现人类的发展。达尔文对此持肯定态度，人类是通过技术、智力和精神才能的发展才获得了上述成就。这里我们只大概提一下“自然选择和开化民族”理论。其中很多东西是错误和不成熟的，这表明即使是一个天才，也不可能提出高于自己意识形态的东西，尤其是第二次世界大战中发生的事件，更说明了这一点。因为我们不同意达尔文的观点，所以我们不需要证明“野蛮人”是一切“开化”民族的起源：我们坚决反对“高度文明的民族不像未开化的部落那样相互倾轧”这一论调，以“拥有高度文明”的法西斯分子为例，他们更是残酷地消灭其他“劣等”民族。

在第六章，达尔文确定了人在动物体系中的位置。他与奥温和华莱士这些人的观点完全不同，因为他们准备仅仅在一个特征的基础上区别人和动物，这个特征就是人的大脑或精神上的能力发展。达尔文在1864年写信给华莱士，信中提及华莱士在《人类学评论》上发表的一篇文章时说，即使蚂蚁有很高的本能，但蚂蚁终究还是膜翅目昆虫。在1863年，赫胥黎写了一篇《人类在自然界中的地位》的文章，而在另一部1869年发表的著作中他把灵长目划分为人、猿和狐猴等亚目。

达尔文进行了更为深入的研究，按其身体特征来说，人是属于旧大陆狭鼻猿类的，因此，不应该把人归为一个完整的亚目，而只能是较小的等级，即科或者是亚科，达尔文认为，人类的故乡应该在旧大陆，就像所有的狭鼻猿的故乡在旧大陆一样，但是，如果认为人和大猩猩、黑猩猩的相似之处更多的话，人类的故乡可能是在非洲。为什么说人类的故乡是在热带呢？人用果实填饱肚子，并且丧失了毛皮层，都说明了这个问题。

达尔文谈到假想的人的系谱时，认为人来源于从阔鼻猿类中分了出来的狭鼻猿类。根据赫胥黎的说法：猿、狐猴、其他高级（有胎盘的）哺乳动物，有袋亚纲、爬虫纲，存在着后者是前者的来源的关系。达尔文补充说道，当人们想彻底研究哺乳动物的系谱时，科学领域的界限是模糊的。达尔文介绍赫克尔的《自然创造史》时，面对的是那些“愿意知道智慧和知识可以达到何种程度”的人们，他作了简明的解释，可以作出这样一种设想：所有的脊椎动物亚门都来源于无颚类祖先，且在彼此之间具有血缘关系。

达尔文列举了文昌鱼即蛞蝓鱼的例子，作为人类更早的祖先，当时它被归为鱼类的同时还被看作是脊椎动物亚门中最原始的动物。1833年4月，他还在福克兰群岛时，就开始研究这些海鞘，并用放大镜把它们画了出来。他借用了亚·奥·科瓦列夫斯基的那波利的成果，就发展方式和神经系统的位置，就蛞蝓鱼和高级脊椎动物胚胎所固有的脊索的存在方面来说，海鞘的幼虫是和脊椎动物亚门相似的。达尔文断定说：“因此，作为分类学中最权威指导的胚胎学，唯有相信它，我们才会最终找到脊椎动物亚门的起源。我们有充分的理由认为，在很久以前，就存在过一类与海鞘幼虫相似的动物，这一类动物有两大分支，其中一支比较弱，形成了现在的海鞘纲；另一分支则作为脊椎动物亚门的基础，发展到了高级阶段。”

达尔文认为人类近期远祖的外貌可以通过未发育器官设想出来，这一章的结尾是这样的：“这没什么觉得羞耻的。即使最简单的生物也要比无生命的尘土高贵得多，在研究生命甚至是最低级的生命时，按一般人的智商，都会为它特殊的构造和属性所震撼。”

因此，在广度和深度上，《人类的起源》的第一部分都发展了赫胥黎和赫克尔的基本思想。他研究的主题包括的内容很庞大，证明人是如何起源于动物的事实时，在数量上，他所列举的论据远远超过了赫胥黎和赫克尔，例如，让人们感到惊奇的是，他列举了许多人的未发育器官。无疑，内容是关于人类才智和精神方面的能力逐渐发展的几章，与华莱士就同样问题提出的“人类才智和精神方面的能力有特殊来源”这一观点是有着密切关系的。

达尔文用完全创新的方式对人种起源这一问题作出了回答。在物种起源、种的区别中起过重大作用的因素即自然选择，不能回答人种起源的问题。通过自然选择的作用是保存一些有益的变异，但是因为各种人种外表上的差异并未对本人带来很明显的好处，所以我们认为人种起源并不具备自然选择的特征。他认为，外界条件的“直接影响学说”和拉马克关于“器官使用和不使用学说”都不能解释这些特征。对其他有益特征的某种依附性，即“相关作用”，也很难作出合理的说明。在他的思路中，始终贯穿着“选择”两字，所以他用 “性选择”原则回答了这个问题，早前他曾在动物的第二性征的起源问题中，使用了这个原则。他对这个问题相当的感兴趣。例如，1869年2月22日，他给弗里茨·缪勒写信说：“因为人们责怪我隐瞒了自己的看法，所以关于《人类的起源》，我正在考虑再写一篇小论文来论述面部表情的原因和作用。”

最初，在《1842年概要》中，他决定研究性选择这个题目，他把性选择分成两种：由于雄性想要占有雌性，因而雌性在争斗中取得胜利时，就有权利选择最漂亮、最有吸引力的雌性。变异使选择成为可能，这和在自然选择中的情况一样，后代通过遗传性使特征得以巩固，但是选择的原因已经超越了生存斗争。达尔文在《概要》中写道：“无论是雄性还是雌性，它们身上的优点，经达几百代的发展，就会转变成为一定的优势，后代也会继承这些特征。”因此，雄性在为占有雌性而发生的争斗中导致了性选择的产生，在争斗中击败对方或是对雌性有吸引力的雄性，就是竞争的胜利者。

《物种起源》第四章主要是关于自然选择的问题，作者论述性选择这一问题大约用了两页左右的纸张。因为他坚信“人的种族特征的起源有赖于性选择”，所以他更加全面深入地分析了动物的第二性征。所有种类的动物中，那些性崩解作用明显表现出来的动物才有第二性征。还在1868年5月，他写信给虎克说：“性选择是一个很大的题目，我竭尽全力地在研究它。”而1869年12月13日，他又和虎克说：“我感到疲倦，我经常写到的是雄性、雌性、公鸡、母鸡，请原谅我，我觉得我现在像只既是雄性又是雌性的笨鸭。”1870年5月15日，他又写信给虎克：“我对性选择课题很感兴趣，但我要尽量避免自己过去常犯的推理性错误（最后一句话可能是指他的泛生学说，那时此学说还不流行）。”

这样，达尔文就开始着手研究全部的浩瀚的实际资料，这些资料说明在动物交配期间，在动物的生活中，第二性征具有何种意义，起什么样的作用，是否影响动物的发展。所以，在《人类的起源》中第八章至第二十章专门谈性选择（第七章是研究人种问题的）：动物的性选择占了11章的篇幅，人的性选择只占了2章的篇幅，而书名却叫作《人类的起源和性选择》。

此书列举并分析了很多有关动物的性选择和第二性征的事实以及观察到的现象，这展现了达尔文一贯秉持的耐心和严谨原则。不论我们如何看待性选择理论（我深信它的基本原则是正确的），此书却有不可忽视的深远意义：他不仅研究第一性征还详细研究了第二性征的作用，特别是在动物交配期间的作用，这是研究一般高等动物生物学所必不可少的材料。至今这部书在这方面还是受到人们的反复膜拜的，人们还将长期从中汲取营养，尽管这些事实或者解释后来被证实是错误的。

华莱士和达尔文在性选择原则上存在着一个重大的分歧。

华莱士和达尔文在各自独立的情况下得出了完全一样的自然选择理论，这基本已经是公认的说法。他们都不关心优先权和相互竞争的问题。这一说法大体上是正确的，但是在某些细节上和带有原则性的观点上华莱士和达尔文还存在分歧，在第十二章，我们就指出过这一点，十二章的内容主要是发生在华莱士身上的事情。在刚刚列举的关于精神特征来源的例子中我们也指出过这一点。

华莱士性格的许多方面都得到了达尔文很高的评价，他曾有一次写信给华莱士说："虽然你我在某个方面相互是对手，但我们从未嫉妒过彼此。"达尔文赞赏华莱士有大无畏的科研精神，赞赏他在解释很困难的问题时，比如说有机物产生的原因时，头脑清楚，例如家兔和野兔尾巴上抢眼的亮白色，或者鹿身上的"镜膜"（这是成群的幼小且没有经验的动物在一起逃避敌人时，所携带的"可以辨认的重要标记"），又如鳞翅类幼虫的鲜明色泽代表着"他们不可以被食用"等，这些问题，华莱士都给予了合理的解释。尽管他们的通信一直都是温和有礼的，但我们还是可以看到在学术观点上他们一直都存在分歧，在通信中他们争论和辩论，并且每人都矢志不渝地坚持自己的观点。例如，华莱士认为"自然选择"这一称呼常常会使读者觉得混淆。而他本人提出的是"淘汰"而不是"选择的创造性作用"，即不太适应的绝灭，他认为斯宾塞的表述方式更清晰："最好的或适应性最强的才会得到保留。"达尔文还是认为自己提出的术语最好，他认为，虽然人类在实践中已采用了选择原则，但是在自然条件下，实行选择原则也很重要。

进化过程中，种间杂交从变种的能育性转到物种的不育性。如何用自然选择的作用来解释这个问题呢？1868年，问题引发了两人长期而又激烈的辩论。华莱士认为这种不育性的原因是自然选择的结果，物种在自然选择的情况下得到益处的结果。而一直持自然选择理论的达尔文则不同意这一说法，因为不育性总是能够变为有益于物种的说法并不够科学。它们的生殖力会随着生物分开发展而变得越来越弱，因此，通过最无生殖能力的个体不可能改变不育性的状态，也不可能增强生殖力。能有后代的个体数目随着不育性的增强则越来越少。

两人在将性选择原则应用到动物第二性征上产生的问题上有着巨大的分歧。

华莱士于1868年（也就是在《人类的起源》发表之前），在《旅行和自然史杂志》上发表了一篇文章，这篇文章是《鸟窝的学说》。在这篇文章中，他认为鸟窝的类型会影响雌鸟的羽毛颜色。在树穴、洞穴等隐蔽地方筑巢的雌鸟拥有和雄鸟一样鲜明的颜色，然而在露天筑巢的雌鸟的颜色则不可能那么鲜艳。华莱士认为，可以用自然选择的作用来解释第二种类型鸟的色泽。因为如果鸟窝是露天的话，雌鸟在鸟窝里孵小鸟时，遭到猛禽袭击的危险会比较大。鸟的羽毛颜色对鸟及其后代的影响是巨大的，因此，华莱士认为自然选择的作用决定了鸟的颜色。可是在上述文章中，他没有直接否定达尔文的观点，他认为性选择的结果导致了雄性野鸡和乌鸡鲜艳的羽毛和庞大的身躯。同时他认为，鲜艳的颜色也可能是雌鸟和雄鸟顾及对方所喜欢的部分所做的保留。

达尔文与华莱士书信往来很频繁，还在1867年，华莱士就把《鸟巢的学说》的手稿寄给了达尔文，由于达尔文本人正在写《动物和植物在家养下的变异》这部巨著，艰苦的工作导致他的心情非常懊恼，尽管他的回信还算态度不错。可是在关于第二性征的问题上华莱士的研究又抢在了达尔文前面，在《鸟巢的学说》中，华莱士给出的解释都非常有趣。达尔文回信说："我认为，虽然我们研究的题目相同，但是这个工作您做得比我所做的《人类的起源和性选择》要好得多。”达尔文对于鸟巢学说也不十分满意。他在1867年4月29日给华莱士的信中说，尽管“在许多情况下，甚至可能是在大多数情况下”鸟巢的学说对第二类型鸟来说是普遍适用的，但他仍然认为性选择因素才是最重要的。他在5月5日给华莱士的信中，退回了手稿，拒绝了华莱士建议达尔文使用他的手稿的提议，同时还婉转地表示两人之间还存在分歧。

1868年2月4日，达尔文在日记中提到他已停止收集材料并且开始编写《人类的起源和性选择》。但是他的儿子、传记作者弗朗西斯·达尔文认为，达尔文是在1869年以后才真正开始工作的。两人之间的分歧反映在通信中。1868年3月，华莱士在给达尔文的信中，谈到这个题目非常困难时，认为性选择能选出常见的、微小的、足够的变种是根本不可能的。他问：“雌鸟不可能注意到孔雀尾巴上一英寸的东西或极乐鸟尾巴上四分之一英寸的东西。”对此达尔文在1868年3月19日的信中回答说：“例如姑娘看见美男子，不会去注意他的鼻子或颊须与其他男子比较起来是怎样的，她喜欢他的外貌并想嫁给他，这无关性选择。因为我认为，雌孔雀尾巴长度的增加和性选择无关，只是想让自己变得更好看。”杰恩涅里·乌伊拉也经常与达尔文通信，他为达尔文提供了大量事实，说明雄鸟讲究装饰并且雌鸟注意羽毛的细节。

随着辩论的深入，双方也越来越坚持自己的观点，虽然有时双方都会有些动摇。例如，1869年9月16日，达尔文写信给华莱士说：“您一定认为发生在我身上的问题是应该的，因为我正在为保护色和性选择问题而感到困扰。今天早晨我完全支持您的观点，到晚上我又开始坚持自己的想法，坚守在原来的立场上，我的心是永远属于这个立场的。”

从1868年9月23日达尔文给华莱士的信中可以看出，华莱士在这之前给达尔文写了一封长信，来回应他们之间的分歧。这个问题很复杂，需要相当大的篇幅来说明。达尔文希望华莱士明白自己对真理的渴求充满了诚意，因为其中的几页，他读了很多遍。他在回信中强调的对“遗传规律”的分歧，尤其是将特征传给异性时的分歧最大。例如，在这些情况下，有隐蔽窝的雌家雀或雌青山雀的颜色也很轻微，这时轻微的色彩就用保护色来理解。但是可以看出，达尔文对华莱士的批评很在意，就在同一封信中，达尔文说："我不快，我恐惧，我心情不好都是我的意见和您的有分歧造成的。我认为我们永远无法了解彼此。"

华莱士对达尔文这段话所作的回应也是非常有格调的。1868年10月4日，华莱士在给达尔文的信的结尾中写道："我很抱歉，我们在这一点上的意见分歧影响到了您的心情！您一定要相信真理是越辩越明的，我们的分歧对别人的工作来说，可能是一个促进，最后的结论可能是我们俩都正确，而且这个问题只是《物种起源》中的一小部分，对主干学说没有什么重大影响，一想到这个就让人觉得快慰啊！"

因为当时这场辩论是由华莱士发起，还在报刊上继续开展了一段时间，所以在这里我不再详细地谈论这场辩论。我想说的是，达尔文对华莱士的性选择理论的批评（尽管华莱士本人对第二性征的观点存在很多错误），阻碍了达尔文自己的性选择理论的广泛流传，相比之下，反达尔文主义者的攻击都没有造成这么严重的后果。

我已经指出，《人类的起源》使用了13章的篇幅讨论性选择问题：第八章关于性选择的原则，第九章关于低等动物的第二性征和性选择，第十、十一章关于昆虫纲的第二性征和性选择，第十三章关于鱼、两栖动物和爬虫纲的第二性征和性选择，接着之后4章即第十三章至第十六章关于鸟的第二性征和性选择，第十七、十八章关于哺乳动物的第二性征和性选择，第十九、二十章关于人的第二性征和性选择。

达尔文在第七章中虽然对人种问题有一定涉及，但他没有详细论述。这里他感兴趣的是，人种是单独的种还是变种，达尔文对这问题最感兴趣。尽管在许多重要的差别上，各种人种之间还不存在实质性的不同。但达尔文还是认为人种只是变种，而不是单独的种，理由是：第一，不同人种很容易发生杂交，还能孕育后代；第二，每个学者在对人类应该划分为多少种族的看法各不相同的原因是：种族特征易发生变化，且这种变化有渐进性，导致一个种族变成了另一个种族。由此他的结论是，全部人种的根源是相同的。他得出这样结论的依据是什么呢？性选择就是唯一的依据，因为达尔文说明人种的形成时从不引用任何一个已知的事实。令人疑惑的是，他认为性选择是人种形成的主要因素，但也承认只用性选择来解释（这一解释不可能在科学上得到准确的证实）全部的差别也是不够的。

达尔文用11章的篇幅对动物的第二性征作了详尽的分析，表明了性选择几乎是第二性征产生的原因，这样就启发读者去思考：就像是性选择对动物有巨大作用一样，在人的类似性征的产生中，性选择不可能不起作用。

他认为，与女性特性相比，男性拥有的孔武有力、好斗以及精力充沛的特性是在原始时代获得的，后来随着男性要占有女性而展开竞争又逐渐加强。达尔文认为，性选择造就了男性有更高的智力和更强的创造发明的能力。他考察了很多事实，结果证明未开化的人也注意自己的外表，未开化的人也希望引起别人对自己的注意，喜欢打扮自己，审美感也很迥异：变换眼皮、指甲、头发和牙齿的颜色；改变头、头发和发型的式样；用鼻环和耳环作装饰品；穿透嘴唇、文身。但是，每一个部族关于美的概念都不同。例如，一些部族喜欢长发和长须，而另一些部族则认为没有头发最好，于是他们把脸上和身上的毛全部剃掉。看来，和特殊的面貌和体形相比，人们还是喜欢平常和普通的面貌和体形，你会发现有些部族用鼻夹夹住塌陷的鼻子，中国妇女则会刻意地裹足。

达尔文接着论证，在人类早期生活中性选择的作用表现得尤为强烈。当时最优秀的男性，可以选择最有魅力的女性，性选择理论完全可以用来解释人种的起源问题，因为从上面所举材料可以得出这样的结论，在未开化的部族眼中，该部族特征的某种加强就是美的表现。在人种起源这章的结尾："每一个部族中最优秀的男子承担着繁殖大量后代的任务（因为他们能繁殖最大量的后代），因此，在繁衍后代的过程当中，优秀男性的妻子一般都是最有魅力的女性，所以部族的特征未必能突然显现出来。我个人认为：性选择是造成各人种之间差异及人和低等动物之间外表差异的最主要因素。"

达尔文的这部仅次于《物种起源》的新著作内容新奇、结构独特、想法大胆，其涉及的问题对人类的重要性和它所取得的丰硕成果，再加上这一课题的艰巨性，完全可以看作是他的另一部旷世之作。书中不仅引用了大量的实际材料，而且还有独创的新的理论思想和结论。其中实际材料包括两方面的内容：人的身体构造；人类发展过程中，人类的部分特征来源于低等生物。从那时起，人们如果想获得关于人类起源于动物的论据时，就会去查找这些材料，渐渐的这些材料也成了最权威的基本科学文献。此外，有关动物第二性征在交配期间的作用的材料，达尔文在这本书中也收集了很多，解释性选择问题时人们也常常将其作为基本文献加以引用。

面对混乱和复杂的问题时，在现有的实际材料面前，详细研究了一切可行的解决办法后，如何才能创立自己课题的理论，如何辨别一切“支持”或者“反对”的意见，达尔文为我们作出了光辉的典范。最后，他又为我们提供了一个很好的经验，当要最终作出一个结论的时候，应该把无懈可击的工作结果和假象的工作结果区别开来。最后，确定假设的可能性程度以及合理地对待假设在科学中的意义也是非常重要的一个活动。他在《人类的起源》一书最后一章说道：“上述观点中有许多观点是很抽象的而且难免会存在错误。但面对两个相左的观点时，无论在何种情况下，我都会说出自己的根据和理由。我认为：人类自然史中一些最复杂的任务在很大程度上是由逐渐发展的原则阐明的，这个问题是需要我们付出巨大的努力才能完成的。错误的事实往往会对科学造成损害，因为它们可以长久地占据人们思想领域的一部分，但是，如果这一错误的事实有许多实际的论据来支持的话，损害就没有我们想象中那么多了，因为每一个人在寻找证明某种观点是不正确的证据的过程中，都可以额外获得有益的知识。找到了导致错误的根源就意味着找到了解决问题的正确方法。”

下面我们来看一下这些研究结果的主要作用：

首先是一个公认的结论：人类起源于某种低等生物，人类和其他哺乳动物有着共同的祖先，人类各种族也有共同的起源。与此同时，最可信的人类系谱也被创造了出来。并有证据证明虽然人类智能优越于动物智能，但是人类智能和动物智能之间只存在程度上的差别而不存在性质上的差别，动物在某种程度上具有的那种共同的本能和同情心发展到最后成为了人类的精神情感。最后，有一个关于人类种族问题的假设：达尔文在动物界各纲中的对性选择作用的深刻和论据充分的研究对种族起源的研究帮助很大。

然而，达尔文也有些错误的观点，他觉得只要认为人类起源于低等动物，就不能认为人类在质上具有独特性。研究者的研究方向应该在对人类与独立于动物之外的原因的探究上，这才是解决人类起源问题的正确方法。在《劳动在从猿到人转变过程中的作用》一书中，恩格斯总结出一个飞跃，一个质的转折阶段，在这个阶段中，各个个体相互关系中的生物学规律性被社会规律所替代了，人类的祖先起初只是使用和收集简单的自然产品，后来在改造自然时，借助了社会劳动的力量，使用的是生产劳动工具。

在上述著作中，恩格斯用唯物主义解释了人类起源的问题，强有力地表明，人类是由劳动创造的，用一句话来概括人类进化的特点就是：在自然选择的作用下，人类祖先在发展的某些阶段上解放出来的新的进化形式，促进了人类的进化。因此，恩格斯的观点是，社会因素即劳动过程的发展促进了人类进化的实现，与华莱士的唯心主义观点完全相反。

第十六章　达尔文的晚年著作

1871年2月14日《人类的起源》一书问世了，并且获得了举世瞩目的成功，因为2500册书很快就销售一空，在年底又加印了5000册。很显然，这本书引起了各种各样的情绪，愤怒、赞赏和惊讶随之而来。安顿·窦恩在《国外》杂志上写道，这本书在德国也取得了巨大的成功，但最开始，可以理解的是，几乎都是反对的声音，因为它触动了一个根深蒂固的宗教观念，即人在自然界中处于怎样的位置，而且《人类的起源》一书只是给出了太过“抽象”的答案，尤其是对一些重要的问题。

各种各样的意见和评论纷至沓来，有温和的、同情的、野蛮的、尖刻的和无知的，不过，大部分都是小打小闹。他的每一部新著作一经出版，就会被舆论的浪潮包围，这没有什么新奇的，达尔文也不会为此感到不安。而这一次，著名的动物学专家迈弗特却给了他重大打击，迈弗特在《物种的发生》一书中对达尔文的自然选择论发出了颇让人信服的、严厉的批判。迈弗特指责达尔文的证据不足，前后矛盾，还列举了许多无法用自然选择理论解释的实例。他批评的焦点是，构造特性的初始阶段不能用自然选择理论解释。

反对达尔文主义随着迈弗特的书和凯拉克的书的发表进入了新阶段：因为达尔文和他的信徒给出了关于进化论的相当充分的论据，所以迈弗特是承认进化论的，但却不同意自然选择理论。宗教的卫道士们、造化论者、唯心论者、目的论观点（关于“目的”的学说）的拥护者们所反对的正是自然选择这一用以说明进化的形式，自然选择的概念非常明确从而为进化论思想的传播创造了条件，但是由于自然选择排斥各种目的论（正如马克思所说的自然选择“给目的论以致命的打击”）和创世主，所以自然而然地招来了反对的观点。至于迈弗特观点正确的一面是，他看到了“某种内在的力量和倾向”才是进化的原因，并且在发展是跳跃式的这个观点上，与凯拉克相同。

迈弗特的书的影响是巨大的，很快便有了第二版，书刊上反复出现书中的论据。

达尔文已经迅速意识到这本书的作者的真正动机是什么，所以他必须给予回应。同那些和达尔文在人类问题上存在分歧的学者的动机相同，即希望达到“科学包容宗教”的目的，并且想复活“创世说”。当时他能寻求帮助的朋友实在不多：虽然华莱士的演说很有才气，可是他不一定会坚持达尔文的观点，爱沙·葛雷也是；其他朋友都非常繁忙。

可是这时，有一个叫琼斯·赖特的人给予了达尔文不可思议的帮助，弗朗西斯·达尔文对他的描述是：“大量阅读并且思考过形而上学的问题”。他给达尔文寄了一本估计会使达尔文感兴趣的书，即给《北美评论》写的一篇评迈弗特书的书评手稿，他从哲学角度出发，阐述了他赞成自然选择的理由。

达尔文一看完这篇文章，就决定：以小册子的形式在英国出版赖特的书评；他自己则准备在第六版《物种起源》里新加上一章，这一章的内容是：回应报刊上反对自然选择的各种言论，尤其是回应迈弗特的反对意见。因此，通过引用赖特的哲学分析，达尔文的反驳依据得到了充实。他把赖特的手稿给华莱士看，希望他可以给出意见。达尔文在给华莱士的信里写道：“虽然这篇文章的观点表达得有些模糊，而且由于缺乏必要的知识，某些部分的说服力不够强，但我认为其还是有值得肯定的价值的。”

达尔文一边和恶化的病魔作斗争，一边十分艰难地着手写作，他感到精力极度地衰竭了。更加雪上加霜的是，不久《每季评论》（1871年7月）发表了对达尔文的著作所进行的新的、更为激烈的评论，根据文章风格和写作技巧，达尔文断定其作者就是迈弗特。达尔文对这篇文章深感困扰。不考虑哲学和宗教的基本原则，评论虽然承认自己支持发展学说，但是又辩称：人与动物的差别，与它们同地上的尘土的差别相比，是非常巨大的。这种“假道学的无礼攻击”使达尔文无比的沮丧和苦恼。他写信给华莱士说：“我很快会成为被大家看不起的人。”为了反驳众人的观点，他决定出版赖特的文章。在给华莱士的这封信里他还写道：“即使是人们不关注这本小册子，但最起码表明，并不是所有人都支持迈弗特，对待迈弗特的意见要审慎，不能无条件地全盘接受。”这才是出版小册子的目的所在。

这是达尔文最艰难的时刻，在这一时刻很多摇摆不定的人背弃了他，走向了他的反面，只有赫胥黎对达尔文不离不弃，一直站在达尔文这一边支持他。《现代评论》杂志发表了一篇赫胥黎写的文章，文章主要驳斥了对达尔文的攻击，在《每季评论》里的一篇貌似迈弗特写的文章里，在华莱士的书评《论人类》里，以及迈弗特的《物种的发生》一书的第二版里都有这样的攻击。

《每季评论》的评论员（迈弗特）指出，宗教其实是顺应现代科学的，天主教会的权威领导者都承认形体被创造出来之前，就被赋予了渴求发展的意识，其实就是承认了进化论，他作出了这样的解释。在论证这个问题时，他引证了学者苏阿雷斯的著作，苏阿雷斯是一位著述丰富的耶稣教徒。赫胥黎在图书馆找到了苏阿雷斯的著作，准备深刻地了解这些所谓的权威和正统观点。正像他写信给达尔文说的那样，他在那里扫了一眼以后，就抽出了两卷看起来非常有价值的书，并决定从材料中抽出实质的东西，用对手的论据打击对手，就是援引苏阿雷斯的观点，来打击迈弗特的观点。针对发表在《每季评论》上的攻击，赫胥黎的结束语是：这篇评论既不客观公正，又没有水准。

达尔文看到赫胥黎有关此事的评论之后，感到精神很是振奋。终于有人对迈弗特的攻击作出回应了。他在《物种起源》里也回应了此事。赫胥黎和琼斯·赖特分别从哲学方面和神学方面打击了迈弗特，迈弗特也受到了相当大的打击。赫胥黎写道：“那些摇摆不定的人终究会回到我们这边的战线。”的确，达尔文是非常有远见的，他预计斗争“在我们死去和消失之后”也还将继续下去。

达尔文高度赞赏了赫胥黎的文章，他无比高兴地看到赫胥黎对迈弗特深刻的批判，包括对神学、理性及其定义的论断的抨击，对形而上学的论断。赫胥黎支持他的《人类的起源》中的观点的行为使达尔文非常满意，这些观点是发展了的、关于道德起源的观点。他重点标注了赫胥黎反对华莱士的、关于野蛮人的智力的论据，并且以完全赞赏的态度结束了这封信：“虎克两年前对我说过，赫胥黎的文章是如此的深奥，读他的文章会令人深受启发”。

在《物种起源》的第六版里，新增了一章的内容。这一章主要是驳斥迈弗特对自然选择理论的批判，同时还反驳了博朗、布洛克和其他反对者。他写到，迈弗特没有提出一条有利于他自己的论据，只是把达尔文的观点和反对自然选择的观点简单地汇总了一下；迈弗特认为拉马克提倡的“器官锻炼与否学说”意义重大，其实达尔文在《动物和植物在家养下的变异》一书中谈到过这一原则，但迈弗特采取了忽视的态度；迈弗特批判达尔文不重视不经选择的变异性，这一批判是没有道理的，因为达尔文在这本书里恰好讨论了“不经选择的变异性”问题。

然后，达尔文认为迈弗特反对自然选择理论最重要的原因是：迈弗特认为“动物和植物构造的有益特性的初始阶段”无法用自然选择理论来解释。于是达尔文就举了很多例子来反驳。达尔文描述在自己的想象中自然选择是怎样起作用的。例如长颈鹿有修长的脖颈和高大的身材，鲸鱼的须，比目鱼的两只眼睛长到一边的原因。哺乳动物为何有乳腺，棘皮动物为何有叉棘，卷须植物为何长着卷须以及苔藓动物纲为何出现短腕幼虫和鞭状体，兰科的花朵各部分结构的改变只为借助昆虫给花授粉。

在迈弗特看来，“某种内在力量或者寻求发展的趋向”这样的因素可以取代选择作用，达尔文提出了这样的反对意见：这是一种神秘的、无人知晓的力量。达尔文认为突变式的物种进化根本不可能，因为通过观察家养动物，这种“突变”发生的可能性基本为零，在人类不对其进行干涉的情况下，由于正常个体杂交，突变就会迅速消失。而在自然界，自由杂交的结果也不可能突变。

达尔文在增加一些内容的同时，还删减了不少内容。

达尔文起初打算在自己有关人类的著作中，加入人的面部表情一章。达尔文曾经读过著名生理学家贝尔的《面部表情解剖学和生理学》，这本书十分有趣，主要写面部肌肉和呼吸存在何种关系。贝尔认为人的某些肌肉的作用只是为了他能用面部表现自己的感情，也正因为人有面部表情，所以可以认为人类和兽类完全不同。这些观点，同达尔文的进化思想截然相反。

达尔文对这个问题很感兴趣。大概早在30年代末和40年代初，他以自己的孩子作为观察对象，对其感觉表现做了相当详细的观察。华莱士得知达尔文要研究面部表情后，提醒他这并不是一个很重要的值得研究的问题。达尔文也大体上同意他的看法。1867年3月，他写信给华莱士说："近27年来我最喜欢的题目之一就是面部表情问题，在写完一篇关于人类的文章后，一个念头便在我心中萌生了：如果能研究出一些有关感觉表现的问题，我的研究就更完整了。"这项研究带给他的快乐是巨大的。达尔文为《动物和植物在家养下的变异》呕心沥血，进行了艰苦卓绝的研究。他写信给华莱士说："这恐怕是一部艰深的巨著，恐怕不能获得大家的理解。"后来他用自己的实力向华莱士证明了，关于感觉的表现的部分完成得相当出色，比华莱士想象的要好。达尔文的观点还是与大家的想法不同：动物的那些感觉的表现为人的面部肌肉的表情动作和感觉的表现奠定了基础，机体的发展总是遵循循序渐进的原则，这一原则在这个问题上也是适用的。

《人类的起源》和《性选择》这两本书被人为地合并成一本后，关于人类的书就充实起来了。关于感觉表现的补充意见会更增加了这本书的分量，而且这方面的资料还在不断增加。所以很自然的，达尔文把这个问题分出来单独写成了一本书。达尔文看完《人类的起源》的最后校对稿后，立即开始着手写《动物和人类感觉的表现》一书。他花费了六个月的时间写这本书的概要。6月份筹备《物种起源》的最新版本（第六版）的工作，使他耽搁了《动物和人类感觉的表现》一书的写作，但是后来他继续写了下去，并在当年11月和12月就拿到了最后的校对稿。在写这本书的过程中，他同传教士，同各个不同民族人士，同医生和生理学家，进行了大量的通讯，并给这些人寄去了事先印好的调查表。这些前期工作大大充实了这本书的内容，还导致了延期印刷。达尔文于1872年8月22日看完了最后的校样，同年秋天这本书出版发行。一下子印了7000册，很快就销售了5000多册。虽然达尔文也为第二版收集了大量意见，但由于这本书的内容太充实了，所以没有出第二版的必要。

这本书有序言，分14章。序言主要是介绍该问题的历史概况，并指出达尔文利用了哪些资料：一、对孩子面部表情的观察；二、对精神病患者的面部表情的研究；三、杜申拍摄的一位老人的照片，老人的面部肌肉因受到电击而收缩；四、著名绘画和雕塑大师们的作品；五、对上面提到的、不同人种的人的感觉表现调查表中36个问题的答案；六、对动物，主要是家养动物的观察资料。在序言的最后，达尔文提出：

人类以及动物的感觉表现能不能用同样一种原因来解释。前三章，达尔文提出了一些“一般原理”：

（一）习惯是一种联想原理。所谓反射动作，要么是一种习惯的继承，要么是原始本能在经过自然选择后的保留。例如，狗先转圈子和刨地，然后再躺下睡觉；幼兽的吸奶动作；马先用蹄子磕地，然后再动身，等等。受到了克制的人类的某些动作，还是可以表现人类的感情。

（二）对立原理：反映同一种感情和相反感情的动作是不同的。例如，一条狗面对主人时和面对另一条狗时的表现是截然相反的。再如，人在说“是”和“不是”的时候，都会配合不同的动作。

（三）无意识的、神经系统的影响和习惯。通过长久的观察，达尔文发现了以下现象，例如：头发因恐惧而突然变白；身体因寒冷、烧烫伤、恐惧而颤抖；人因听到演奏而战栗；因情绪激动而导致的肠道或肾脏不由自主地排泄；各种感觉对心脏和血液循环的作用；皱眉、出汗、闭气、晕倒等一系列疼痛的反射表现。

第四章的内容是：动物先发出可怕的声音再鼓起皮毛的原因是为了使自己显得更强大，如：哺乳动物竖起皮毛，鸟类撑起、展开翅膀和尾巴，蜥蜴鼓起咽囊并微微抬起颈脖。狗、马、某些猿猴等用牙齿搏斗的动物，他们狂怒时的表现是耳朵向后拉或把耳朵紧贴头部。

第五章的内容是：仔细研究动物，尤其是狗、猫和猴子的感觉特有的表现形式。不过因为猴子同人类有很多相似之处，所以对猴子的研究是最重要的。

从第六章到第十三章，全面地介绍了人类每一种感觉和感情的表现形式，这几章对演员来说意义很重大。达尔文在第十章（恨和怒的感觉）里写到：感觉同表现这种感觉的形式的关系是十分密切的，所以，如果躯体的状态是消极的，那就可以认为此时的躯体是没有感觉的，因为感觉的表现性质是由某种心情影响下通常产生出的行为的性质决定的。

通过对儿童的、傻子的、猴子的、其他动物的同样感觉的表现形式的比较，达尔文完成了对成年人各种感觉的表现形式的分析和整理。达尔文还指出，不同种族感觉的表现形式之间是有相通之处的，当然存在例外，例如，不同的种族在表示肯定和否定的时候，其形式就不大相同。为了更好地说明这个问题，他常常引用莎士比亚或者其他作家的著作。例如，表示无能为力的时候，人们通常会做出耸肩的动作，一个作者曾写出了这样的句子：“他表示无可奈何的方法是将双手深深地插进口袋里，两肩耸到了耳朵边。”

《动物和人类感觉的表现》一书插图很多，而且这些插图都是由艺术家福特画的，这就同他的其他几本书形成了鲜明的对比。其他书没有插图或是借用其他出版物的插图，都是些没有什么艺术感的普普通通的画。令达尔文由衷地高兴的是看到了描绘猫和狗看到敌人和主人时的表现不同的图片，还有生动的展现儿童和成年人各种感情和感觉的照片。

第十四章的内容是，他一再提及前三章里写到的一般原理。有益动作或者可以使人摆脱烦恼事情的动作逐渐获得了习惯性的性质。因此，在这种情况下，无论是有益还是无益，无论感觉是强还是不强，这些动作在一定的感觉条件下会重复出现。人们在生活实践中，在相反的冲动的指导下也会做出相反的动作。此外，反射也会不以习惯和意志为转移，而发挥一定的反射作用。

因一定的情绪而产生的那些动作，通常都可以反过来表达情绪。达尔文说：“在表达出强烈情绪后和做出合理动作后，一些轻微动作就是这些行为的残余和痕迹。它们对于我研究问题的意义，就像退化器官对于一个研究分类学和有机体谱系学的自然科学家的意义一样。”达尔文最后得出了重要结论，即所有人种表现感觉的主要形式都一样，其根源都是一样的。人类从祖先那里继承的古老的表情有：笑（某些猿类也有）、在恐惧的时候毛发竖起（皮毛略突起）、颤抖、发呆。后来新发展的表情有：哭泣（猿类不会哭）和其他悲伤的表现。就像《人类的起源》中说的那样：人类是从低级形式开始进化的，所有人种都有共同的起源，这一结论同样适用于表情的发展过程，也是从简单到复杂。

弗朗西斯·达尔文认真收集和发表了达尔文的书信，达尔文的理论在英国和国外通过坚持不懈地推广和传播，最终获得了极大的成功和广泛的认可。进化论为越来越多的自然科学家所接受，本着进化论的精神，他们投入到了改造生物学的工作当中。按照新的观点，越来越多的事实都要重新加以研究和解释。

达尔文主义与反达尔文主义的斗争不再那么激烈了；现在人们研究的着眼点是达尔文的复杂而又领域宽广的理论的细节和某些个别方面的东西。凯拉克和迈弗特首先转变了此前的反对态度，很快，进化理论的新概念和变体出现了。赫胥黎写信给达尔文说："您为《物种起源》所承受的痛苦，我终于感同身受了。面对一本好书，任何人都会表现出不同的想法，也会把自己的想法强加于上。"

这个时期，达尔文仍旧十分关注书刊动态，一直观察对手和朋友们的反应。这反映在他给朋友和支持者的私人信件中，在他亲自对《物种起源》各版的修改中，以及我们补充意见的增补中。例如，在《物种起源》英文第三版里增补了关于物种起源观点的绪论性概要。在概要中，达尔文展现了对前辈的尊重，他不仅按年代顺序列出作者的姓名，还历数了他们获得的成就。最新版本里新加的同迈弗特论战的一章，达尔文也是这样做的。《物种起源》在达尔文生前共出了六版：第一版是1859年11月出版；第二版是1860年1月出版；第三版是1861年4月出版；第四版是1866年春天出版；第五版是1869年初出版；第六版是1872年出版。在新的版本里，增补了各种更能说明自然选择理论和进化思想的例证和意见。达尔文删掉的部分是：不恰当的例证或结论，还有他的批评者或朋友曾经对他作出指证的地方，达尔文还在删除了这些内容的地方换上了新的例证和结论。特别是最易受到攻击的部分，他都重新作了深刻的研究，那些难懂的，因为某些人没有理解他的意思而误解的地方，他都特别关注。

他向读者解释说，虽然他经常使用"偶然性""偶然地"这种字眼儿，但并不代表他所得出的结论没有真凭实据，只是这个原因到现在还不清楚。一些人认为，按他们的想法似乎“自然选择”由于其特殊的形而上学因素作用能解释一切现象，达尔文也否认这样的观点。“自然选择”这个词汇就像万有引力中的“引力”，或者像化学物质的“亲和力”那样，只是一种比较通俗易懂的说法；他不认为大自然有拟人化的特征；“选择”只是比喻自然规律作用于生物的一种结果。其次，他设法证明，他的理论的可靠性不会因为对变异原因的无知而降低，即使他对变异原因没有透彻的研究，但他依然可以保证其理论的正确性；就像虽然我们不知道电的实质是什么，但我们却可以承认电的规律。

他一再重申的观点是：他从来不认为进化的唯一因素是自然选择。相反，他一再说的是自然选择是最重要的条件和因素。此外，他一直很担心别人过度地强调这一因素，好像自然选择是唯一因素一样。这样，涉及其他影响进化论的条件和因素时，达尔文的评价就显得特别的小心翼翼。是的，在《物种起源》的各个版本里，以及在各个不同时期内的著作和书信里，我们都可以看到，经常困扰他的问题是在“关于外部条件的直接影响的意义”，在他对这种影响的评价上存在一些差别，虽然可能是一些非常无关紧要的差别，但足以看出达尔文对这个问题的重视程度。

他坚信自然选择的重大意义，所以理所当然的，他必须在论证过程中降低其他外部条件直接作用的意义，在他之前有许多书籍和文章谈过“气候”问题，照他的说法是“已经达到了汗牛充栋的地步”。所以从写《1844年概要》开始起，他就形成了一种习惯：注意分析所有难点问题，分析与他的理论相反的所有东西，充分考察外部条件的直接作用。我们可以看出，在这个问题的评价上，他的态度还是很犹豫不决的。所以，1859年9月，在他着手写《物种起源》的时候，他认为自己最严重的错误是过多地考虑了气候对生物变化的影响。可是，在《物种起源》的第五版里，他又改变了自己的观点，认为外部条件的一定作用和直接作用，以及“无益”变异的意义可能更重大一些。1873年，达尔文在给德克多尔的信中写道：他完全相信，如果外部条件可以对本人的健康及其后代产生久远而深刻的影响的话，后代就将发生变异。因此，达尔文非常支持性遗传论。他常说，按他的理解，是生物的本性而不是条件的本性决定了变异，这并不是说他否定条件的作用。达尔文更希望年轻的自然科学家去研究条件的直接作用对植物变异的影响，从而明确条件具体是怎样发挥作用的。1881年，即他去世前不久，他在给德国自然科学家哲莫佩尔的信里说，霍夫曼教授做了一个实验，即用人工条件去栽培植物，这个实验的结论削弱了条件的直接作用的重要性，而哲莫佩尔则把条件的直接作用的意义看得过重，所以，对于条件的直接作用，各个学者之间还是存在分歧的。

随着达尔文主义越来越深入人心，学者们都会把他们写的书和文章寄给达尔文，希望达尔文过目。达尔文常和外国自然科学家，和翻译他著作的译者一起讨论有关进化论的最困难的各种问题。他与支持他思想的青年人保持着密切联系，在这样的交流下，双方的知识面都得到了扩展。达尔文不仅要解决译文问题，还要和译者一起讨论关于出版的细节问题。有时他不仅要对英文各版本进行增补和订正，对外国各版本也要做同样的工作，为了减轻译者的劳动量，他会亲自指出哪些地方需要增补和修改，并给译者寄去最新的英文版本。

众所周知，博朗教授是《物种起源》的第一个德文译本作者，但是达尔文对此并不是很满意，因为他删掉了达尔文关于人类起源的名言，还在译文里任意加上了一些自己的东西，就是由于博朗这种对待翻译的不认真态度，达尔文的理论受到了批评和许多非议。第二个德文译者维克多·卡鲁斯，还原了原著的真实面貌，去掉了博朗任意加上去的东西，恢复了被删掉的部分，可以说是完全还原了原著想要表达的内容。达尔文对这个译本很满意，他非常感谢这位翻译家，评价说“新版本看起来焕然一新”。

《物种起源》的法文版也出现了同样的问题。艾瓦耶是第一位法文译者，第一版出版之后，她在没有同作者商量的情况下，弃新修订的英文版于不顾，在未对旧译本进行任何修改的情况下，又再版了两次。

列·硕·达维塔施维里为俄国著名古生物学家弗·奥·科瓦列夫斯基写了传记，其中传记中非常有意思的一章专门写科瓦列夫斯基和达尔文之间的关系。《动物和植物在家养下的变异》俄译本是科瓦列夫斯基出版的，在英国的时候，他亲自拜访了达尔文，在他给兄弟的信里对达尔文的评价是达尔文是一位和蔼可亲的老人家。我们希望读者去看列·硕·达维塔施维里写的传记，这样可以更好地了解达尔文。科瓦列夫斯基把他关于生活在美洲、亚洲和欧洲的一种偶蹄哺乳动物专题学术著作和《古生有蹄类自然分类的尝试》送给达尔文时，为达尔文写了一段献词："自从我刚开始自己的学业时起，我就一直把您当作我的伟大导师和诚挚的朋友。当我在英国做访问学者时，您总是对我的学术动向给予极大的关注，并为我创造便利的学术条件。如果不是由于您的申请，我都不会看到许多收藏品，也不会进入图书馆，他们一定会禁止我进入其中。您的名气和与您的友情使我在学术的道路上一帆风顺，没有遇到什么障碍。我满怀着不切实际的期待，希望有一天，我们在唐恩，您的住处讨论各种学术问题，就像我们曾经做的那样。"

达尔文主义的德国支持者艾恩斯特·赫克尔是一位富有激情而又热情的年轻人，他也常去唐恩做客。达尔文对他也非常热情。在德国他是第一个发起支持达尔文主义运动的人，他在自己的射虫类专题学术论文里，在德国自然科学家和医生斯德丁代表大会上，都热切地表达了对达尔文进化理论和思想的拥护。赫克尔和达尔文的性格完全不同，在待人接物上，达尔文谨小慎微、小心翼翼，但赫克尔在发表自己的观点上，是那么的豪爽明快、大胆无畏。赫克尔公开用达尔文的理论是来挑战旧宗教神学和旧权威的世界观的。他本人所著的《自然创造史》引发了猛烈的攻击，同时在德国，他疯狂地宣称达尔文主义的方式也引起了抨击和仇视。攻击他的人比攻击达尔文的人还多。在德国，非常流行对赫克尔进行咒骂，赫克尔的性格远比不上达尔文那样温文尔雅、谨慎小心。

达尔文对这些根本就不屑一顾，他写信对赫克尔说："您这样做完全是费力不讨好，其实没有必要这样做。"

赫克尔和达尔文的其他几个朋友都劝达尔文不要太在意那些反对意见，他的反对者就是利用这些反对意见对达尔文进行攻击的。面对着这样的劝解，达尔文的态度是，用真理来回击自己的反对者才是最有效的方法。

赫克尔把两卷本巨著《普通形态学》寄给了达尔文，希望达尔文可以将这本书翻译成英文，可是由于他对德语不熟悉，阅读也不流利，所以对于这个请求，达尔文倍觉为难。在大概浏览并挑选出几页赫克尔的著作阅读之后，他惊喜地发现，赫克尔对他的《物种起源》给予了相当高的评价。另一方面，他发现书中实质性的新事实、新观点很少，相反却谈到很多教学方法的细节问题。达尔文最惧怕的是著作中大量的新术语，和带有希腊文词根的新词。达尔文和赫胥黎进行了交流，赫胥黎和他持相同的看法，他们都认为这部书篇幅太长，翻译难度也大。在赫克尔的新书里，他描绘了大量的系谱表和种系发生表，用来确定有机体的相互血缘关系，达尔文为赫克尔这样无畏和勇敢的精神感到震撼。然而赫胥黎的看法是：只要是从事科学研究的人，都必须具备这样勇敢的精神，必须勾画出系谱表和种系发生表。

1868年，德国自然科学家奥古斯特·魏斯曼也给达尔文来信了。魏斯曼反对内格里的观点及其“完善定律”，按内格里的思想，完善定律才是进化的根本原因。魏斯曼从侧面肯定自然选择在进化中的作用，对此，达尔文感到很是欣慰。

达尔文是这样回复魏斯曼的，他总觉得内格里的“完善定律”没有什么价值。因为即使完善定律的支持者也无法对“改善”作出精准的定义，人们无法想象通过“选择”途径也没办法获得的“改善”是怎么样的。

莫里茨·瓦格涅尔的《达尔文的理论和迁徙原则》和《论地理隔离的影响》两本著作在1868年相继出版。莫里茨·瓦格涅尔的书处处针对《物种起源》，对其极尽批评之能事。达尔文的《物种起源》认为“隔离”作用是很巨大的。莫里茨·瓦格涅尔针对《物种起源》得出的结论是：进化的最重要的因素是“隔离”和“迁徙”，丧失了这些因素就失去了进化的可能性。达尔文写信给魏斯曼说：“我认为，莫里茨·瓦格涅尔的第一本书很有趣味。但我并不认同他的观点，迁徙和隔离这两个因素其实没有那么大的作用。我有一个疑问是，当他所说某种类型从一个区域迁移到另一个区域，如果第一代物种保持原形，不发生变化的话，会产生什么样的后果呢？我认为，我所说的人的无意识选择的那些原因，估计魏斯曼没有充分考虑；在特殊情况下，对于亚种的变异来说，不是用‘隔离’达到的，而是用保留好的、消灭坏的达到目的的。”

达尔文收到莫里茨·瓦格涅尔的第一篇著作后，给出了答复，首先达尔文还是对作者大加赞赏了一番，这位作者旅行经验丰富并对动物有广泛和深刻的研究。令达尔文高兴的是，莫里茨·瓦格涅尔对他的大部分观点都表示赞同，同时还收集了很多有关隔离对进化的影响的事实，达尔文都还未掌握这么多事实。他对瓦格涅尔的某些观点却不敢苟同，他的观点并不能在全部的地域适用，尤其是地域辽阔的地方。在许多幅员辽阔的区域，变异无时无刻不在发生，所有物种都在变异，只不过由于变异十分缓慢，所以不易被察觉到。变异采取的方式类似于英国赛马的改良那样，最快的马匹通常会被选择出来作为优异的品种延续下去，最后达到整个马匹种族的变异。他甚至认为，小范围地域的隔离是可行和有益的。

后来，在1867年10月达尔文给莫里茨·瓦格涅尔写了信，1867年11月给莫里茨·瓦格涅尔的支持者卡·哲莫佩尔写了信，他又一次谈到这个话题。他谈了他对南美洲的感受。无论是在被隔离的加拉帕戈斯群岛上，还是在美洲大陆上，都出现了“种”。此外，达尔文还指出，“种”有两种，一类是：在隔离的作用下，一个物种蜕变为多个的类型；另一类是：以优胜劣汰的方式，适者生存，不适者淘汰，整个物种缓慢地整体发生变异。

于是，越来越多的自然科学家开始进行进化过程细节性的研究，对于一些学者和考察家的来信和文章，达尔文都会尽量作出答复。例如，1872年及以后，美国人海恩特和达尔文在通信中讨论了延续发展和加速发展的原则。在对古生物标本进行研究时，海恩特为了解释某些规律性，而采用了延续发展和加速发展的原则。他在1873年和法国人德克多尔的通信中，谈到了自己遇到的困难，对亲体起作用的条件，是否对亲体的后代起作用呢？他给德克多尔写信说：“如果条件长期性地对亲体的健康和后代起作用，亲体的后代终将起变化。可见，繁殖这门学科相当的高深。”所以达尔文与意大利人梅尔多拉通信时，回应了梅尔多拉关于“全面的”变型或明显的差异的质疑，他认为这些东西未必对自然有用。例如，罗马内斯作为最新的达尔文主义者之一和达尔文讨论停止使用已成为无益器官的问题时，认为是对亲体起作用的条件导致了器官退化的后果。

食虫植物显然占据了达尔文这个时期的植物学著述中的显著位置，早在

1860年夏天，达尔文就在研究食虫植物。他观察到：普通的露珠草用它圆形叶片上带黏性的茸毛捕捉昆虫。例如，他发现在14株露珠草的56片叶子中，31片叶子上有已死的昆虫或者是昆虫的残骸。其中有一株露珠草的6片叶子上都有昆虫，有一片叶子上竟有13只昆虫，主要是双翼昆虫，其最大的猎物一般是蛇眼蝶科属的黄色小蝶。

在艾斯登福莱斯特的一个亲戚家做客期间，达尔文被一件事情吸引了。叶子捕捉了苍蝇，还把它牢牢地黏住。这种捕捉现象说明了什么呢？他的设想是这样的，植物和动物都需要氮化合物来增强营养。经过反复认真的实验，他的设想被证明是正确的。他的研究是在写书的空当作的。他的试验方法最初操作起来是非常困难的，他秉持一贯的严谨认真的精神，动手测算：如果想引起植物反应，溶液的最低含氮量应该是多少，同时还观察到如果叶片上受到刺激的话，会从一处传向另一处。最后，用显微镜观察，腺细胞在试验过程中会发生怎样的形态变异。他在做别的工作的同时，也在从事这项令他感兴趣的工作，这些工作一共持续了两年多。

在达尔文研究露珠草属的时候，令他感到震惊的是，腺的触须非常敏感，因为把17.8万格令重的物体置于一个腺上时，腺就开始有反应了，腺的触须就会向内卷曲。他在给赖尔的信中也谈到了这件事，还补充说，每当他寻找到一个可供研究的题目时，他都觉得无比兴奋，想把这一些都和他的朋友分享。

达尔文对刺激的传递速度问题很感兴趣。腺的触须对于外界物刺激的反应可以加强达尔文的猜测。动物的神经系统也明显受到了刺激的影响。在与虎克的通信中他说道："自然而然的，我得出了一个结论，在一定程度上，在构造和机能方面，露珠草属和神经系统有着类似之处。"这个问题如此难，以至于达尔文在这个问题上，花费了巨大的精力。

后来，由于他的注意力转移到了其他几部著作上面，这一研究就中断了。直到1872年8月22日，《……感觉的表现》完成最后的校对后，达尔文才恢复了中断的研究，重新开始写食虫植物。

在1862～1872年这中断的10年里，他从来没有放弃重新研究这项工作的希望，在他同爱沙·葛雷的来往书信里，就可以瞧出些端倪。1863年或者是1864年，他在给爱沙·葛雷的一封信中写道："我所关注的露珠草是一种特殊的和智商极高的植物，您对待它的态度是极不正确的。我以我的生命来维护露珠草。终有一天，我关于露珠草的著作会出版。"达尔文通过爱沙·葛雷得到了露珠草的新种，因为1870年12月7日，在唐恩，达尔文给爱沙·葛雷写信说："露珠草等各种食草植物在面对各种刺激时，反应都不相同，亲缘植物的敏感性都各有不同，这不是很有趣的一件事吗？"

达尔文对食虫植物的研究又持续了将近三年，他仍然坚持不懈地对露珠草进行研究和实验。在19世纪70年代前半期，他工作的重心是比较各种食草植物捕食和消灭昆虫的方法。1875年3月，达尔文终于完成了这部手稿，并于7月2日出版。可能是由于书中过多地涉及到了不成熟的实验材料，达尔文对成书的状况不是很满意。

第一章到第三章的内容介绍了露珠草这一基本研究对象的构造、习性和捕捉昆虫的方法；第四章和第五章的内容是气温、不含氮和含氮的有机液体的影响；第六章的内容是露珠草属腺分泌出的液体的消化能力的特性，氮基酸和其他各种各样的酸和盐对叶子的影响；第七章到第九章的内容是含毒生物碱、其他物质和蒸汽对叶子的影响；第十章的内容是叶子的敏感性和动作性冲动的传递方法；第十一章则重述观察毛毡苔的情况和最主要的结论；其余六章是写露珠草属的其他种和食虫植物的其他属。

在第一章里，他详细地描述了露珠草的外部形态。昆虫一旦落在"露珠"上就会被黏住。受到刺激的露珠草，会将这种刺激传递到附近的触须上，触须向里卷曲导致昆虫被推向叶子的中心。于是昆虫就会被触须紧紧地束缚和固定在叶子上，此时小腺体开始分泌消化液，黏附在叶子上的小昆虫就被吃掉了。这是因为露珠草的根很不发达，从空气中获取的二氧化碳远远不够维持它的生命。

第二章中，他详细介绍了触须接触各种物质时的反应，在接触无机物或者无氮物质时，小腺体分泌溶媒物质比较慢，有机物则正好相反。当触须接触到有机物时，其触须只是稍稍向下弯，竖立的时间也很长。试验表明，触须和小腺体对无机物、无氮物、有机物的刺激是有反应的。相反，对植物完全无益的物质的碰触，比如人工滴上去的一些东西或者用针尖触一下植物，这株露珠草则不会产生任何反应。

达尔文的试验证明：因为露珠草的叶子对氨的反应最为强烈，所以在所有化学物质中，碳酸氨的作用是最强的。叶子具备真正的消化功能，小腺体则负责吸收消化物质。这个结论非常有趣，因为在人们心目中从来不认为植物具备消化功能。

撇开露珠草对各种物质的反应的实验结果不谈。一般情况下，达尔文涉猎的课题范围非常广，并且都用笔记的形式记录下来，不管这些笔记之间是否存在矛盾，他都会发表这些笔记。总之，在他的观念中，露珠草的小腺体的溶媒作用具有和动物消化腺相同的作用。但是，他起初的那个设想没有通过实验得到证实，即露珠草传递刺激的器官同动物能传递刺激的神经组织相类似。他仔细考察了露珠草受到刺激后从一端传向另一端的现象。可是，露珠草的叶子受到含有不同毒素的物质的刺激的反应，同动物神经系统受到此种刺激的反应是完全不同的，所以达尔文完全决定放弃先前的假设，此前他认为两者的反应应该是一样的。

在第十二章，达尔文还对原产于澳大利亚、印度、好望角的露珠草进行了研究，并指出所有这些种都会捕捉昆虫和消化昆虫。

他在其他章节中还列举了其他食虫植物。例如，北美洲北卡罗来纳州的捕蝇草，它的反应特征和叶子的形状与露珠草存在很大的差异。在叶状柄上的叶片略向上张开，表面上有二到四根超级敏感的茸毛，叶片边沿呈锯齿状，只要一碰触茸毛，叶片会马上闭合，锯齿状部分也会严丝合缝地紧闭。叶片表面上布满了浅红色小腺体，一旦有外界的碰触，小腺体就会分泌出具有强大消化能力的红色物质。

两者最大的不同在于，捕蝇草小腺体对长时间的按压反应不很激烈，而对微微的碰触的反应却很激烈。一旦有昆虫落在或黏在露珠草上，它的反应是缓慢地卷曲触须；捕蝇草的反应则极为迅速，叶子会一下就闭合起来。然而，只有能吃的物质或者活的昆虫才能对它产生刺激，风或雨点完全激不起任何反应。所以捕蝇草只有当触到肉类、蛋白质或者昆虫的时候，小腺体才会产生大量分泌物。如果接触到的是非氮物质，小腺体也不分泌出消化食物的物质，它的叶子还是会闭合，但是叶片经过一昼夜后会重新张开。只有遇到活昆虫或者捕获到肉类或蛋白质的时候，叶片才会相互紧靠到把肉挤扁的程度，大昆虫的形状甚至都可以被看得清清楚楚。植物会持续分泌消化液，等到叶片再张开可能要花费半个月或一个月的时间。

达尔文详细地记录了对植物进行的这些观察和试验，他并不是只对一个方面进行研究，而是同时对多个方面加以考察，每次试验都会被记录下来。达尔文的习惯是，不仅自己亲自做试验，而且还向其他有经验的人寻求帮助。例如，肯比博士就帮助过达尔文，在一个初夏时节，肯比博士去了捕蝇草的原产地，并给达尔文带来14张捕蝇草的叶子，叶子上还有小腺体捕获的昆虫。其中3张叶子捕到了蚂蚁，1张捕到了苍蝇，其余捕到的是大昆虫：8只甲虫（5只叩头虫，2只金花虫，1只象鼻虫）、大蜘蛛和多足虫。达尔文由此又发现了一个存在于捕蝇草和露珠草属之间的差异，露珠草的主要抓捕对象是双翅目昆虫。他还知道了叶子上锯齿状的部分起什么作用。在叶片闭合起来时，锯齿状部分是由顶端到根部闭合的。这样，小昆虫能从锯齿状缝隙中逃跑，可是大昆虫不行。小钝齿靠得越来越近，最后当一点缝隙都不留的时候，大昆虫就彻底成了捕蝇草的盘中餐。达尔文说：“这样的植物在一次捕食之后要用几个星期的时间来恢复敏感性，如果这种植物费了很多天的力气，只是为包裹这极小而又缺乏营养的昆虫，就太得不偿失了。对这种植物来说，用守株待兔的方法，等待大昆虫的来临，效果会好很多。正是锯齿状慢慢闭合的性质使得它们就像渔网一样，对大昆虫和小昆虫进行识别，只选择大昆虫作为自己的美餐。”

在接下去的几章里，达尔文对其他四种食虫植物做了大概的介绍。接着，达尔文还介绍了另外两种植物试验的结果。这两种植物也都是依靠小腺体的黏液捕捉昆虫的，和捕蝇草的区别就是没有触须的动作。最后，达尔文在后面几章里主要对不属于露珠草的食虫植物进行了研究。

1867年，达尔文又发表了一部植物学著作《植物界中异花受精和自花受精的作用》，本书的主要观点是：异花受精对植物的生长更有利。1877年，达尔文出版了《同种植物的花的不同形态》一书，此书也增加了许多材料。1873年，在伦敦地质学会上，达尔文宣读了一篇文章，主要揭示腐植层的形成和蚯蚓有何种关系。

第十七章
达尔文的祖父——伊拉斯穆斯·达尔文

1879年2月，达尔文70周岁的时候，为了庆祝他的寿辰，有一本叫作《宇宙》的德文杂志出了专号，里面有一篇达尔文的传记。达尔文曾经寄给普赖耶教授一份材料，这个传记就是根据那份材料写成的。这一期的杂志上同时发表了一篇恩·克劳斯博士的文章，这篇文章是评价达尔文的祖父伊拉斯穆斯·达尔文以及他的科学著作的。达尔文对这篇文章很满意，还写信感谢克劳斯，希望可以得到这本书英文版的翻译权。

达尔文想通过这篇文章的英文译本前言，来反驳那些以回忆他的祖父为内容的文章。这些文章包含了对他祖父的攻击。与平时一样，达尔文尽量详尽地搜集素材，在这方面，他的侄子雷吉尔德·达尔文为他提供了很大帮助。其中包括了伊拉斯穆斯的一篇文章，根据这篇文章达尔文更加全面地了解了他的祖父。同时，达尔文在阅读其父亲留下来的书信时还发现了很多伊拉斯穆斯的来信。后来这些材料都用在了达尔文这篇前言里，虽然是前言，但是它比文章本身还长。

伊拉斯穆斯·达尔文是一个学识渊博的人。在剑桥的圣约翰学院，他涉猎了古典文学、数学和医学，对诗歌的兴趣也很大。后来，他从爱丁堡大学毕业，然后在诺丁汉开诊所治病救人。但他的事业并不是一帆风顺，连番遭遇挫折，后来他迁居到了利奇菲尔德。在那里他治愈了一个病入膏肓的人，于是他的名声大噪，收入的水平也迅速提高，可以达到一年1000英镑。但是，伊拉斯穆斯觉得自己的志向并不仅仅是做医生。他发明了一种采光条件很好的马车，这样他就可以坐车出行，不至于浪费宝贵的时光了。

伊拉斯穆斯·达尔文高度评价了18世纪后期科技的大发展。工业革命带来了工业、运输业和农业的发展。后来他同詹姆斯·瓦特成了很好的朋友。久而久之，伊拉斯穆斯和那个年代很多杰出的人物都成为了好朋友，其中包括著名的化学家普利斯特利。伊拉斯穆斯与地质学家黑顿、名人本杰明·富兰克林和卢梭都在通信。乔赛亚·维茨沃德是达尔文的外公，也是艺术瓷器的发明者。伊拉斯穆斯和他也是挚友。

1777年，伊拉斯穆斯专注于研究植物学，并组织创建了利奇菲尔德植物学协会，这个协会翻译了林纳的《植物的系统》和《植物的分科》两本书。为了拥有一个植物园，伊拉斯穆斯还购买了利奇菲尔德郊区的一片地。兴致高昂的他写了第一部叙事诗，不过此部叙事诗在他晚年才发表。

他先发表的是《植物之爱》，取自叙事诗《植物园》的第二集，后来发表的是第一集《植物经济》。这两篇诗作都引起了极大反响。读者最感兴趣的是：这种诗的体裁很特别，它不仅把古典的、希腊罗马的形象和英国民间的形象完全融合在了一起，还蕴涵着哲学精神。

在《植物园》这本叙事诗中，作者所作的知识性很强的注释和他所表现出来的对于植物的热爱，在今天的我们看来可能有些奇怪，但是那个时代的人却十分喜爱。这本诗集的版本是非常多的。后来伊拉斯穆斯·达尔文在给他的儿子罗伯特·达尔文的一封信中这样写道：“我并没有在《植物之爱》上署名，因为这本书已经广为人知，如果再署我的名字，就显得太刻意了。”由此看来，他本人对此颇不以为然。那是一个卢梭思想大行其道的时代，在伊拉斯穆斯·达尔文的影响下，人们对植物学和植物采集产生了巨大的兴趣。查理·达尔文讲过一件事情，在年轻人中，阅读伊拉斯穆斯已经成为了一种时尚。

但是，他还有更加出色的作品——《动物生命学，即生命的规律》，这是他最成功的作品。这本书的内涵极为丰富，里面有他从一个医生的角度思考和观察人类天性和整个动物世界的结果。这本书应该算作是一本医学著作，它

ON
THE ORIGIN OF SPECIES
BY MEANS OF NATURAL SELECTION
FOR LIFE
By CHARLES DARWIN, M.A.
Gibbon
Orangutan
Chimpanzee
Gorilla
Man

的主要内容是“疾病的理论”，这本书的写作初衷也是治病救人。然而，就像在他的其他作品中一样，他不仅详细地阐述了主要观点，还发表了涉及各个领域的创造性的见解。在七年的时间里，《动物生物学》共出版三次，并被翻译成了多种语言，深受读者尤其是医生的喜爱。

他特别注意肌肉的锻炼和模仿对于生命胚胎开始阶段的重要意义。他以此为基础很好地诠释了“感觉的表现”。有趣的是，这也是达尔文后来研究的课题。例如，我们在婴儿时期因为寒冷而打战，成人时候因为恐惧而战栗；又由于冷空气、各种气味的刺激，人类学会了哭泣。

伊拉斯穆斯在《动物生物学》里谈到了性特征的继承问题。他说道：“人类把后代看成是一个新的动物，确实，后代在胚胎时期是亲体的一部分，只是后来与亲体发生了分离。这样说来，严格地说，不能认为后代是一个全新的个体，它从它的亲体那里继承了很多的习性。”

瓦利兹内里认为胚胎的彼此包含是一个渐进的过程，不过却在发育过程中慢慢变大。伊拉斯穆斯·达尔文认为这个观点是完全错误的。他说，其实，这些胚胎非常小。

《动物生物学》最有见地的内容是进化论。查理·达尔文在他的《自传》里提到了他在爱丁堡的大学生活，他和格兰特都对拉马克感兴趣，达尔文说：“我在早年已经读过《动物生物学》，拉马克的同样的观点在书中有所发展，可是我却记不清了。”达尔文接着说：“但是，一直以来我所见到的都是正面观点，所以，潜移默化地，我在《物种起源》中也是抱着支持态度，不过我将用另外一种方式来表达我的赞成。那时我十分赞同《动物生物学》中的观点，可是这么多年过去后，重新阅读这本书却令我感到十分失望。书中抽象的理论并不能和客观事实吻合。”查理·达尔文在谈到祖父时，不过说了寥寥几句话。因此，以它为唯一的素材，作为考虑问题的出发点，指出他们两人在科学思想方面的异同，是十分有意思的。

在《动物生物学》一书中，伊拉斯穆斯·达尔文认为物种进化理论是有科学依据的：

第一，生物在成长过程中，其身体都会发生变化，例如，毛毛虫会变成蝴蝶，蝌蚪会变成青蛙。

第二，在人类的作用下，家畜发生的变化。例如，猿马到跑马的转变；各种品种的狗：战斗犬、识别气味的犬、善于奔跑的犬、捕捉猎物的犬；此外，在人工培育条件下，动物的形态和颜色也发生了改变。并且，在气候的作用下，动物也发生了一些变化。此外，对于人类来说，他认为锻炼和生活方式也是重要因素，例如人从事焊接、划桨、纺织、搬运和马戏表演的话，他们的身形也会有改变。

第三，畸形对后代的影响。他举例说明：世界上有的猫不止四个爪子，有的鸡不止两个爪子，有的鸡腿上有毛，有的狗没有尾巴。

第四，大部分的恒温动物，例如老鼠、蝙蝠、大象、鲸鱼这样的四脚动物，鸟，两栖动物和人类的构造极其类似。伊拉斯穆斯·达尔文认为所有这些动物的形体都来源于同一种东西，即一种所谓的“动物纤维”。“这条纤维存在于一切动物身上，在某些动物身上，例如人类长出了手和手指；而在另一种动物身上这条纤维发展成了爪子、趾、蹄，与此同时，这条原始纤维在鸟类身上却没有形成手或者脚，而变成了翅膀，不是长出了毛发，而是长出了羽毛”，等等。

第五，在这一条中他实际重复的是第一条和第二条的内容，所有生物的一生都在时刻地变化，特征也会代代相传下去。

伊拉斯穆斯·达尔文认为动物之所以会发生变异是基于它们的三种本性，分别是：性感、饥饿和趋利避害。伊拉斯穆斯·达尔文认为雄性具有占有雌性的冲动，这种冲动引起了雄性间的争斗，好的战斗工具是获胜的关键。他指出这方面的例子很多，比如说：野猪肩膀上的皮，是为了攻击长着獠牙的情敌；牡鹿的触角，和野猪皮的作用相同。除此之外，起相同作用的还有雄性家禽的距。伊拉斯穆斯·达尔文认为他们的后代将变得非常强壮，同时，他们的后代会越来越完美。

因为取得食物的方法不同，动物也会发生一定程度的变异，他举出了很多生动的例子。比如说：猪在硬硬的拱嘴上方长着鼻孔，这是为了方便它在泥土里搜寻昆虫和草根；同时大象长长鼻子是为了折断树枝，因为它以树枝为生；并且食肉类野兽大多拥有强有力的颌骨和爪子；牛因为经常啃食成把的青草，所以它的舌头和上颚会慢慢进化。

动物的第三个本性，就是保护自己，这就要求它自己的救生工具要更加完善，例如，对于一部分动物来说，飞鱼、蝙蝠加长了的鳍和翼下的膜，兔加长了的腿可以在面对危险时，实现自我防御。对于乌龟、海刺猬来说，防卫可以靠坚硬的甲壳或刺来实现。

伊拉斯穆斯·达尔文在《动物生物学》里阐明了自己的观点，他认为所有的恒温动物都起源于一条所谓的“活纤维”。他之所以能够提出这一观点，依据就在于他之前所指出的恒温动物在结构上存在着惊人的相似性，并且它们自出生到死亡的整个过程中所经历的变化，以及从地球形成的时代起到人类形成为止经历了一个漫长的考虑。

有一种伟大的力量使得这种“活纤维”具有强大的生命力，能够受到周围条件的影响而不断发展变化，产生新的特征，并且能一代一代传承下去。

他认为林纳的“昆虫”和“蠕虫动物”的起源可能是相同的，然而这个起源可能不是这条“活纤维”而是另一条。他认为植物可能也是这样，比如说，草本植物在汲取阳光和空气的过程中形成了树木；慢慢的，一些植物学会了从其他植物的身上吸取养分。伊拉斯穆斯存在疑问的地方是：对于所有植物和动物来说，原生动物纤维是普通还是特殊呢？是动植物渐渐出现还是突然出现呢？还是，其实活纤维才是所有生物的起源？

《动物生物学》也体现了大卫·休谟的观点，其认为生殖能力是世界上最重要的东西，它甚至比智慧更加重要，因为机器的创造者是智慧，而生殖能力才是延续这种智慧的途径。

《大自然的神殿》是伊拉斯穆斯·达尔文的最后一部叙事诗，这本诗集出版于1803年。在这部诗作里，他研究的主题仍是“生命的起源”，主要包括以下内容：机体是如何起源和发展的，机体的性生活是怎样的，机体的心理和智力是如何发展的，最后还研究了善与恶的相互关系。

伊拉斯穆斯·达尔文认为，是自然女神乌兰尼亚给缪斯女神灌输了宇宙和进化理论，缪斯去拜访自然女神，自然女神所住的地方只欢迎那些聪明和善良的人。一般认为，伊拉斯穆斯·达尔文的诗作在取材上比较偏向醒世，不符合当代人的口味，当代人都会觉得这些诗有些枯燥。我的看法恰恰相反，我认为它们和卢克莱修的叙事诗《物性论》一样有趣。特别值得一提的是，这本著作已经发表了2000年了，而且人们只抱着审视历史的眼光来阅读这本书，但是前苏联的读者还是十分推崇这本书的，并且这本书在苏联一版再版。

如果研究自然哲学时，站在唯物主义角度，那么自然哲学将是一个非常有趣的课题。伊拉斯穆斯·达尔文与卢克莱修根本不能作比较，因为两者的天赋是那么的不同。然而，我们必须承认，叙事诗《大自然的神殿》有着大量的杰出之处，让霍洛德科夫斯基感到最震撼的是：学生们在听他讲叙事诗时，表现得非常专心和耐心；当然与原著相比译文总是相形见绌的，但是，译者对于有机体发展过程的精彩描述、光彩夺目的景象的变幻莫测，以及作者对修饰语的斟酌，都引发了读者极大的兴趣，都想亲自去探知一下未知世界。

我们来看看之前提过的叙事诗《大自然的神殿》，缪斯向乌兰尼亚提问，乌兰尼亚以自然神论哲学原理为根据向他解答。上帝将世界创造出来，同时也创造出了他管理世界秩序的法律，这时，世界开始运作。

诗句接下来描述了一个天崩地裂的场面，在此之后是海洋的形成以及海洋中的有机物产生的过程。再下来，描述有机体是如何不断演化直至形成新的生物形态。叙事诗的作者用举例的方式举出了很多生物，最后谈到了人。

伊拉斯穆斯·达尔文针对叙事诗进行了评注，他解释认为，海洋上形成了岛屿和原始大陆之后，两栖类动物就由结构非常单一的动物在陆地边缘的生活过程中产生了。比如蛙类，就是由当时简单的水生动物演变成了两栖动物。再比如蚊虫，原来漂浮，现在会飞。在远离海洋的地方生活的有机体，也慢慢开始发育出新的特征和能力来适应生存。正是这样，世界上才到处都生存着动物和植物。

第三首诗的内容是大自然和科学的最新进展。接着，是阐释感觉对心情的影响。按照伊拉斯穆斯·达尔文的观点，人手构造的奇特之处就是，只是运用几个手指就可以使用工具，这是对于人类发展史而言意义重大的事件。他对人类的起源作出了自己的评注，阐述了与人的直立状态所不相符的问题。因而，他认为，人类祖先行走是借助了四肢的力量。除此之外，他还提出，人类的大拇指的肌肉之所以能够区别于猴子，得到应用，是一种意外，也是为了抓住工具。但这个意外也是具有重大意义的。

这里引用这首叙事诗中的段落和篇章，意在希望读者能够对伊拉斯穆斯·达尔文的观点和思想内容形成一个初步的印象。查理·达尔文否定了他祖父的观点，但他祖父的观点对他自己的进化思想产生了非常重要的影响。毋庸置疑，他的否定是没有错误的。我们已经知道，查理·达尔文的进化论观点是在什么背景下产生、成型、发展的。在他研究过赖尔的《地质学原理》第二卷之后，《物种起源》将问题摆在他的面前。不过，即使不靠阅读书籍，仅仅是他平日的观察所得，就已经可以为他提供充足的资料用于思索物种可变性理论。值得一提的是，达尔文在著作和书信中曾经反复指出，彭塔阿尔塔在发现贫齿目化石时，为他提供了物种可变性理论的基础材料。

以加拉帕戈斯群岛上的动植物群落为代表的有机生命体在世界范围内分布的现状，使得达尔文越发坚定地确信进化论的科学性。物种可变性并不是一种假定，而是事实。伊拉斯穆斯·达尔文的表述与事实之间的不一致，使得查理·达尔文摒弃了他祖父的观点。他祖父的观点，诸如原始纤维的鳍、翼、足和骨骼的发展或者花的一些部分变成昆虫等，都是不值得查理过多关注而直接摒弃的部分。伊拉斯穆斯·达尔文所具有的18世纪“自然神论”观点，具有一定的幻想成分，这就是查理·达尔文排除其观点的理由。

但是，从相反的方面而言，查理·达尔文的观点是不能被质疑的。他曾经表示，在他童年时代，祖父对自然神论的支持就给他留下了深刻的印象，所以他才会在耳濡目染之后在《物种起源》一书中以另外一种方式支持这些观点。本质上而言，查理和赖尔等许多学者的观点都相同，基本可以接受人同动物，特别是同猴子有血缘关系。他在笔记本里写道：动物是人类最忠实的伙伴，这种态度与他祖父在叙事诗中的观点正好是吻合的。

然而，我们仍然可以作出进一步的思考。我们知道，在学生时代学习、研究过的那些事实和理论观点，会对青年人的智慧形成了重大的影响，因而便会与他紧密地结合起来。本来是他所感兴趣和珍爱的东西，但他因为受到了巨大的影响，以至于难以将它和自己身上所固有的特性、气质、知识分离开，而且，在之后的岁月里，人们还会产生相似的联想。这就揭示了为什么查理·达尔文的晚期作品的主题与他祖父的研究题材具有某种极大的相似性。对于查理而言，这些主题都是非常使人向往的，有些题材甚至使他产生了丢开正要进行的“大部头著作”的创作和研究，转而写作这些题材的冲动和欲望。经过分析，我认为，这些题材主要包括：

1.《雄性之间为占有雌性进行的斗争》，这一主题查理·达尔文在《1842年概要》中就已经想要专门论述了，他认为性选择问题是他永远都深感兴趣的题目；

2.《食虫植物》和“茅膏菜”，查理曾经在某一时期想要围绕着这一主题创造出一首叙事诗；

3.《人类和动物的感觉表现》，查理·达尔文在1867年给华莱士的书信里提到了这个题目，他曾经这样作出说明：“这是我27年来，最喜爱的题目”。另外，值得一提的是，查理的祖父在他的叙事诗作当中阐述认为在语言的产生和发展之前，感觉就表现出来了的观点。

4.《攀缘植物》。关于达尔文对祖父性格特征的继承，我在查理·达尔文为克劳斯的文章写的《篇前简介》中，分析出了几个很有意思的段落，将其大意呈现给读者：

查理·达尔文认为，他的祖父在解释任何疑难问题的时候，都具有非凡的灵活性。按照他本人的观点，这种非凡的灵活天性是他自身常年养成的习惯，他总是把某些话题反复不断、绘声绘色地讲给别人，并把自己比作把语法教给自己外甥的舅舅日利·布拉扎。

查理·达尔文还援引了凯尔对伊拉斯穆斯的评价。凯尔特别指出了伊拉斯穆斯·达尔文的洞察力非常强，异于常人。

查理·达尔文完全继承了他祖父的这些特点，并且不断地将其发扬光大。

第十八章　查理·达尔文的最后岁月

1873～1875年，达尔文准备将他过去的众多著作进行再次出版。1873年的时候，准备再版《人类的起源》，1875年准备再版《动物和植物在家养下的变异》。这项工作乏味而无趣，也让他无法集中精力研究他所喜爱的植物学。对于原来的版本，那些所谓评论家或者通信人提出了很多不足之处，在再版中就要求对此加以修正。而且新发现的事实或新出现的想法，也要在再版的正文中加入。对于文章的风格和可能出现的勘误，更是需要长时间地加以校对。

然而，达尔文对于要再版地质学著作这件事感到非常高兴，这是一门几乎已经被他遗忘了的学科。他早期提出的陆地下沉理论已经不再风光无限，而是遭到了越来越多的批评，因此他颇为关注《珊瑚礁》的再版工作。“挑战者”号考察之后，出现了许多新资料，在此基础之上，哲莫佩尔和穆瑞等开始接受一种新的说法，认为珊瑚岛也可能在水下的沙滩上形成，因而陆地下沉的作用被大大降低，而陆地有时也会上升的观点也得到了承认。达尔文后来在给哲莫佩尔（以及之后给穆瑞）的信中，都明确了自己的意见：珊瑚岛的钻探与研究，是争论解决的关键，它能够为问题的研究提供诸多的资料。有趣的是，在达尔文死后很长一段时间内，他所说的这种钻探与研究，才在索拉斯和司徒亚特教授以及戴维德教授的考察队的努力下，在福纳夫蒂珊瑚岛上实现了。研究成果在1904年出版，该成果的出版十分有利于达尔文的理论。

达尔文著有一些地质学方面的著作，如《“贝格尔”号航行地质学》等。这些著作得到了地质学家的高度肯定和极高评价。而且，他书中的某些话还被札德教授的关于火山理论的著作所引证。对此，达尔文感到十分高兴。虽然《“贝格尔”号航行地质学》等作品中的一些观点或结论已经不合时宜了，但是达尔文认为即便是这样，如果要将其再版成为一个卷本，也不宜再作任何修改。

詹姆斯·格吉教授曾经寄给达尔文一本《伟大的冰川时代》。于是，1876年11月16日，他给格吉教授写了一封信。在信中，除了向格吉教授表示感谢之外，达尔文还用了大量的篇幅向教授介绍了自己关于骚桑波顿旧石器时代的沉积物中角形石和磨损石竖立原因的理论猜想。在他看来，这些沙石的竖立其实是由冰雪冻结而成的。这些沉积物的中间是结了冰的雪层，冰雪融化后，沙石顺势而陷，后来又被冰雪所冻。

自然界的微小现象无处不在，而这就是为它们寻找解释的鲜明特点之一。

弗·奥·科瓦列夫斯基首先提出来对骨化石进行详细而又细致的分析，从这些分析所得的材料中了解动物群发展过程中的有关的种系发育史。达尔文十分支持科瓦列夫斯基的观点，从19世纪70年代初就给予了他各方面的帮助。1878年，莫西索维克的《白云石礁》引起了达尔文很大的兴致，他在阅读中获得了很多的乐趣。

进化论已经得到了古生物学家的广泛支持，而且在他们的研究工作中，甚至已经开始使用某个已经灭绝的生物群所展现出来的逐渐变异的过程，来区分或判断有关的地质年代。关于这一点，达尔文认为在内麦尔的著作中也体现出了与之相同的内容，就是对进化论的承认。可是，在1878年7月1日给莫西索维克的信中，达尔文又承认了他这一理论的不足之处。虽然不明晰，但他仍然能够感觉到，每一个层系甚至每一个层系中的每一层在形成时都受到了特定条件的限制，而且其中的生物也可能是这些条件下所特有的。除此之外，在物竞天择的生物进化过程中，每一种过渡形态也并不是总是存在的。

在信中，达尔文还写道：“经过一些推理之后，我认为现在世界上的陆地和海洋的分布与以前有着巨大的差异。以前沿着河水两岸向南边发展的很多科类植物，到后来却也开始了向北边的延伸。”

内麦尔出版了一些关于斯拉沃尼亚的古生软体动物的著作，在这些作品中他描绘了部分有关生物进化的内容。达尔文认为，这些描绘可以极好地证明生活条件能直接影响生物的进化。

鸟类和哺乳类动物在地理上的分布并不均衡。美国学者奥伦对这种不均衡的分布情况进行了分析，指出外部条件对此具有直接的影响。达尔文在给莫尔斯的信中提到，奥伦的书很有价值。但是，1877年6月11日，达尔文在给罗马内斯的信里又作了不一样的言论，赞成了罗马内斯对奥伦的批评：正如罗马内斯所言，奥伦对他所研究的对象可能并没有能够充分认识，从而他的这种论述也是不精确的。达尔文认为，这种不精确性可能比书中所包含的价值更胜。

当时达尔文一直在研究一个问题，这个问题曾一度使他感到不安：对进化产生直接影响的外部因素存在于多大的范围之内。达尔文在1880年给赫胥黎写过一封信，信中表达了他的一条非常明确的意见。赫胥黎曾劝诫达尔文在讲话的时候最好不要暗示自然选择，因为这一暗示并不能被马上接受，需要作出很长的“附加解释”。当时的达尔文已经是一位71岁高龄的老人了，在他写给别人的许多信中，也总是强调自己年事已高，智力已经减退了，想问题也没有以前那么清晰了，对于困难的问题，他也做不了什么研究了。但是，在面对难题时，他却始终能够明辨是非，很好地权衡那些“赞成”或“反对”的意见。对于那些同他的原理相矛盾的证据，他也保持着关注。这与他那惊人的智慧不无关系。此外，他常常能够找到准确、精辟、明智而又无可辩驳的论据来支持他的观点。在看到赫胥黎并不支持自然选择，甚至对此还有一些轻视的态度以后，达尔文担心赫胥黎会因此而不再与他往来。

于是，他在给赫胥黎的信中写道：“极少数结构是我们现在所不能见到的，每当我想到这些结构，就可以确信自然选择的作用只是从属性的。但另一方面，20年前那些被认为毫无用处的‘形态学’的构造，其重要性现在已经被大家所肯定。这种构造为数甚多（尤其在各种植物中），而对于此的认识，又使我确信，自然选择对任何构造的发展都起着决定性的作用。博朗列举了一个一览表，有趣的是，由于缺乏功能作用，很多构造的形成被认为并非由自然选择所造成。但是现在这些构造却被认为非常重要了。”

达尔文生前的最后10年，在古生物学上取得了巨大的成就。而且对于进化这一问题的研究，古生物学显得日益重要。另外，达尔文受到了美国人马尔斯的巨大影响，主要是受马尔斯出版的有关古生齿鸟类的著作的影响。

1876年，华莱士的巨著《动物的地理分布》出版发行。达尔文十分赞同书中的观点。他指出，根据这些观点对各类植物、昆虫、有肺软体动物和淡水鱼的分布展开研究意义重大。华莱士将哺乳动物作为了动物地理分布的基础，对于这一点，达尔文十分赞同。只是，达尔文希望能够把旧北极地带区和新北极地带区联结成一个区域，并且将马达加斯加也合并起来。由于那些大陆下沉的假说并不存在，福玻斯、虎克等人用该假说来说明生物的现代地理分布也就成了无稽之谈。达尔文十分赞赏华莱士在说明这种地理分布的时候能够避开采用该假说。他表示所谓的南极大陆的说法，也就是介于南美洲和澳洲南端之间的区域，是不成立的。在信的末尾，达尔文对该书作了极高的评价："这本书妙不可言，相信在未来的很多年以内，它都将作为一切有关动物地理分布著作的基础而存在。"

安顿·窦恩在一篇论文中阐述了脊椎动物起源于环状蠕虫的理论，但这一理论即使是在今天也并不普及。这篇论文大概是在这个时候被达尔文知晓的，但并没有对他产生很大的影响。可是他仍然给窦恩写了信：他十分喜爱海鞘纲动物（阿·奥·科瓦列夫斯基确立了它们和脊椎动物的亲缘关系），如果放弃对它们的研究，他会感到很遗憾。当然，这其中使他感到遗憾的，主要还是对动物界那些基本科目之间联系的建立的放弃。还需要指出的是，得知窦恩在新大陆努力建立动物站的行动，达尔文不但作出了高度评价，而且还以实际行动支持他的行为，亲自捐款，并在英国组织签名，积极参加这个机构的建立。

达尔文同奥古斯特·魏斯曼之间的通信显得相当频繁，在此不多赘述。只是，从信中可以看出，他在同别人通信时，尤其是同外国人通信时，总是彬彬有礼、谦卑恭让的。在任何情况下，他都竭力避免着任何摩擦的产生，即使发生了意见分歧，也是如此。

这些年里，威尔汉一直反对进化论，甚至不允许在他的学校里教授进化论。赫克尔出版了小册子《科学和教育中的自由》，主要针对的就是威尔汉。

当时，小册子的前言是赫胥黎写的。赫胥黎还给达尔文寄去了一本。达尔文一向都很钦佩赫胥黎的聪明才智，他在给赫胥黎的信中写道："我只读完了前言……非常出色，您在结尾的时候，给了威尔汉一记响亮的耳光，对此我感到十分高兴。"书中赫克尔对威尔汉所作的批判，并没有得到达尔文的认可。赫克尔的儿子，同时也是一个传记作者，后来写道："不知道是因为他侮辱了同行，还是因为他破坏了朋友之间的信任，使达尔文感到非常痛心。"

达尔文与弗里茨·缪勒之间也保持着通信的关系。他认为，在缪勒的来信中，总能够找到维护进化论的一些极其重要的片段。所以，他总是将这些片段连同他添加的前言刊载于《自然杂志》上。同时，对于缪勒的考察材料，他也给予了高度的评价。在给缪勒的信中，他写道："那些新的和极端有趣的东西，您总是能够发现。"巴西在1880年发生了水灾，对此，达尔文感到十分的不安。于是，他马上给当时住在德国的缪勒的哥哥（同为著名的博物学家）写信询问缪勒的有关状况。在信中，他就表示准备立刻拿自己的资金帮助缪勒，从而可以保全科学，使其不致受损。

幸运的是，缪勒一切无恙。

希金森上校从新港到唐恩进行的访问，成为达尔文这一时期个人生活中的一个片段。希金森上校曾经在美国南北战争期间，组织过由黑人组成的"黑人团"，十分著名。而众所周知，达尔文对奴隶制是深恶痛绝的，他支持北部各州也就是理所当然的了。在上校访问唐恩之后，达尔文才拿到了他的《同黑人团相处的生活》一书。希金森上校在书中所描绘的美国黑人的情形，使达尔文对黑人一直抱有好感。读完这本书后，他给上校写了一封信。在信中，他表示自己很高兴能够与希金森上校持有相同的见解，上校在著作中对黑人性格和智力的分析十分独到。

弗·奥·科瓦列夫斯基访问唐恩的情况，在前面提到过的达维塔施维里的书中已经有所描述；而克·阿·季米里亚捷夫访问唐恩的情况，前苏联读者可以清楚地从季米里亚捷夫的著作中了解到。而且这些情况也时常出现在我们的书刊之中，所以，在这里就不作描述了。

当时，招魂术和扶乩十分流行，但是达尔文对此却强烈否定。虽然查理参加过一次扶乩会，那个扶乩者是他的一个儿子请来的，还是在他哥哥伊拉斯穆斯·达尔文伦敦的家里。但是他早在扶乩会结束前就退场了，他肯定这是在招摇撞骗。当时，赫胥黎是一个怀疑主义者，在第二次的扶乩会中，他曾经大大阻挠了扶乩者的顺利进展。但是华莱士却是一个名副其实的招魂术的拥护者，这一点也广为人知。

因为几乎所有大不列颠的著名人士都葬在西敏寺那里。1875年，达尔文的朋友赖尔，在活到耄耋之年去世之后，也葬到了西敏寺。

“活体解剖”问题在当时已经流行开来。就在赖尔去世的这一年，达尔文也积极地参与到了研究之中。达尔文反对虐待动物，并对此感到气愤。他一直都是一个很喜欢动物的人。英国某些人强烈反对生理学家用活动物进行试验，并对此发动了一系列的运动。但是一旦通过国会决议，禁止进行这种活体试验，那么生理学的成果就很有可能毁于一旦。为了谨慎对待，国会决定任命特别委员会对该问题进行研究，研究以后再进行决议。当时，赫胥黎便是这个委员会的成员之一。虽然达尔文没有参加委员会，但他的女婿利奇菲尔德律师却是成员之一。而且利奇菲尔德律师本着对必要的试验不加以干涉，同时禁止虐待动物这一精神，起草了国会决议草案。达尔文对委员会的研究工作也提供了积极努力的帮助。

国会在那些无知的人们所进行的宣传的影响下，提出的一些议案是非常不利于科学发展的。对此，达尔文甚至致函拥有最大发行量的《泰晤士报》来阐明自己的意见。在写给兰柯斯特的信中，他的言语非常激动，可以看出他对此感到非常生气：“您问我对活体解剖有什么意见。我完全赞同为了真正的生理学研究而进行活体解剖；但是，如果仅仅是为了好奇心而进行活体解剖，那么不是可憎可恨，又是什么呢？难道还能有什么合理性可言吗？对于这个问题，我实在生气，也不想多说了，否则我会彻夜不眠的。”

从19世纪70年代后半期开始，授予达尔文的荣誉称号越来越多了。这时候，对达尔文的尊敬才开始普遍化，对他的功绩也慢慢得到了承认。剑桥大学是他感到特别亲近的一所大学，在这一时期，剑桥大学也决定授予他法学博士的称号，并为此举行了隆重的授予仪式。会上，对达尔文的贺词是用拉丁语写成的，贺词的结束语是："愿您这位以渊博的学问向我们深刻说明自然法则的人，成为我们的法律（法学）博士。"为了表示慎重，校务委员会还决定拨款400英镑绘制达尔文的肖像摆在校园里。这幅肖像是由美术家里奇曼所作，后来就悬挂在剑桥大学的哲学学会图书馆内。画中的达尔文衣着法律博士袍，面朝观众。但是在弗朗西斯看来，这幅画像中的达尔文并没有达尔文本人的神韵。而他所认为的达尔文的最好画像，是由美术家劳伦斯于两年前绘制，现仍保存在其家中的那一幅。

剑桥哲学学会为了祝贺达尔文，也举行了宴会。在这次宴会上，作为老朋友的赫胥黎为达尔文致了贺词。赫胥黎表示："不管将来人们如何认定达尔文的自然选择进化论学说，无论是正确的还是荒谬的，我都对它抱有深刻的信念。《物种起源》是自亚里士多德总结生物知识以来生物学上最伟大的著作，没有任何东西可以与它相提并论。书中的概念由一个统一的想法贯穿，这些概念之间具有连贯性，是对各种生命现象的阐述，呈现出了勃勃的生机"。

弗朗西斯·达尔文也出席了宴会。"赫胥黎的祝词令他兴奋异常"，第二天一大早，他就到父亲那里告知其宴会上的情况。

林纳学会向美术家柯里尔订制了达尔文的肖像，希望用达尔文肖像来装饰自己的会所。柯里尔非常细心，时时为达尔文着想，竭力不使他感到疲倦。在他所绘制的肖像中，达尔文身穿他那件普通的斗篷，手拿软帽，面朝观众站立。达尔文本人以及其他许多了解他的人都认为这幅肖像实属绝妙。但是，这幅肖像却不被弗朗西斯所喜欢，他认为肖像中达尔文的面部表情太过痛苦。不过，科恩教授指出，达尔文有的时候的确有此表情。科恩教授曾经到唐恩拜访过达尔文本人。

达尔文从来都不认为自己是个植物专家，他认为自己只是个植物爱好者罢了。1878年，当他被选任为法国科学院植物学部的通讯院士时，他自己就称这是一个"天大的笑话"。在同一年，柏林科学院又选任了达尔文为通讯院士。其实达尔文对这些并不看重，虽然他往往表示谢意，但他也总是会补充说，通知书上亥尔姆霍兹、威尔汉、波林斯赫姆和伊瓦尔德等那些令人尊敬学者的签名，使他深受感动，远胜于自己所获得的荣誉。

另外，设在都灵的意大利皇家学院为达尔文颁发了布雷斯奖金，约计有1.2万法郎。拿到奖金之后，他便急忙从中拿出了100英镑汇给了在那波利的安顿·窦思，希望能够帮助他购买植物研究所所需的器具或以供其他什么需要用钱的地方所用。

在达尔文1877年生日之时，德国的科学家将150名德国著名博物学家的照片集结成册，雅致地装订起来，赠与达尔文作为贺礼。同样，荷兰的博物学家也给达尔文寄去了一本相册，里面是17位荷兰著名科学家的照片。达尔文有一位朋友名叫弗拉基米尔·科瓦列夫斯基，由于达尔文非常想得到俄国科学家的照片，身为俄国人的他便请求他的哥哥亚历山大·科瓦列夫斯基，努力弄到了布特列罗夫和瓦格涅尔的相片给达尔文寄去。按照弗拉基米尔·科瓦列夫斯基自己的说法，是达尔文"老是缠着我，要我介绍俄国的博物学家给他认识，可是我却总也不能满足他的要求"。

在英国科学院于都柏林召开的会议上，罗马内斯发表了论达尔文的演说。达尔文一向为人谦虚，从他对待各种赞扬的态度中就可以看到。在知道罗马内斯的演说之后，他就去信道："在您的演说中，的确是为我加上了一大堆华丽的赞美之词，您就不怕听到'啊！啊！'或其他任何否认的表示？很多人不赞同我目前在科学上的成就，甚至我自己也会这样认为；但令我自己感到安慰的是，我从来不故意做任何事以换取别人的赞扬。所以，那些对我的赞美之词已经太多了，也没有必要了。"

1880年，在皇家学院举办了一次演讲会。赫胥黎在会上发表了《物种起源一书已到成熟之年》的演讲（他认为男人在21时成年）。达尔文的三个孩子参加了这次演讲会。听了赫胥黎的演讲，他们非常高兴。后来，达尔文写信给赫胥黎说："和其他许多次一样，这次演讲会上，您又给我这个老头子堆砌了令人羡煞的荣誉之词。但我清楚地知道，您的那篇伟大的评论在《泰晤士报》的发表，之后您在牛津进行的激烈论战，都对进化学说的论证和传布起到了不可估量的作用。"

即使已经到了迟暮之年，但是达尔文仍然会积极捍卫达尔文主义，甚至参与到激烈的斗争之中。而且他的演说也足以有力地打击到他的"敌人"。

维尔·汤姆逊曾经领导了著名的探险活动，他写有《挑战者号航行记》一书。在绪论中他写道："深海区系动物的性状，不能给这样的理论提出任何的根据。这一理论认为自然选择支配的极端变异是物种进化的唯一原因。"汤姆逊的这一言论，令达尔文深感愤懑。神学家和形而上学者们对自然科学一窍不通，不能理解他的理论，而只是一味古板地将其简单化，甚至到了可笑的地步。这种古板的习惯令他十分不满，而且经常被迫与此作斗争。然而，汤姆逊却是一位著名的大博物学家，实在不该如此古板。1880年11月11日，《泰晤士报》发表了查理·达尔文的信。信中，他援引汤姆逊的话，用以证明自己从来都没有说过"极端"变异是进化论所必需的，也从来都不认为自然选择是进化论的唯一因素。

"如果维尔·汤姆逊先生参观畜牧业时，看到所有的牛或羊彼此间都长得非常相像，也就是说它们都是绝对的纯种。那么，他就大声宣布：'先生，在这里，没有任何证据能够说明你们在繁殖你们的动物时，是奉行了选择原则的，因为在这里，并没有你们所谓的极端变异。'我非常了解那些饲养的人，听到这样的指责，我相信他们肯定什么都不会说，只会一笑了之。但要是他再向其他饲养人讲起这些话，我就会提起一颗心，他们会不会用那些带有感情但却不太恭敬的议论来谈论我们的博物学家呢？"

达尔文着实厉害，在这封信中没有使用一句粗话，但是却把汤姆逊痛骂了一顿，正是用他那"带有感情而又不太恭敬的议论"。

达尔文先把这封信寄给了赫胥黎，希望赫胥黎能够帮助他决定怎样处理这封信。他在附言中写道："您如果认为我的手稿十分平淡而又乏味，非常之浅薄，或者非常恶毒，又或者非常怎样的，那我坚决恳求您把它一烧了之。"

赫胥黎把信寄给了编辑部，但是删去了最后一句话："也许我应该保持缄默，就像饲养人那样。正如多年前，面对老系主任约克斯基对地质学家的不断辱骂，塞治威克所指出的那样，对自己一无所知的事物大发议论的人，是无法对其造成伤害的。"

达尔文的身躯虽然瘦弱，但是他始终保持着朝气蓬勃的精神，清醒的头脑，以及对博物学的异常广泛的兴趣。所有的这些都能够在达尔文最后几年的

书信中获知。这里有几个例子可以用来说明。

罗马内斯是动物学的著名权威。前面也已经提到过，达尔文在论蚯蚓的著作中，也常常引用这位权威的话。他在书中写道，蚯蚓的行为受到了某种智能的指导，决不仅仅是盲目的本能。法布尔认为昆虫的复杂本能几乎是不变的，依据他对昆虫本能的研究，在他的回忆录中对进化论进行了大肆的攻击，并著写了《昆虫学回忆录》。达尔文认为，通过从比较简单的本能开始选择，可以发展成为昆虫复杂的本能，也能解释法布尔所提出的疑问。但法布尔的观察细致独到，达尔文也对此作出了高度的评价。在给罗马内斯的信中，他谈到了相关的动物本能及其智慧，看后不禁令人感到惊讶。

1881年，他又给罗马内斯寄去了一封信："对于一些更为复杂，而又更为奇异的动物本能，不知道您在关于动物智慧的那本书中，是否有意论及。但是我认为，产生动物本能的可能性几乎不存在，这样，您的工作也会付诸东流的。虽然同'目'的其他成员中可能存在这些本能的状态，但这也仅仅只是一种可能罢了。

或许有人会期待您讨论这些本能，而且可能您自己也希望这样做。但是在我看来，正如《科学纪录》上那篇法布尔的《回忆录》里所描述的那样，可能麻痹的沙黄蜂已经是您所能找到的最好例子了。

在读这本书的时候，我也对这个问题作了一番思考。有关沙黄蜂在解剖学上的情况，也时常能够听到有人提起，但那往往是不正确的。在法布尔的《回忆录》中，曾经提到，沙黄蜂起初只是向猎获物身体的下部最柔软的那一面进行多次的蜇刺；到了后来，它们逐渐发现要猎杀它们的猎获物，最有效的方法是蜇刺其某一节；于是这种习性就被遗传了下来，像叭喇狗死咬公牛的鼻子或者雪貂咬开小脑的习性那样。这样，它们只需蜇刺一下它们的猎获物，便可以令它们的幼虫得到鲜肉。在法布尔的论文中，他也承认了某种变异性的存在，而不仅仅只是对本能的不变特性进行强调。"

达尔文的朋友虎克，有一回要在约克向地质学家们发表演说。他希望能够在题目中就表明演说的内容：旅行家们对地理学的贡献。由于时间比较仓促，虎克并没有信心能够写好自己的演说稿。完成草稿以后，他就把它寄给了达尔文，要达尔文提供一些意见。看完虎克的演说稿，达尔文就主动表示，他非常乐意帮助自己的朋友。只是，他说自己的记忆力已经变得“极坏”，也不能够很好地注意到任何问题的来龙去脉。当然，事实上，他给虎克所提的意见都表明了他对时事的关注，而且他记忆超群，头脑中保留了众多奇异的趣事，所提的意见也大多颇有价值，值得关注。

虎克认为，作为泰斗的洪堡德，无疑是最伟大的科学旅行家，而且他还是“无数后进的科学旅行家之父”。对此，达尔文也表示赞同。他飞快地读了两三卷洪堡德的《地质学》，指出洪堡德不但拥有独创的精神，而且还无所不识，着实是一个了不起的人。在谈到达纳的时候，他认为达纳对“挑战者号”的考察才是他的功绩所在。正因为达纳的考察才证实了相关大陆和大洋永久性的思想。他奉劝虎克在表达自己的意见时也应当谨慎。他知道，不久之前，梅拉尔德·李德就发表并论证了一个相反的观点。后来，虽然他反对植物开始于北方，但他从不反对北极古生物的发现具有极其重要的意义。

达尔文不但列举了在美国白垩纪地层中多次发现的被子植物，发现了与澳大利亚动物群相似的澳大利亚古生物，还多次发现了在英国志留纪地层中的古生植物，不得不令人感到惊讶。达尔文始终密切注视着在古生植物和古生动物方面的每一个新发现。法国古生物学家萨波尔塔曾经提出，昆虫中生代末期决定异花受精的强有力的发展可以用来解释高等植物貌似骤然的或突然的发展，达尔文让虎克对此加以关注。最后他又指出，勃莱特对斯堪的纳维亚的泥炭层作了仔细的观察，而这种观察是极为重要的。

1880年，拉伯克以英国科学协会主席的身份在约克作了一次“关于近五十年来科学的进步”的演说。为此，达尔文写信给拉伯克，要他注意到他所疏忽了的地质学在这一时期所取得的伟大进步。当然，并不是拉伯克已经注意到的那些进步：寒留纪层系之上的无生代地层的分类，约在19世纪40年代发现的冰川时代，对地质学家以前没有注意到的表面层（也就是从前的洪积世）的研究。

奥格尔将亚里士多德的著作译成了英译本。对此，达尔文表示了欢迎，并称赞了他在英译本中所写的绪论。达尔文写信给奥格尔：“尽管成就各不相同，我曾经十分崇拜林纳与居维叶。但是，与同时代的亚里士多德相比，他们只不过是两个小学生罢了。”同时，他也指出对于那些如肌肉是运动的器官等简单的东西，亚里士多德却表现出了惊人的无知。

另外值得一提的是，一位巴西人力求培育出一种甘蔗的变种。达尔文为了能够在工作上帮助和支持他，在1881年时到处奔忙。达尔文是在最后几年才与罗马内斯密切往来的，他在给罗马内斯的信中表示：“对于遥远的世界各大洲的科学也应当鼓励。”

1882年2月，达尔文写下了最后一批信件。其中有一封写给弗·戈尔斯弗尔的信。在这封信里，达尔文对古生三叶虫纲作了一些评论。达尔文指出，属和种本身在连续不断的结构发展各阶段中，已经发生了变化，绝了种。但是在古代层中出现了像三叶虫纲这些完善的生物形态，决不意味着进化论的错误，因为在我们所熟知的地质层中找到最先出现的生物痕迹，还是普遍的。

1882年2月16日，达尔文给柯里尔写了一封信，柯里尔就是那位曾经为林纳学会绘制达尔文肖像的美术家。在信中他提到，柯里尔所绘的那幅他本人的肖像，得到了所有人的赞美。他还写道：“看到林纳学会里挂着的自己的肖像，我心中的自豪感都可以维持上好些天。”

柯里尔是赫胥黎的女婿。在信中，达尔文提到了赫胥黎的名字，就补充道：“赫胥黎的著作，我只阅读了最后一卷。还好我以前都没有读过他的论普里斯特利的论文，这竟是我读过的最出色的论文了。还有他关于自动说的论文，也非常的有意思。如果我能够像赫胥黎一样好好地武装起自己，那么，我一定要与他就这一主题进行决斗。但如果我真这么做了，就是‘聪明反被聪明误了’，他一定能够在我清醒之前，就用他那锋利的轻剑在我身上穿胸而过。”

达尔文生前的最后10年，身体状况却比以前有了好转：他又可以不停地工作了，期间也不再像以前那样会感到疲倦或不适。在恩德里·克拉克医生的看护下，达尔文度过了他人生中的最后几年。克拉克医生也是一位他所喜欢的人，他说克拉克医生能够使他焕发朝气。但是，还是看得出来，他的体力已经开始下降了。在写给自己朋友的一些信件中，他也常常抱怨说，自己已经不能再开始那些唯一使他感到快乐的考察事项了，因为这些考察往往需要几年的时间才能完成，他已经没有这么大的精力了。

1881年7月，从乌尔苏奥捷尔回来以后，他就给华莱士写了信："……我散不了步，所有的事都令我疲惫不堪，即使只是观赏风景也是如此……我简直不知道应该怎样利用这剩下的年月。生活对我而言，已经变得太过艰难，我只希望我周围所有的人都能够幸福美满。"

1881年的秋天，他还对碳酸氨对植物根部和叶子所起的作用作了大量的研究。但是到了年底，他却变得更加失落。

1881年12月13日，他在女儿亨利埃塔家里的时候，想要去拜访罗马内斯，却不想在楼梯上猝发了心脏病。

1882年1月底，达尔文的病情有恶化的趋势。到了2月底3月初，他的心脏问题开始越来越严重，几乎每天都会出现心搏过速的情况。3月8日，他的心脏病猝发。这以后，他就不敢再远离家门了。3月10日，恩德里·克拉克医生来给他看病。由于病患太多，克拉克医生不能经常去看达尔文，只好将达尔文交由其他医生继续治疗。这时候的达尔文已经无法工作了。但是他有时还会和艾玛一起，坐在花园里欣赏美景。

作为老朋友，赫胥黎对达尔文的照料特别上心。3月27日，达尔文给他写信说：

感谢您那封极为亲切的信，要知道它可是我的一剂强心针。今天我感觉好多了，没有任何的疼痛。如果我的健康允许，一定要好好和您谈谈您那伟大的计划。克拉克医生对我照看有加，只是他太忙了。亲爱的老朋友，再次无比感谢您的照料，我诚挚地希望世界上能多一些您这样的"自动物"。

1874年，赫胥黎曾在贝尔法斯特英国科学协会的会议上发表演说：《论动物是自动物的假说》。信中这句话就是对这一演说的暗指。

4月15日，达尔文在晚餐时突然感到晕眩，在走向沙发的时候，倒在了地上。17日，他感觉身体好了一些。他的妻子是这样描述的："天气晴好，他做了一些轻微的工作，两次到花园中散步。"18日半夜，他的状况很不好，并出现了短暂的昏迷。醒来后就叫醒了妻子。此时的他，已经感觉到了死亡的逼近，他说："我一点也不怕死。"并告诉他妻子，"谢谢您的照顾"。"告诉孩子们，他们一向孝顺"。1882年4月19日4时左右，达尔文逝世。

艾玛原本打算将达尔文葬在唐恩，却遭到了他的朋友们的坚决反对，他们执意将达尔文安葬于西敏寺。当日，给达尔文扶柩的人是：虎克、赫胥黎、华莱士、皇家学会主席拉伯克及其他。参加葬礼的人有英国、法国、俄国、德国、意大利、西班牙和美国的科学学会代表，以及达尔文的许多亲戚。可是，由于葬礼太过隆重，达尔文的妻子没有前去参加。

后 记

查尔斯·罗伯特·达尔文，英国博物学家，生物学家，进化论的奠基人。1809年达尔文诞生在英国的一个小城镇里。因为祖父和父亲都是当地的名医，所以家里希望达尔文将来能够继承祖业，16岁时他便被父亲送到了爱丁堡大学学医。在医学院求学期间，他仍旧经常到野外采集动植物标本并对自然历史产生了浓厚的兴趣。父亲认为他“游手好闲”、“不务正业”，一怒之下，1828年又将他送到了剑桥大学，改学神学，但是那时的达尔文对自然历史的兴趣反而变得越加浓厚，完全放弃了对神学的学习。在剑桥期间，达尔文结识了当时著名的植物学家汉斯罗和著名地质学家赛斯·威克，并接受了植物学和地质学研究的科学训练。

1831~1836年，他以博物学家的身份，参加了英国派遣的环球航行，做了五年的科学考察。在动植物和地质方面进行了大量的观察和采集，经过综合探讨，形成了生物进化的概念。1859年出版了震动当时学术界的《物种起源》。书中用大量资料证明了形形色色的生物并不是上帝创造的，而是在遗传、变异、生存斗争和自然选择中，由简单到复杂，由低等到高等，不断发展变化的；提出了生物进化论学说，从而摧毁了各种唯心的神造论和物种不变论。达尔文的“进化论”被恩格斯列为19世纪自然科学的三大发现之一（其他两个是细胞学说，能量守恒和转化定律）。他所提出的天择与性择，在目前的生命科学中是一致通用的理论。除了生物学之外，他的理论对人类学、心理学以及哲学来说也相当重要。

俄罗斯作家阿·德·涅克拉索夫，通过对达尔文和亲友们的大量作品，以及往来信件进行整理，创作出了《达尔文传》一书，全书以时间为线索，对达尔文自出生到去世的整个生命过程进行了细致而又精准的描写。本书所依从的大多为第一手资料，具有相当高的可信度，是一本较为权威的达尔文传记，真实地向我们展现出了伟大生物学家精彩而传奇的一生。